오늘을 넘는 아시아 여성

서울대학교 아시아연구소총서 기초연구시리즈 24

오늘을 넘는 아시아 여성

페미니즘이 묻고 인류학이 답하다

초판 1쇄 발행 2023년 2월 28일
초판 2쇄 발행 2023년 10월 15일

편저자 지은숙·구기연·오은정
펴낸곳 서울대학교출판문화원
주소 08826 서울 관악구 관악로 1
도서주문 02-889-4424, 02-880-7995
홈페이지 www.snupress.com
페이스북 @snupress1947
인스타그램 @snupress
이메일 snubook@snu.ac.kr
출판등록 제15-3호

ISBN 978-89-521-3172-0 94380
978-89-521-1475-4 (세트)

이 연구는 2021년도 서울대학교 아시아연구소 아시아기초연구사업의
지원을 받아 수행되었음.

서울대학교 아시아연구소총서
기초연구시리즈 24

오늘을 넘는 아시아 여성

페미니즘이 묻고 인류학이 답하다

지은숙 · 구기연 · 오은정 편저

서울대학교출판문화원

Asian Women Persist

Anthropologists answer Feminist questions

JEE Eunsook
NOH Gowoon
LIM Anna
KIM Hyun Mee
CHAE Hyun-jung
KIM Heekyoung
CHOI Seoyeon
KIM Minjung
KOO Gi Yeon
CHO Sumi
OH Eunjeong

Seoul National University Press

머리말

아시아 여성에 대한 일련의 표상들은 대체로 극단화되어 있다. 히잡을 두른 여성이나 중산층의 전업주부로 묘사되며 가부장제와 자본주의 체제의 결합 구조에 순응하는 이미지. 한편에서는 가족의 자본을 총동원하여 계급 재생산에 열을 올리는 신자유주의적 모성의 화신으로서의 '헬리콥터 맘'들 혹은 섹슈얼리티가 극대화된 성적 대상으로서의 이미지. 이와 같은 모습들이 아시아 여성들의 '순응성'을 극대화해 표상한다. 그런가 하면 이러한 구조적 억압과 고정관념을 깨고 세계 기구에서 리더십을 발휘하는 진취적인 아시아 여성 엘리트의 모습이 미디어의 특집 코너를 구성하기도 한다. 이러한 표상들은 아시아 여성들의 현실을 잘 보여 주고 있는가? 아시아 여성은 오늘날 어떠한 삶을 살아가고 있는가?

글로벌 자본주의의 위기가 일상화된 오늘날, 위와 같은 여성 표상을 만든 가족 제도와 그것을 지지해 온 정치·경제적, 사회적, 물적 토대는 급격하게 붕괴하고 변화하고 있다. 아시아는 지난 30년간 급속도로 확대된 전 지구화의 영향을 가장 크게 받는 지역 중 하나다. 글로벌 가치 사슬의 형성에 따른 사회·경제적 변화뿐 아니라 고령화와 인구 감소에 따른 사회 구조의 변동, 가족, 연애, 섹슈얼리티와 같은 친밀성 영역에서 급격한 변화가 광범하게 나타난다. 글로벌 자본주의와 신자유주의적 통치 체제가 이러한 복합적 변화에 대응하지 못함에 따라 나타난 오늘날의 정치·사회적, 자연적, 물질적 위기들은 우리가 발 딛고 서 있는 아시아 속 여성들의 '삶'의 조건과 '생존'의 의미, 방향을 다시 묻고 있다.

그러나 아시아 여성의 삶에 대한 이야기는 너무 납작하거나 단조롭다. '아시아 여성의 오늘'을 묻고 있는 이 연구는 '아시아', '여성' 그리고 '오늘'은 무엇인가라는 세 개의 큰 물음을 던지는 것으로 시작되었다. 여기에 모인 저자들은 아시아 각지를 현장으로 인류학 연구를 진행해 온 연구자로서 위의 질문에 대해 여성들의 삶 속에서 답을 찾고자 한다. 연구자들이 발 딛고 서 있는 이곳과 지구 여러 곳에서 맞닥뜨린 변화의 흐름 속에서, 아시아 여성의 오늘날 삶의 모습을 새로운 관점에서 바라볼 수 있지 않을까? 우리는 무엇보다 현장에서 만났던 사람들이 실제 삶의 현장에서 만들어 내는 새로운 가능성과 잠재성, 신자유주의적 통치의 틈새에서 만들어 내는 유쾌한 풍자와 자각하는 삶, 그리고 서로 연대하고 연결되려는 마음에 주목했다. 개인의 삶을 바꾸려는 생애 전략과 새로운 기획들이 왜 사회를 바꾸려고 하는 흐름과 연결될 수밖에 없는지, 적극적이든 일상적이든 변화를 시도하고 모색하는 과정은 왜 어김없이 강한 저항과 갈등을 불러일으키는지, 그러한 과정은 어떠한 타협과 협상을 필요로 하는지와 같은 일견 무모한 질문들에 대한 실마리를 변화하는 세계 속의 아시아 여성의 삶과 좌절, 분투를 들여다봄으로써 찾을 수 있지 않을까 생각했다.

인류학에서 훈련받은 우리 저자들의 연구는 기존 연구들에 빚지고 있다. 아시아 여성에 대한 선행 연구는 크게 두 갈래로 나뉜다. 하나는 여성의 공적 영역 진출을 억압하는 성별 분업의 논리가 강한 아시아에서 공적 영역에서 활약하는 여성 지도자나 여성이 중심이 된 정치사회 운동에 주목한 것이다(Burghoorn et al., 2008; Iwanaga, 2008; Roces and Edwards, 2010). 또 다른 갈래는 아시아 여성의 일상생활에 주목한 것이다. 린 파커와 로라 데일이 중심이 되어 수행한 아시아 여성의 에이전시를 주제로 한 일련의 연구(Parker, 2005; Parker and Dales, 2014)가 대표적이다. 그들은 아시아 여성이 희생자로 재현되거나, '제3세계 여성'과 같은 실체 없는 전복적 주체로 호명되는 흐름에 맞서서 인류학적 현장 연구를 토대로 아시아 여성의 일상생활에 깊이와 현실감을 부여하고자 했다. 이를 위해 일터나 가족관계 내의 역동을 드러내고, 섹슈얼리티와 친밀성의 영역에서 새롭게 부상하는 욕망과 정서에 주목했다. 이들의 연구는 에이전시에 대한 성찰적 접근이라는 측면에서 이 연구 설계에 중요한 참고점이 되었다.

이 책은 위의 두 가지 흐름을 통합하는 것을 목표로 한다. 이를 위해 가족관계와 일상생활 영역에서 드러나는 에이전시에 주목하는 한편, 일상적 실천을 바탕으로 가부장적 질서에 도전하는 새로운 언어를 발명하고 이를 통해 젠더 담론의 재배치를 이루어 내는 정치세력화의 양상까지 폭넓게 다루고자 한다. 이것은 아시아 여성을 둘러싼 기존 '역량' 담론의 한계를 넘어서 행위자성과 주체성의 결합에 대한 새로운 지평을 모색하고자 하는 시도이기도 하다. 그동안 학계에서 아시아 여성에 대한 연구는 이중적으로 주변화되어 왔다. 지역 연구가 여성의 주변성에 초점을 두었다면, 페미니스트 연구는 아시아의 주변성에 초점을 맞춰 왔다. 그런 까닭에 아시아 여성의 에이전시를 통합적으로 포착하고자 하는 우리의 연구 기획은 그동안 서구중심주의와 남성중심주의가 주도해 온 학문적 관행에 대한 대안으로서 자리매김하는 의의를 가진다.

한편 전 지구화가 여성들에게 미치는 영향에 대해서는 도전과 선택의 양 측면에서 다각적인 선행 연구가 축적되어 왔다. 그중에서도 페미니즘 시각에서 전 지구화에 접근하는 관점은 글로벌 페미니즘, 탈식민주의, 초국가주의 페미니즘이 대표적 갈래로 꼽힌다(통·보츠, 2019).

이 책의 저자들은 전 지구화가 촉진하는 여성 간의 무수한 차이점에 주목한다는 점에서 초국가주의 페미니즘과 관점을 공유한다. 초국가주의 페미니즘은 전 지구적 가부장제에 대항하는 연합 전선을 제시할 만큼 강력한 전 지구적 자매애가 존재한다고 주장하지 않는다(모한티, 2005)는 것을 특징으로 한다. 이 책의 저자들은 전 지구화가 아시아 여성의 에이전시를 자동적으로 증대시킨다는 가정을 의심하며, 전 지구화에 따른 아시아 여성의 에이전시 증대를 사회적 선(social good)으로 전제하는 분석 관행에 대해 의문을 제기하는 데서 출발한다.

전술한 바와 같이 이 공동 연구의 대상은 아시아의 '여성'이다. 이때 '여성'의 범주는 국적이나 종교뿐 아니라 계층, 직업, 연령, 생애주기, 가족 형태 등 다양한 스펙트럼을 포괄한다. 연구 대상에는 할머니 역할을 요구받는 노년 여성이 있는가 하면 육아기의 기혼 여성도 있고, 20~30대 비혼 여성도 있다. 또 가난한 지방 출신 가사노동자가 있는가 하면, 도시의 자영업자도 있고 군인도 있다. 당연하게도 이들이 경험하는 젠더 불평등의 범위와 정도는 상이하다. 이러한 비젠더적 특성이 야기하는 다양한 불평등을 단일한 방식으로 취급하거나 획일적인 이론 틀에 담아내는 것은 불가능하다. 따라서 우리가 탐구하려는 것은 그동안 한 덩어리 바위와 같이 묘사되어 온 본질로서의 '아시아 여성'의 현실이 아니다. 오히려 우리가 주목한 것은 '아시아'의 맥락에서 끊임없이 여성이 호명되고, 여성성이 새롭게 창조되고 있는 현실 그 자체라고 할 수 있다. 누가 어떤 맥락에서 끊임없이 '아시아 여성'의 이름으로 발화하는가? 그 발화는 어떻게 구성되고 어떤 효과를 낳는가? 하는 점이다. 그것은 때로는 인종주의와 결합하기도 하고 신자유주의의 아이콘으로 유통되기도 한다.

그렇다고는 해도 이 책이 때로는 타자에 의해 호명되기도 하고, 때로는 스스로에 의해 작명되기도 하는 아시아 맥락에서의 여성과 여성성을 이론적으로 해명하는 것은 아니다. 공동 목표를 위한 일시적 전략(Spivak, 1989)인지, 해방 이론의 가면(모들스키, 2008: 59)인지 혹은 또 다른 이론적 틀로 분석되어야 할 것인지에 초점이 맞춰져 있지 않다. 우리가 지향하는 것은 아시아 각처에서 인류학적 현장 연구를 수행해 온 연구자들의 경험과 성과를 바탕으로, 전 지구화라는 강력한 흐름 속에서도 영향력을 발휘하는 지역문화의 힘과 각 지역의 역사적 특수성 속에서 '아시아 여성'이 호명되는 구체적인 양상과 맥락을 그려 내는 것이다. 이렇게 현장에서 '여성'이 발명되고 호명되는 양상을 규명하는 작업은 "여성이 이미 의미화된 것일 뿐만 아니라 여러 개의 맞물린 담론 안에서 순환하며 지속적으로 의미화되는 것"(버틀러, 2008: 354)임을 확인하는 작업이면서, 동시에 여성이라는 이름의 소수자가 "그 담론적 명령을 능가하고 저항하는 재배치와 재전개의 가능성"(버틀러, 2008: 357)을 제시하는 순간을 발굴하는 것이다. 미리 정해진 확고한 여성 범주가 없다는 것이 '여성'의 이름으로 말할 가능성 자체를 파괴하는 것은 아니다. 여성의 이름으로 무엇을 주장하는 것은 이미 존재하는 여성에 기반을 둔 행위가 아니라, 페미니즘의 주체로 '여성'을 새롭게 구성하는 것이다.

* * * *

본문은 크게 4부로 이루어진다. 제1부 〈아시아 여성의 도전과 목소리〉는 일본, 미국, 이스라엘의 사례를 통해 각 사회에서 여성에게 요구되는 전형적인 젠더 이미지와 판타지들 속에 녹아 있는 젠더 차별과 배제의 동학을 드러낸다. 나아가 저자들은 각 사례를 통해 국적, 종교, 계급, 세대를 교차하며 젠더 수행성이 드러나는 맥락을 고찰하고, 이러한 젠더 수행성이 기존의 사회 질서에서 연유한 의미들을 전유하고 균열을 일으킬 가능성을 살핀다.

지은숙은 "여자력(女子力)과 일본의 페미니즘: 생존 전략인가? 강요된 젠더 규범인가?"에서 2000년 무렵 처음 등장하여 이제는 일본 사회에 깊숙하게 자리 잡은 여자력(女子力)이라는 단어를 통해 2000년대 이후 일본 여성을 둘러싼 사회적 현실과 젠더 담론의 추이를 조망한다. 여자력이라는 유행어가 탄생한 사회·경제적 배경을 살펴보고 그 의미의 변용 과정을 짚어 보면서 여자력 담론이 일본 여성의 삶에 미친 효과와 이 과정에 개입된 다양한 그룹의 해석 투쟁도 함께 분석하고 있다. 여자력이라는 단어에서 출발하여 젠더 백래시를 통과해 온 2000년대 이후 일본의 페미니즘 사정에 대한 통찰력 있는 접근을 독자에게 제공할 것이다.

코로나19 시대에 서구 사회에서 살아가는 중국계 여성이 경험하는 차별과 폭력은 아시아인에 대한 인종차별주의와 성차별주의, 그리고 다양한 사회적 소수자를 향한 혐오의 교차성(intersectionality)을 잘 보여 준다. 노고운은 "코로나19와 '박쥐탕 미녀': 팬데믹 시대를 살아가는 아시아계 미국인 여성들의 이야기"에서 미국에 거주하는 아시아계 여성들이 2020년 코로나19의 팬데믹화가 불러일으킨 중국인 및 아시아인 혐오를 어떻게 경험하고 있는지 살펴본다. 2020년 전반기에 인터넷을 뜨겁게 달군 일명 '박쥐탕 미녀' 동영상과 그 주인공인 중국계 여성에 대한 비난을 분석하고 아시아계 여성들이 경험하고 있는 혐오와 폭력 범죄를 분석하여 팬데믹 감염병에 대한 공포가 어떻게 근대 인간중심주의적인 자연-문화 이분법에 기반한 인종차별주의와 성차별주의 담론 및 폭력으로 나타나는지 설명한다. 이와 같은 서구 사회의 중국 여성 혐오 담론과 폭력 행위는 중국 여성만이 아니라 아시아계 이주민 여성을 자연, 야생, 미개, 전근대(비과학)에 더 가까운 존재로 재현하면서 전염병과 연결시키는데, 이를 에코페미니즘 이론에 기반하여 설명한다. 마지막으로 아시아계 여성들이 기존의 인종 장벽을 뛰어넘어 블랙라이브스매터(Black Lives Matter)와 연대하여 모든 인종차별주의와 성차별주의에 저항하는 모습을 살펴보며 성, 인종, 계급, 시민성(citizenship)을 뛰어넘어 이루어지는 연대의 가능성을 보여 준다.

임안나의 "'군대의 꽃'과 '여전사'의 표상을 넘어: 이스라엘 여성의 군 복무와 의미화의 궤적"에서는 70년이 넘는 양성징병제 역사를 가진 이스라엘 군대에서 여성들이 그들에게 요구된 젠더화된 표상과 차별에 어떻게 맞서 왔는지 보여 준다. 이스라엘 사회의 축소판인 군대는 젠더, 종족, 종교, 정치적으로 대립하는 여러 힘들이 팽팽하게 얽혀 있는 역동적인 공간이다. 오랫동안 국가 안보와 민족주의 서사에 가려 군대에서 배제되고 주변화된 여성들은 남성들과 동등한 대우를 요구하며 적극적으로 군에 진입하거나, 여성 억압에 기여하는 폭력과 군사주의에 반대하며 병역을 거부하기도 한다. 군대를 매개로 이루어진 젠더 차별적 위계 구조를 분석하는 이 글은 젠더 평등 지표로서의 여성 징병제 신화에 의문을 던지면서, 이스라엘 여성들이 여전히 각자만의 방식으로 기존 젠더 질서에 저항하고 도전하면서 평등과 정의를 향해 나아가고 있음을 보여 준다.

제2부 〈일과 삶의 재조합과 긴장〉은 '일'을 주제로 한국의 고학력 전문직 여성 그리고 태국의 여성 상인들의 삶을 조명한다. 고학력 전문직 여성들의 '일'과 주류 학문 체계에서 흔히 '비공식적 경제'로 치부되고는 하는 여성들의 '일'은 완전히 다른 노동의 형태처럼 보인다. 하지만 이는 정치·경제적으로 구조화된 젠더 불평등 속에서 아시아 각국의 여성들이 각자의 삶의 조건들을 재배열하고 생존의 공간을 만들어 가는 과정이기도 하다.

"능력주의의 배신과 젠더화된 불안: 한국 전문직 여성의 일 경험"

에서 김현미는 현대 한국 고학력 여성들이 일터에서 경험하는 젠더 딜레마를 분석한다. 최근 한국 페미니즘 담론 내에서도 '성공 페미'란 말이 나올 정도로 여성은 부를 축적하고, 일에서 성공해야 한다는 믿음이 강화되고 있다. 대규모로 전문직 일터에 진입한 한국의 30~50대 여성들은 일과 전문성에서 탁월함을 증명하면 여자라는 이유로 차별받지 않을 것이라는 고양된 기대를 하고 있고, 이 때문에 능력주의를 신봉한다. 신자유주의 경제화가 강조하는 개인화와 능력주의는 페미니즘이나 여성 권리 향상에 긍정적인 영향을 가져오기도 했다. 일견 신자유주의는 집단적 차별을 받아 온 여성이나 소수자 중 일부에게 '선택적 해방'을 가져다주는 것으로 보인다. 일과 전문성에서 탁월함을 증명하면 여자라는 이유로 차별받지 않을 것이라는 고양된 기대를 만들어 냈기 때문이다. 저자는 한국의 고학력 전문직 여성들의 일 경험에 관한 인터뷰를 통해 왜 이들이 능력주의를 신봉하며, 한편으로는 시간이 지날수록 젠더화된 불안을 느끼는지 분석한다. 남성 표준 노동자가 일터의 규범과 보상 체계의 기준이 되는 현대 한국의 전문직 일터에서 여성들은 나이에 따른 퇴직 압박을 경험하거나 유리 천장이나 유리 낭떠러지, 유리 에스컬레이터라 불리는 성차별을 경험한다. 이런 구조화된 불평등은 여성의 '끼어들기'나 '명예 남성' 전략, 그리고 개인화된 능력주의로는 해결되기 어렵다. 이 글은 어떻게 몇몇 여성이 성공했느냐가 아닌, 왜 여성이 일터에 오래 남을 수 없느냐는 집요한 질문에서 답을 찾아야 한다고 주장한다.

채현정은 "치윗 매카: 태국 시장통에서 본 비공식 노동의 빛과 그림자"에서 태국 여성 시장 상인의 일 경험을 토대로 비공식적이고 남루해 보이는 시장의 노동이 여성들에게 유연한 노동환경이 될 수 있음을 보여 주고 있다. 태국의 고학력 젊은 여성들이 시장으로 유입되는 조건은 태국의 젠더 질서와 사회·경제적 맥락 속에서 나타나지만, 그 속에서 시장 일을 택한 여성들은 자기 주도적인 시간 배치와 생애주기별 성 역할과의 균형을 고려해 유연한 노동을 주체적으로 선택하고 있다는 점에 주목한다. 태국 여성 상인이 시장 일을 긍정적으로 선택하고 경험하는 모습은 다양한 형태의 비정규직 노동과 유연 노동이 양적으로 늘어나고, 많은 여성이 여가와 노동의 경계를 나누지 못하는 상황에서 삶과 일의 균형과 의미를 찾아가는 주체적인 모습의 본보기로 참조할 수 있을 것이다.

제3부 〈돌봄의 위기와 연쇄〉는 '돌봄'을 주제로 한국과 인도네시아·말레이시아, 필리핀·한국에서 이루어지는 초국적인 돌봄 노동과 가족 돌봄의 이면을 들여다본다. 사례가 되는 국가를 인도네시아·말레이시아, 필리핀·한국이라 병기한 것에서 알 수 있듯이 오늘날 아시아에서 돌봄은 더 이상 한 가정 안에서 혹은 한 국가 안에서 이뤄지지 않는다. 3부의 저자들은 전 지구화와 신자유주의 속에서 부상한 가정 돌봄의 위기와 그 대안으로 부상한 다양한 돌봄의 형태들 속에서 돌봄이 연쇄적으로 전가되면서 그늘 또한 깊어짐을 보여 주고 있다.

"K-할머니 서사의 이면과 그림자 돌봄의 위기"에서 김희경은 한국 최초로 아카데미 여우조연상을 받은 〈미나리〉(2020)의 윤여정을 'K-할머니'로 치켜세우며 노년기 여성을 자식과 손자녀를 위해서라면 무엇이든 내줄 수 있는 '사랑의 화신'으로 그리는 한국 가족주의의 그늘을 할머니들의 손자녀 돌봄 사례를 통해 살펴본다. 저자는 한국형 가족주의의 욕망과 가부장적 젠더 규범 속에서 비대해져 가는 어머니 노릇으로 인해 노년기 여성들이 희생을 강요당하고 있을 뿐 아니라 자식 및 손자녀와의 관계 역시 왜곡되고 있음을 보여 준다. 하지만 저자는 이러한 비판에서 그치지 않고, 이반 일리치가 제시한 '그림자 노동' 개념에서 출발한 '그림자 돌봄'의 개념으로 돌봄이라는 실천 속에서 돌봄을 받는 자와 돌봄을 주는 자는 서로에게 어떤 존재가 되어야 할지를 고찰할 필요성을 제기한다.

외국인 가사노동자 고용 합법화는 선진국 맞벌이 가정이 짊어진 가사와 돌봄의 부담을 덜어 내는 합리적이고 현실적인 방법이 될 수 있을 것인가? "국경을 넘는 여성 노동자와 정부의 역할: 말레이시아의 인도네시아 가사도우미"에서 최서연은 인도네시아 농촌의 빈곤층 여성들이 가족과 자신의 생계를 위해 상대적으로 경제 수준이 높은 말레이시아에서 가사노동자로 취업하는 과정을 살펴봄으로써, 저개발국의 가난한 여성들이 가사와 돌봄의 수고뿐만 아니라 이주의 비용까지 떠안게 되는 국제적 노동분업의 현실을 조명한다. 국경을 넘는 노동이주의 감독자이자 자국민의 보호자 역할을 자임하는 인도네시아 정부가 말레이시아 정부와 맺은 양해각서(MOU)는 원칙적인 중요성에도 불구하고 사실상 이주 가사노동자에게 거의 아무것도 보장해 주지 못한다. 인도네시아 여성들의 가사와 돌봄 노동은 인도네시아의 농촌 경제와 더불어 말레이시아 중산층의 일상까지도 떠받치고 있지만, 노동이주의 과정에서 이들은 노동자의 권리뿐만 아니라 기본적인 인권도 구조적으로 박탈당한다. 이 글에서는 여성의 사회 참여 기회 확대와 국민의 삶의 질 개선이라는 명분이 과연 인권과 노동권을 박탈당한 가사와 돌봄 '인력'의 국제적 이동을 정당화할 수 있는지 질문하고자 한다.

김민정은 "국가와 가족의 경계를 넘는 필리피나 '내니'이자 '엄마'의 삶"에서 원래의 가정과 국가를 떠나 생활하는 필리핀 여성들의 이주노동 경험이 여성의 '가내성(domesticity)'으로 접착된 국민국가와 가족의 관계에, 즉 일국적 가족의 정상성에 어떤 식으로든 변화를 가져오게 된다는 점을 보여 준다. 오늘날 경제 선진국의 가정을 유지하는 데 크게 기여하고 있는 '필리피나 내니'의 일은 여러 면에서 주목받는다. 이 글은 이주노동자로서 아이린의 삶과 경험을 통해 '엄마'라는 자아와 '엄마의 일'을 하는 이주노동자라는 자아, 그리고 '자유로운 사람'이 되어야 한다는 신자유주의 시대의 언명이 어떻게 조율되고 통합되는지를 살펴본다. 타국에서 돌봄 노동을 제공하는 아이린에게 엄마의 역할은 돈을 벌기 위한 노동과 원거리에서 가족을 돌보는 활동으로 나뉜다. 두 영역의 경계는 서로 완전히 구분되지 않으며 동전의 양면과도 같이 앞뒤가 서로 연결된 관계다. 이 글은 필리피나 내니의 이러한 엄마 역할의 분기와 변형이 여성과 결부된 가내성을 통해 일국적 가족의 정상성에 균열을 내는 과정이라는 점을 제시한다.

제4부 〈여성 시민이 만드는 새로운 공론장〉은 세 개의 장으로 구성된다. 여성의 삶의 조건들을 구조화하는 정치·경제적 질서와 사회문화적 제약 속에서도 대안적 삶을 위해 다른 목소리를 내고, 반격하며, 연대해 나가는 활동들을 통해 공론장에 개입하며 새로운 삶의 가능성을 확장해 가는 아시아 여성들의 다양한 모습들을 이란, 한국, 일본의 사례를 통해 살펴볼 수 있을 것이다.

"#카메라는나의무기: 이란 여성들의 반격 그리고 연대"에서 구기연은 '#카메라는나의무기'라는 해시태그 운동을 중심으로 이란 여성들의 사이버 페미니즘 운동에 대한 민족지적 사례를 보여 준다. 오늘의 이란 여성들은 사회적 혐오 발언과 때로는 성희롱과 폭력으로 이어지는 현장을 자신의 카메라에 담고 이를 고발하는 저항의 모습을 보여주고 있다. 이란 여성들은 자신이 직면한 상황에 대해 더 이상 참지 않고 적극적으로 이를 카메라에 담아 고발한다. 이란 여성들에 대해 사회적 압력이 가해지는 배경에는 정치적 상징으로 작동하고 있는 무슬림 여성의 히잡 의무 착용이라는 사회적 규범이 있다. 오늘의 이란 여성들은 히잡 규범에 대해 목소리를 내고 있으며, 전통적인 이슬람적 규제로 자신들을 옭아매려는 사회문화적 압박에 사이버 페미니즘 운동으로 맞서고 있다. 이란 여성들의 연대는 느슨하지만 강력한 저항의 힘을 가진 시민불복종 운동으로 확대되고 있다. 이 글에서 저자는 오늘의 이란에서 벌어지고 있는 여성들의 치열한 반격들을 보여 준다.

조수미는 "'정상성'을 넘어서 확장된 모성으로: 한국 성소수자 엄마 활동가들"에서 성소수자의 엄마들이 자녀의 커밍아웃 이후 성소수자부모모임에 참여하고 성소수자 인권 활동가로 변화하는 과정을 통해, 엄마들이 성, 가족, 모성에 대한 관념을 재정의하며 '성소수자 엄마 활동가'로서의 자신의 정체성을 확장해 나가는 과정을 분석한다. 성별 이분법과 규범적 이성애에 기반한 '정상가족' 모델과 규범적 모성에 익숙한 엄마들에게, 자녀가 성소수자라는 사실은 생애각본의 부재에 대한 공포감과 실패한 모성에 대한 죄책감을 불러일으킨다. 그러나 부모모임에 참여한 엄마들은 다른 부모 및 젊은 성소수자와의 만남을 통해 젠더, 섹슈얼리티, 가족규범을 재해석하며 정상성의 모델에서 탈피한다. 성소수자를 향한 반동성애 폭력을 목격하면서 성소수자의 고통이 가진 사회적 성격을 깨닫고, '내 자녀의 엄마'를 넘어선 '성소수자 엄마 활동가'로서 인권활동에 적극적으로 참여하게 된다. 변화한 엄마들은 자녀의 커밍아웃을 자신을 더 넓은 세계로 이끌고 성장하게 하는 초대장으로 재해석한다. 이러한 변화에도 어떤 엄마들에게 지속되는 '자녀의 죽음 가능성'에 대한 인식은 가족의 이해와 노력만으로는 해결될 수 없는 사회적 배제와 차별이 공고하게 작동하기 때문에 존재한다는 사실을 증거하며, 당사자와 그 주변을 넘어선 보다 폭넓은 관심과 개입이 필요하다는 사실을 환기한다.

"재난 지역에서 여성으로 살아간다는 것: 후쿠시마 엄마들의 이야기"에서 오은정은 2011년 일본 후쿠시마 원전사고 이후, 공적 공간에서 사소한 것으로 치부되며 배제되어 온 여성들의 목소리를 염두에 두면서 지역 여성들이 자신에게 닥친 삶의 위기를 극복하기 위해 벌인 활동에 주목한다. 사례가 되는 '이와키 방사능 시민측정실 타라치네'는 방사선량에 관한 신뢰도 있는 정보를 생산하기 위해 후쿠시마현 이와키시에 거주하는 엄마들이 설립한 단체다. 저자는 이들의 방사선량 측정 활동이 위험에 관한 지식 생산을 넘어서 삶의 세계를 구축하는 다양한 사람과 사물의 관계를 조정하고, 정책과 제도의 프레임에 문제를 제기하는 스케일 작업이며, 비가시적이지만 그들 삶의 세계의 모든 것을 채우고 규정하는 방사선량을 측정함으로써 여성들이 생활 세계에 대한 공통 감각을 구축해 나가는 과정을 보여 준다. 재난 이후 삶의 가능성을 모색하는 장치로서 방사능 측정이라는 시민과학 실천은 재난 지역에서 살아가는 여성들이 벌이는 생활 정치와 연대의 윤리이며, 재난 지역에서 자신들의 목소리를 내는 중요한 연결고리다.

* * * *

이 책은 『여성 연구자, 선을 넘다』(2020)에 참여했던 여성 인류학자들이 후속 작업을 기획하는 데에서 출발했다. 당시 이 책의 공동 저자로 참여했던 서울대학교 아시아연구소의 구기연과 비교문화연구소의 지은숙이 연구자들의 현장 연구를 바탕으로 아시아적 맥락에서 여성의 오늘을 읽어 보는 책을 내 보자는 제안을 한 것이 2020년 7월쯤이었다. 이후 강원대학교의 김민정, 서울대학교 비교문화연구소의 임안나, 인류학과 BK교육연구단의 오은정이 합류하여 몇 차례의 회의를 통해 '아시아 여성의 오늘'이라는 주제와 문제의식을 다듬었고, 이 주제에 기여할 수 있는 동료 인류학자들을 섭외하기로 했다. 이에 2020년 연세대학교 김현미, 전남대학교의 노고운, 덕성여자대학교의 채현정, 서울대학교의 최서연, 명지대학교의 조수미, 경북대학교의 김희경이 출판 모임에 함께해 주었고, 각자 한국, 일본, 태국, 중국, 미국, 인도네시아, 말레이시아, 필리핀, 이란, 이스라엘 등지에서 연구해 온 여성들의 삶을 써 보겠다는 데 뜻을 같이했다. 책을 기획하고 글을 써 나가는 과정에서 우리는 아시아 여성들의 삶, 그녀들의 저항과 연대, 일과 삶의 긴장 그리고 돌봄의 위기들을 살펴보았지만, 그들의 삶에서 나타나는 열망과 위기, 고민과 갈등, 저항과 균열은 저자인 우리들 각자가 살아가는 이곳에서의 삶과 크게 다르지 않음을 확인하기도 했다.

한편, 본 저서의 출판은 서울대학교 아시아연구소가 "아시아 연구의 시대적 필요성에 부합하고, 학문연구의 독자성과 자립화를 구현하고자 아시아 관련 우수한 연구내용을 책으로 발간"한다는 목표로 실행하고 있는 '2021년 아시아 기초연구 저술 지원 사업' 지원을 받았기에 가능했다. 서울대학교 아시아연구소가 발행하는 연구서 시리즈 가운데 아시아 각국의 사례를 비교문화적 관점에서 읽을 수 있다는 점에서 중요한 의미가 있으며, 무엇보다 처음으로 젠더 이슈를 다룬 책이라는 점에서 의의가 있다. 책을 출간하는 과정에서 많은 분의 도움이 있었다. 서울대학교 아시아연구소의 박수진 소장님과 신범식 부소장님 외 아시아연구소 구성원들의 지원과 관심에 감사드린다.

무엇보다 책의 기획 단계 초기부터 편집 간사이자 일차 독자로서 성실하게 임무를 다해 준 서울대학교 인류학과 박사과정 김성인 님과 워크숍 진행 과정에서 도움을 준 서울대학교 인류학과 석사 황혜림 님에게 깊은 감사의 말을 전한다.

이 책은 첫 기획 이후 1년 반 동안 여러 차례의 기획 회의와 워크숍, 파트별 모임 등을 통해 서로의 글에 대한 정성 어린 비판과 조언 속에서 완성되었다. 다양한 비평 속에는 서로에 대한 위로와 격려도 함께 했다. 그런 점에서 이 책은 아시아 여성의 연대를 보여 주려는 기획이면서, 또 한편으로는 여성 연구자들 연대의 결과물이기도 하다. 부족한 글이지만 이 글에 녹이려고 했던 우리의 고민과 노력이 관련 연구자들 뿐만 아니라 아시아의 오늘을 살아가는 많은 여성의 삶과 마음에 가닿기를 바란다.

2023년 1월

저자를 대표하여

구기연, 오은정, 지은숙 씀

차례

표 차례

그림 차례

제1부

아시아 여성의 도전과 목소리

제1장

여자력(女子力)과 일본의 페미니즘

생존 전략인가? 강요된 젠더 규범인가?

#아시아 여성의 오늘은 다시 페미니즘이다

여성에게 여자됨(womanhood)은 감추어야 할 제약일까, 살아남기 위한 자원일까? 여성의 노동시장 진출이 확대되었던 1980년대, 일본 여성들은 '남자처럼' 일하라는 요구에 직면했다. 그러나 노동시장에서 지워야 할 약점으로 간주되고 차별의 근거가 된다는 이유로 '여자'를 멈출 방법은 없었다. 시간이 지나면서 차라리 여자만이 지닌 능력에 주목하고 이를 계발해 생존을 도모하자는 주장이 득세했다. 신자유주의와 능력주의라는 시대정신과 결합해 탄생한 '여자력(女子力)'이라는 신조어도 영향력을 확대해 왔다. 그러나 뉴미디어의 발달에 힘입어 최근에는 개인적 능력 함양으로서의 여자력을 넘어 '여자'를 집합적 실천과 연대의 근거로 삼는 새로운 운동의 흐름이 부상하고 있다. 여자됨을 둘러싼 일본 사회의 담론과 실천 변화를 통해 젠더 백래시를 통과해 온 2000년대 이후 일본의 페미니즘 사정을 살펴보자.

1. 여자력과 조시료쿠

여자력(女子力)이라니, 무슨 뜻일까? 한국어에 없는 이 어휘는 2000년 무렵 일본에서 새롭게 만들어진 단어다. 여자(女子)와 힘[力]을 합해서 만든 이 말은 고지엔 같은 공신력 있는 사전에 등록된 것은 아니지만, 일본 사람 대부분이 알고 있고 젊은 층에서 주로 사용한다. 현재는 단어의 용례가 너무 광범해져서 한마디로 정의하기 어렵지만, 여성됨을 적극적으로 드러내고 향상하려는 지향 혹은 그런 능력을 의미한다고 풀이할 수 있다. 여자력은 2000년 이후 일본 여성을 둘러싼 사회적 현실과 젠더 담론의 변화를 조망하기에 유용한 렌즈다. 여자력을 중심으로 일본의 페미니즘 사정을 살펴보려고 한다.

한국어로 '여자력'을 검색해 보면, 일본에서 젊은 여성들이 여자력을 키우기 위해 노력하는 사례를 들어 일본 여성의 낮은 젠더 의식을 단정하는 경우가 많았다. 근거 없는 해석은 아니지만, 과정과 맥락을 생략한 채 타 문화에 접근하는 것은 자칫 다른 사회에 대한 오해를 낳을 수 있다. 여자력이라는 단어를 이해하고자 할 때는 우선 한국어의 여자력과 일본어의 조시료쿠가 다른 말이라는 것을 염두에 두어야 한다. 女子力을 '여자력'으로 읽을 때와 '조시료쿠'로 읽을 때의 울림은 상당히 다르다. 한국어의 여자력은 어딘지 어색하고 진부하게만 느껴지는 데 비해, 일본어의 조시료쿠에는 신선하고 긍정적인 울림이 담겨 있다.

우선 조시(女子)라는 단어가 그렇다. 일본어에 여성을 지칭하는 단어로 온나(女), 조세(女性), 조시(女子) 정도가 있는데, 첫 번째 온나(女)는 여성을 포괄적으로 가리키는 단어지만, 일상적 용례에서는 낮춰 보는 뉘앙스가 섞이기도 한다. 오히려 그 점에 착목하여 1970년대 일본 여성해방운동인 '우먼 리브'는 종래의 주부, 처, 어머니 등과 같은 역할을 젊어진 존재가 아니라, 있는 그대로의 온나를 섹슈얼리티를 경유해 재구성하려고 시도하기도 했다. 그래서 일본의 우먼 리브는 온나의 사상으로 정의되기도 한다(上野千鶴子, 2009). 하지만 이렇게 도전적 맥락에서 사용한 경우를 제외한다면 온나는 특별한 울림을 갖기에는 지나치게 포괄적인 단어다. 그런가 하면 조세(女性)는 성인 여성을 가리키는 말로 '여성운동', '여성학', '여성활약' 등 공적으로 널리 쓰이는 말이다. 부정적인 울림은 적지만 딱히 신선한 뉘앙스도 없다. 이에 비해 조시(女子)는 주로 고교생 이하의 여학생을 지칭하는 공적 용어로 온나, 조세에 비해 중립적인 울림이 강한 단어다. 또 여학생들이 "조시(女子)끼리의 대화니까 단시(男子)는 저리 가 있어."라고 할 때처럼 정체성을 담아 사용되기도 한다. 조시코세(女子高生)처럼 여학생을 칭하는 단어로 주로 사용되던 이 조시가 2000년대 이후 오토나조시(大人女子)처럼 성인 여성을 가리키는 맥락으로 확장되어 쓰이기도 하고, 조시료쿠(女子力)처럼 향상과 능력을 강조하는 단어와 합해져 신선한 울림을 갖게 된 것이다.

그런가 하면 조시 뒤에 붙은 힘[力]도 거품경제 붕괴 이후 일본에서 부쩍 사랑받고 있는 단어다. 力은 저성장과 고용 유동화 시대를 살고 있는 일본인들에게 유일한 의지처 혹은 자산으로까지 여겨지게 된 긍정의 단어다. 力을 붙이는 조어의 기원을 거슬러 올라가 보면, 1980년대 조직혁신이나 자기 계발 분야에서 즐겨 사용하던 '인간력(人間力)'에 도달한다. 인간력은 거품경제 붕괴 이후 행정 문서에서도 "한 사람의 인간으로서 강하게 살아갈 수 있는 종합적 능력", "살아남기 위한 힘"이라는 정의와 함께 자주 등장하게 되었고, 그 바람을 타고 유사한 조어들이 생겨났다. 그중에서도 단행본 제목이기도 한 『노인력(老人力)』(2001)은 유행어 대상 후보에 오를 정도로 큰 화제를 모았다. 노인력이라는 것은 한마디로 마이너스가 지닌 힘이다. 예를 들어 나이가 들어 기억력이 감퇴하는 것을 기억력의 저하라고 보지 않고 망각이라는 새로운 힘을 획득한 것으로 파악해 그것을 '노인력이 붙었다'고 간주한다든가, 어깨의 힘을 빼야 오히려 잘되는 일도 있는데, 젊을 때는 좀처럼 힘이 빠지지 않지만 노인이 되면 자연히 그렇게 되니까 '노인력이 붙었다'고 말하는 식이다. 이 노인력의 대성공 이후 커뮤니케이션력, 연애력, 고민력 등 개인이 지닌 불리한 측면을 힘으로 전환하거나, 결핍된 능력을 육성하자는 의미의 '○○力'은 일본에서 유행어와 베스트셀러를 제조해 내는 마르지 않는 샘이 되었다. 혼다 유키(本田由紀, 2005)에 따르면 '○○力' 유행의 배경에는 노동 세계의 불안정화와 후기 근대 사회의 가치관 다양화에 따라, 사람들이 살아가기 위한 의지처를 잃어버렸다는 현실이 있다. 생애를 기댈 기업이나 자신을 이끌어 줄 가치관을 잃어버렸기 때문에, 사람들은 사회적 지위 달성이나 정체성 형성을 위해서 자신의 능력을 의지처로 삼을 수밖에 없게 되었다는 것이다.

여자력이라는 단어가 만들어진 것도 유사한 맥락이었다. 남성중심사회에서 여성이라는 것은 마이너스지만, 여성적이라고 간주되는 특성을 살아가는 힘으로 전환하자는 발상인 것이다. 그런데 ○○力의 유행 속에서도 여자력이라는 단어는 독특한 점이 있다. 노인력처럼 소수자의 속성을 힘으로 전환하자는 의미의 용어들이 일시적으로 주목받다가, 결국 당사자들이 외면하여 오래 못 가 사어(死語)가 된 것에 비해 여자력은 당사자들에게 적극적으로 수용되고 언중에게도 널리 받아들여졌다는 점이다.

어떻게 이런 일이 가능했을까? 역시 일본 사회의 낮은 젠더 의식을 방증하는 것일까? 이 질문에 답을 찾기 위해 일단 1990년대 무렵으로 거슬러 올라 가야 한다. 여자력이라는 말이 어떻게 등장했고 어떤 변용 과정을 거쳐 언중의 생활 속에 정착되었는가를 살펴볼 필요가 있다. 그리고 여자력 담론이 일본 여성들의 삶에 미친 효과와 이에 맞서는 해석 투쟁도 함께 짚어 봐야 한다. 이어 페미니즘 관점에 선 일본 연구자들의 여자력 현상에 대한 분석까지 짚어 보고 나면 여자력과 페미니즘의 관계가 뚜렷하게 보이지 않을까 생각한다.

2. 백래시와 생존 전략으로서의 여자력

일본에서는 1980년대부터 강한 성별 분업에 기반한 기업 사회를 넘어 성평등한 사회로 나아가자는 개혁적 흐름이 형성되었다. 이 흐름을 타고 성차별 해소와 여성 인권 신장을 위한 법률과 정책이 잇달아 등장했다. 1986년 남녀고용기회균등법의 제정으로 여성의 4년제 대학 진학률이 높아지고 노동시장 참여의 폭이 확대되는 큰 변화가 일어났다. 이 때문에 1980년대는 '여성의 시대'라고 불리기도 했다. 뒤이어 1992년에는 일하는 여성을 위한 육아휴업법이 만들어졌고, 맞벌이 부부의 증가라는 사회 변화에 발맞춰 1993년부터는 중고등학교에서 가정 과목이 남녀 공동 이수 과목이 되었다. 1997년에는 맞벌이 세대가 전업주부 세대를 웃돌게 되었고 남성의 육아 참가에 대한 요구가 커졌다. 이에 부응하여 1998년 가수 아무로 나미에와 결혼한 SAM을 모델로 '육아하지 않는 남자는 아버지라 부르지 않는다'는 구호를 내건 남성 육아 장려 캠페인이 후생노동성의 주도로 벌어지기도 했다. 이러한 제도·정책적 변화의 총결산은 1999년 남녀공동참획사회기본법의 시행이었다. 내각부 산하에 남녀공동참획사회로의 전환을 위한 공식 기구가 설치되었고, 전국 지자체에 남녀공동참획센터의 운영이 법률로 명시되었다. 이러한 변화가 국가 주도로 전개되었다는 한계를 지적하는 목소리도 있었지만 이것은 수십 년 동안 누적된 여성운동의 성과였으며, 성평등 사회로의 진전이라고 평가하기에 충분한 것이었다.

그러나 일본 사회에는 성평등이 큰 폭으로 진전되기를 바라지 않는 보수층이 존재한다. 이 보수층의 강한 의지 때문에 일본에는 현재까지도 남녀평등을 위한 것이라고 명시적으로 못을 박아서 제정한 법률이 없다. 이들의 영향력 때문에 1986년의 남녀고용기회균등법이나 1999년의 남녀공동참획사회기본법은 남녀 '평등' 대신 '기회균등'이나 '공동참획'과 같은 우회적이고 생소한 언어를 채택할 수밖에 없었다. 내각부 산하에 남녀공동참획국이 만들어지고 각 지방자치단체가 여성을 지원하기 위한 거점으로서 '센터'를 개소하자 남녀공동참획의 실현을 저지하기 위한 보수파의 공격은 어느 때보다 조직적이고 집요하게 펼쳐졌다. 남녀공동참획이 내건 젠더 프리 교육이 청소년에게 '프리섹스'를 장려한다는 악의적인 선동을 비롯해 '센터'를 표적으로 삼아 성교육과 성평등 교육을 물리적으로 저지하거나, 지방 정부와 의회가 성평등 정책을 시행하는 것을 조직적으로 저지하는 보수파의 공격이 전국에서 발생했다. 이러한 젠더 백래시는 1990년대 이후 일본에서 부상한 역사수정주의와 거의 동시에 추진되었고, 이를 연결하는 매개체는 일본군 위안부 교과서 서술에 대한 반발이었다. 일본군 위안부 문제와 젠더 프리 교육은 애국심과 전통적 질서를 파괴한다는 점에서 서로 연결되어 있었던 것이다(조경희, 2019).

한편 젠더 백래시가 본격화되던 시기의 일본 경제를 보면, 전지구화에 따른 고용 유동화로 비정규직이 급증하던 상황이었다. 그 여파로 사회의 전반적인 보수화가 진행되었다. 이러한 상황에서 남녀공동참획사회로의 전환이라는 젠더 개혁은 출발 당시의 동력을 잃고 좌절했다. 국가 주도로 이루어진 개혁의 좌절은 보수파의 백래시와 연계되면서 페미니즘에 대한 대중적 기반의 약화로 귀결되었다. 즉 백래시는 "국가가 승인했으므로 이제 페미니즘은 주류가 되었다. 일본 사회는 이미

성평등을 달성했고 운동을 통해 시정할 만한 불평등은 존재하지 않는다. 그런데도 페미니즘이 여전히 목소리를 높이는 것은 자신들의 밥그릇을 지키기 위한 것일 뿐이다."라는 논리로 대중을 선동해 왔다. 이러한 보수파의 반페미니즘 논리가 미디어의 동조를 얻어 대중적으로 침투하면서 2000년대 이후 일본 사회는 성평등이 정착되지 못했음에도 페미니즘을 낡고 촌스러운 것으로 간주하고 '젠더-페미니즘은 끝났다'고 말하는 담론이 공론장을 지배하게 되는 아이러니한 상황을 맞이하게 되었다.

여자력이라는 신조어가 부상한 것도 이 시기였다. 여자력이라는 단어를 처음 만든 것은 만화가 안노 모요코라고 알려져 있다. 미용 정보지인 『VOCE』에 1998년부터 연재한 「미인화보」라는 에세이에서 최초로 사용했다. 안노가 여자력을 처음 언급했을 때 그것은 [그림 1-1]에서 보듯 남성에게 선택받을 수 있는 능력이라는, 남성을 강하게 의식한 개념이었다. 안노가 스스로 밝힌 바에 따르면 그녀는 각성하기 전까지는 '아름다워지자'고 생각해 본 적도 없는 사람이었다. 만화가로 이름을 얻은 24세쯤 바빠져서 살도 찌고 외모가 급변했지만, 일이 즐거웠고 자신감도 많이 생긴 시기였기에 내심 '뚱뚱해도 된다', '일 잘하면 되지 누가 뭐라고 해!'라고 생각하며 무서운 것 없이 살았다. 그러다 최고로 살이 찐 겨울, 어떤 남성향 만화 잡지의 파티에 가서 정신이 멍해지는 사태와 마주했다. 참석한 남자들이 아무도 자신을 상대해 주지 않았던 것이다. 남자 만화가들은 서빙하는 아가씨를 비롯한 예쁜 여자들하고만 이야기를 나누었다. 안노는 본인이 그 자리에서 외모에 따른 서열화에서 참패했다는 것, 그 세계에서는 일보다 여자력이 더 중요했다는 것을 깨달았고 그 후 다이어트와 미용의 길로 들어서게 되었다고 한다(安野モヨコ, 2006).

신조어인 여자력은 패션 잡지 『non-no』 2002년 3월호에 게재된

※8 아름다운 사람을 목표로

왜 사람은 아름다움을 추구하는 것일까.
예뻐야 여자는 살기 더 편하지요.
일 잘하고 감각도 좋지만 추녀, 동성 친구가 많은 성격 좋은 여자 VS 일은 못하지만 미인, 귀엽고 여자력이 높고, 동성 친구는 적지만 득 볼 때가 많은 여자
최종적으로 둘 중 누가 더 행복할까? 역시 아름다운 쪽이 아닐까. 케이스 바이 케이스겠지만.

[그림 1-1] 「미인화보」에 게재된 추녀 VS 미녀 삽화
출처: 安野モヨコ(2006: 6).

「여자력 길러서 인기 얻는 나. 여자력에 대해서는 달인에게 배우자. 안노 모요코식 여자력이란? 여자로 태어난 이상은 예뻐져서 인기를 얻고 싶다」라는 기사[1]를 통해 처음으로 사용되었다. 기사 제목이 시사하듯 여자력이라는 말이 처음 퍼질 때는, 이성에게 인기를 얻기 위한 방도로서 화장품이나 미용 시술 등 물품이나 서비스의 수요를 환기하는 측면이 강했다. 그런데 처음에는 남성을 의식한 개념이었던 여자력이란 말이 여성 패션지뿐 아니라 남성 잡지와 일반 잡지에도 등장하기 시작하면서, 이 단어는 점점 더 남성을 의식하는 것과는 무관한 소비나 업

1 安野モヨコ, 「『女子力』つけて モテる私, 女子力のことは達人に学べ! 安野モヨコ式女子力とは? 女子に生まれたからには, キレイになってモテたい」, 『non-no』 2002年3月20日号.

무상의 능력 혹은 사회적 활약을 뜻하는 것으로 의미가 확장되어 가는 경향을 보였다. 2002년부터 2012년까지 여자력을 제목으로 단 256건의 잡지 기사를 분석한 연구에서 여자력의 정의와 효능을 총망라한 것을 보면 다음과 같았다. "아름다움을 연마하여 여자력을 높이면, 남성에게 호의를 얻어 인기녀가 되고, 바람직한 연애와 결혼을 손에 넣을 수 있을 뿐만 아니라, 동성에게도 호의를 얻어, 여자들끼리의 커뮤니케이션 속에서 바람직한 인간관계를 구축하고, 즐기면서 인생을 잘 살아 나가는 것이 가능하다. 그리고 무엇보다도 스스로 기쁨을 느낄 수 있는 능력을 갖추게 된다."(近藤優衣, 2014)

그렇다면 기존의 언어로는 포착할 수 없고 여자력이라는 단어를 써야만 온전히 담아낼 수 있는 새로운 내용이 무엇인가? 그것은 여자다움의 계량화, 수치화다. 즉 종래의 여자다움이 여성이라면 누구나 지니는 자연적 성질을 나타내는 개념이었던 것에 비해, 여자력은 전통적인 여성성을 내포하면서도 그것을 능력의 높고 낮음으로 계량화한 것이라는 점에서 새로운 것으로 수용되었다. 여자력은 본인이 자발적으로 노력해서 몸에 익히고, 그 등급을 올려야 하는 새로운 가치 평가 시스템으로 자리 잡았다. 여기에는 '능력', '경쟁'과 같은 2000년대 이후 일본에서 확산한 신자유주의적인 가치관이 고스란히 반영되어 있었다.

3. 여자력이 대중적으로 수용된 배경과 긍정의 언어로 배치된 맥락

여자력이라는 평가 시스템은 고용이나 사회보장제도가 흔들리는 상황 속에서, 전통적으로 규정된 여성의 역할에 몰입하는 것을 통해 불안정한 사회에서 살아남으려고 노력하는 젊은 세대에서 광범하게 받아들여졌다. 특히 생존 전략으로서의 여자력 연마는 2008년 경제위기 이후 노동시장이 급격히 위축되면서 결혼 시장에 뛰어드는 30~40대 여성들이 급증했을 때, 이른바 결혼 활동[婚活]의 성공 전략으로서 주목받기도 했다. 이러한 흐름에 힘입어 2009년에 여자력은 그해의 유행어 대상 후보에 오르기도 했다.

필자는 2011~2013년 박사 논문 현지 조사를 위해 도쿄에 살면서 여자력이라는 단어의 유행을 목격했다. 여자력은 주로 UP과 같은 단어와 함께 사용되고는 했는데 '여자력 업!', '여자력을 높이는 방법', '여자력 진단 테스트' 등의 형태로 인터넷 콘텐츠나 잡지 기사, 길거리 광고에서 흔히 발견할 수 있었다. 실제로 학생들이 일상 회화에서 사용하는 것도 보았다. 젠더 질서의 변화라는 관점에서 일본의 비혼자 증가를 연구하고 있던 필자는 이러한 유행에 대해 위화감을 지울 수 없었다. 일본 사회의 젠더 이분법이나 성별화된 젠더 규범에 대한 비판과 상대화가 수십 년 동안 진행되어 왔는데 새삼 다시 여자력이라니, 시대의 흐름에 역행하는 것 같은 성역할 몰입을 쉽게 수긍하기 어려웠던 것이다.

어느 날 동료 연구자에게 이러한 생각을 털어놓았다. 그랬더니 상대는 "여자력이라는 단어는 긍정적인 방향에서 종래의 여자다움을 대체하고 있는 개념"이라고 설명하면서, "일본 사회를 젠더 관점에서 접근하는 연구는 이제 유행이 지났다."라는 충고까지 덤으로 얹어 주었다. 또 유행에 민감한 출판사 편집자들과 식사하는 자리에서 여자력을 화제로 올렸더니 돌아온 대답이 이번에도 예상 밖이었다. 그들은 사회생활에서 여자력의 등장에 따른 긍정적 변화를 실감한다는 것이었다. 여자력이라는 단어가 유행하면서 이전에는 하찮게 여겨졌던 여성적인 능력, 예를 들면 요리나 청소를 잘하는 것이 개인의 능력으로 격상되었고, 이전에는 아예 능력이라고 쳐주지도 않던 것들, 예를 들어 연애를 끊이지 않고 잘한다거나 아이를 많이 낳는 것까지도 개인의 평판에서

플러스 요인으로 언급되게 되었다는 것이다. 그러면서 약간이긴 하지만 여자력이라는 용어가 사회생활하는 여성들의 운신의 폭을 넓혀 준 측면이 있다고 긍정적으로 평가하고 있었다.

통계 조사 결과도 이들의 평가를 지지하고 있었다. 2014년 도쿄 30킬로미터 권내에 사는 만 15~55세 남녀 750명에 대해 여자력에 초점을 두고 실시한 소비자 조사 결과(吉田秀雄記念事業財団, 2014)가 대표적이다. 먼저 여자력에 대한 인지도를 보면, 남성은 88.8%, 여성은 95.9%가 이 단어를 안다고 응답하여 대부분이 해당 단어를 인지하고 있는 것을 알 수 있었다. 또 여자력이라는 단어의 사용 경험과 호감도를 묻는 말에 대한 응답을 보면, 사용 경험은 남성은 14.1%, 여성은 35.3%가 있는 것으로 나타났고 호감도는 남성은 49.1%, 여성은 61.1%로 여성 쪽이 더 높았다. 사용 경험은 남녀를 불문하고 연령이 낮아질수록 높아져 젊은 층이 주로 쓰는 말이라는 것을 알 수 있었다. 또 여자력이라는 말에서 연상되는 이미지를 선택하는 문항에서는 '배려할 줄 안다', '요리가 능숙하다', '멋쟁이다', '사려 깊다' 등 긍정적인 쪽이 압도적으로 많았고, '남자에게 아양을 떤다', '속이 시커멓다', '유치하다'와 같은 부정적인 이미지는 응답 수가 매우 적었다. 성별 연령별 색인에서도 결과는 엇비슷했다. 그러니까 여자력에 관한 이미지는 전반적으로 긍정적인 것이 지배적이라는 결론이었다.

그런데 흥미로운 것은 여성 응답자만을 대상으로 '자신에게 여자력이 있는가?'를 묻는 문항에 대한 답변이었다. 자신에게 여자력이 있다고 응답한 사람은 전체의 5.2%에 불과했고, 없다고 응답한 쪽이 47.9%에 달했다. 겸손일 수도 있지만, 여자력에서 연상되는 것이 자신에게 갖춰져 있지 않다고 생각하는 여성이 절반에 가까웠다는 이 결과는 여자력이 특정 그룹을 임파워하는 순기능은 있겠으나 여성성을 그 자체로 긍정하고 여성 일반을 임파워하는 개념은 아니라는 점을 시사한다.

여자력에 관심을 가지고 살펴보면서, 기존의 여성성이나 여자다움에는 없었던 새로운 측면이 존재한다는 것을 알게 되었다. 첫째는 여자력이 이성에게 인기를 얻는 것뿐 아니라 동성과 사이좋게 지내는 능력도 강조하고 있는 점이다. 여자력 높은 여자의 조건을 충족하기 위해서는 동성에게 호감을 사야 한다는 특성은 조시카이(女子会)라는 새로운 시장의 창출로 이어지는 근거가 되었다. 조시카이란 여성만의 술자리나 식사 모임 혹은 놀이나 취미 모임을 일컫는 것으로, 일본의 대형 술집 체인인 와라와라가 '와라와라조시카이'라고 하는 여성전용플랜 메뉴를 2010년부터 제공하기 시작하면서 널리 알려졌다. 와라와라조시카이 메뉴에서는 여성 한정으로 주류를 무한 리필해 주고 조시카이를 위한 특별 칵테일을 제공했다고 한다. 와라와라가 성공한 이후 음식업계나 호텔업계에서 잇달아 다양한 가격대의 '조시카이플랜'을 제공하며 화제를 모았다.

조시카이는 비록 마케팅이 만들어 낸 유행이기는 했지만 다양한 연령의 여성에게 자신을 다시금 '여자' 집단의 일원으로 정체화하는 기회와 즐거움을 제공했다. 필자가 평균 연령 60세 이상의 전업주부로 이루어진 비영리단체 회원들과 면담할 때였다. 그들은 "우리 모임도 조시카이"라고 자신들을 소개하면서 즐거워했다. 또 지역 행사에서 처음 만난 중년 여성이 필자에게 자신이 만든 모임에 오라고 초대하면서 "조시카이니까 너도 오라"고 말을 건 적도 있었다. 이런 순간에 소환되는 '여자'라는 단어에는 확실히 동류 집단으로서의 정체성과 에너지가 담겨 있었다.

두 번째로 여자력의 용법에서 흥미로웠던 것은 반드시 여성에게 한정하여 쓰이지 않는다는 점이었다. 여자력을 둘러싼 시장이 커지고 마케팅이 폭발하면서 여자력은 소비와 기호의 영역으로 포섭되었고,

여자력남자: 여자력을 체득한 남자가 새로운 시장을 창출한다

① 두유로 안티에이징
② 요리할 줄 아는 남자 = 멋지다
③ 가방 안에는 손수건이나 반짇고리 같은 필수품 주머니
④ 결혼하면 가사에 참가하고 싶음
⑤ 바지는 모양새가 좋은 여성용을 입음
⑥ 제모를 깨끗하게 했음

[그림 1-2] 단행본『여자력남자(女子力男子)』표지
출처: 原田曜平(2014).

그 결과 여자력 높은 남자[女子力男子]도 더불어 부상했다. '조시료쿠단시'는 여자력이 담고 있던 출산이나 육아와 같은 생물학적 속성이 탈색되고 그 자리를 성격, 행동, 패션, 외모, 요리, 인테리어 등과 같은 몸짓과 상품이 채우게 되면서 성립했다. 요리가 능숙하거나 회식 자리에서 솔선해서 좌중에게 음식을 나눠 주는 남자, 바느질을 할 줄 아는 남자, 피부 관리에 신경을 쓰거나 손수건을 가지고 다니는 남자는 여자력이 높다는 '찬사'를 받게 되었다.

여자력이 높다는 것은 남녀 모두에게 칭찬으로 자리 잡았지만, 여자력과 연결되는 방식에는 젠더 간 차이가 분명했다. 예를 들면 여자력 상승의 방법을 알려 주는 책이나 콘텐츠는 예외 없이 모두 여성만을 대상으로 한 것이다. [그림 1-2]의 『여자력남자(女子力男子)』(2014)도 여자력을 높이고 싶은 남성들이 아니라 새로운 소비 집단에 주목하는 마케터가 대상 독자다. 즉 대부분의 남성은 여자력 상승을 위해 노력하지 않는 것이다. 그러나 여자력 높은 남자라는 범주의 등장은 여성들의 여자력 연마를 강제하는 효과를 불러왔다. 즉 여성에게 여자력은 더 이상 선택 가능한 부가적 능력이 아니라 반드시 장착하고 있어야 하는 기본 기능으로 재배치된 것이다.

4. 여자력은 누구에게 무기가 되었는가?

2010년대 초반 필자가 일본에 있을 때 여자력이라는 단어에 거부감을 드러내거나 비판적으로 접근하는 입장은 거의 만나기 어려웠다. 이것에는 아마도 당시 일본 사회의 분위기도 영향을 미쳤을 것이다. 2011년 동일본대지진은 일본 사회에 큰 충격을 주었다. 밝은 뉴스거리를 찾기 어려웠던 상황에서, 일본의 미디어가 집중적으로 띄운 좋은 뉴스가 세계 대회와 올림픽에서 연이어 좋은 성적을 거둔 일본 여자축구 대표팀 나데시코 재팬이었다. 일본 전역이 대재해로 침체되어 있는 상황에서 여자축구 선수들의 활약은 "이를 꽉 깨무는 것보다는 부드럽게 역경을 넘어서는 궁극의 여자력"이라고 상찬을 받으며 무수히 방영되었고 나데시코 붐이 만들어졌다. 이러한 상황에서 나데시코 재팬과 여자력의 결합에 이의를 제기하는 것은 쉽지 않은 일이었다. 일본의 대표적인 페미니스트 우에노 지즈코조차 이 분위기에 올라타는 것처럼 보였다. 우에노 지즈코는 2012년 런던올림픽에서 활약한 나데시코 재팬의 경기 중계방송에서 여자 아나운서가 '조시료쿠'를 언급한 것을 두고 다음과 같은 기고를 하기도 했다.

> 조시료쿠란 것이 애초에 남자에게 먹히는 여성성 편차치의 높고 낮음을 나타내는 말이었지만, 어떤 여성 아나운서가 방송에서 생각 없이 사용한 조시료쿠란 말에서는 말 그대로 여자의 힘이라고 하는 의미가 전달되었다. (…) 조시료쿠도 이런 맥락에서는 여자가 발휘하는 파워라는 의미를 전달하는 것일 게다. 그것으로 좋다.
>
> -上野千鶴子(2012)

여자력을 비롯해 21세기 들어 일본에서는 여성의 활약을 추켜세우는 메시지가 쏟아졌다. 남성과 마찬가지로 사회적으로 활약하는 것에 대한 격려뿐 아니라, 나이를 먹어도 아름다움을 유지하는 것, 가족을 만들고 주위 사람을 배려하는 능력을 키우는 것 등 이제는 과거의 유물이 되었다고 생각한 여자다움을 향상시키는 것이 능력으로서 재평가되고, 그것을 손에 넣어야만 비로소 성공이 완성되는 것으로 간주되는 분위기가 득세했다. 여성주의 관점에서 여성에게 불리한 젠더 구조를 개혁하는 것은 거부하면서, 다른 한편에서는 여성 활약을 독려하고 찬양하는 얄팍함과 이중성에 대한 비판의 목소리는 꾸준히 있었다. 하지만 여자력을 직접 겨냥한 여성주의 관점에서의 비판은 찾아보기 어려웠다. 오히려 2010년대 초반에는 여자력을 낡은 페미니즘의 한계를 넘어선 새로운 여성성의 정의로 간주하는 저작들이 출간되었다. 문화연구의 성격을 띤 『여자의 시대!(「女子」の時代!)』(2011)나 『여자의 탄생(「女子」の誕生)』(2014)에서도 여자력이 구조적인 변화를 강조해 온 기존 엘리트 중심의 젠더 개혁 담론과 달리 능력주의적이고 여성 개인의 발전을 강조한다는 측면만을 강조했다. 여자력이 그런 평가 시스템을 수용하지 않는 여성에게 억압적 규범으로 작동할 수 있다거나, 성의 상품화를 촉진하는 측면에 대해서는 거의 주목하지 않았다.

이렇듯 미디어 주도로 형성된 여자력을 둘러싼 우호적인 분위기

[그림 1-3] 무크지 『AERA』의 도쿄여자대학 특집의 표지
2011년 6월 29일 발매. 도쿄여자대학의 저명한 졸업생 인터뷰, 재학생 취재기, 학장 및 졸업생과의 대담을 수록했다.

에 전환점이 된 것은 일본을 대표하는 광고기업 덴쓰의 신입 사원이었던 다카하시 마쓰리 씨의 과로 자살 사건이었다. 도쿄대를 졸업하고 2015년 4월 덴쓰에 입사한 다카하시 씨는 한 달 평균 130시간 이상의 잔업을 하고 하루 평균 2시간의 수면을 취하면서 남자 상사들에게 "부스스한 머리, 충혈된 눈으로 출근하지 말라"거나 "조시료쿠가 낮다"는 등의 지적을 지속적으로 받았다고 한다. 이러한 정황이 다카하시 씨가 사망 전에 작성한 트윗을 통해 알려지면서 여자력에 관한 비판적 담론에 힘이 실리기 시작했다.

다카하시 씨의 과로 자살은 사건 발생 후 수개월이 지난 2016년 9월 노동기준감독서가 장시간 노동 때문에 발병한 우울증이 자살의 원인이 되었다고 판단하고 노동재해로 인정하면서 본격적으로 공론화되기 시작했다. 다카하시 씨의 죽음이 몰고 온 사회적 파장은 컸다. 일본 사회의 일하는 방식에 대한 근본적인 개혁을 요구하는 여론이 끓어올랐고, 법정 잔업시간 준수를 위한 법제도의 창설과 정비가 잇달았다. 후생노동성은 특별대책반을 꾸려 덴쓰의 전 직원을 대상으로 상습적인 노동기준법위반 실태에 대한 강제조사를 실시했고, 덴쓰는 과로를 유발하는 기업 문화를 개선하기 위해 오후 10시에 본사에 대한 강제 소등을 실시하기도 했다.

그러나 소셜미디어와 인터넷 미디어를 중심으로 다카하시 씨의 죽음을 일하는 방식이나 과로의 문제로 한정할 수 없다는 목소리도 높아졌다. 특히 다카하시 씨가 회사 생활에 대해 올린 트윗들이 온라인에 퍼지면서 '도쿄대 출신의 대기업 엘리트 사원조차 여자력을 빌미로 직장 내 괴롭힘을 받아야 한다면 여자력이란 도대체 무엇인가, 여자력은 누구에게 무기가 되는가'에 대한 성찰과 비판이 다양한 방향에서 제기되었다.

5. 여자력을 둘러싼 해석 투쟁

여자력이라는 용어가 부상한 이후 여자력을 활용한 마케팅이 활발해지면서 그것이 지시하는 의미는 확장되고 정의는 애매해졌다. 이에 따라 여자력이 무엇인가를 둘러싼 논의도 소셜미디어를 중심으로 등장했다. 예를 들어 2014년 어느 여자대학이 내건 '미용으로는 연마할 수 없는 여자력'이라는 신입생 모집 광고를 두고 트위터에서는 "여자력이 대학에서 4년이나 연마해야 하는 것인가", "이런 게 대학이냐, 부모들 입장에서 보면 한심하다"는 비판도 있었지만 "이것은 여자력에 대한 재정의를 시도한 것으로 보아야 한다. 여기서 말하는 여자력은 자신의 인생을 스스로 개척할 수 있는 지성, 지혜, 교양 등으로 읽어야 한다"

는 호의적인 해석도 있었다. 하지만 다카하시 씨 사건을 분기점으로 여자력에 대한 온라인 공론장의 분위기는 크게 달라졌다. 특히 뉴미디어를 중심으로 당사자인 젊은 여성들이 적극적으로 여자력에 대한 비판적 담론을 생산했다. 그러면 이것을 신문·잡지 등의 올드미디어가 받아 기획 기사나 여론 조사를 내 여자력에 대한 비판적 재고를 촉진했다. 여자력을 키워드로 한 기사 중 상당 부분은 여자력 '논란'을 둘러싼 것이 차지하게 되었다.

2016년 말부터 여자력을 둘러싸고 온라인상에서 전개된 해석 투쟁은 크게 두 가지 방향이었다. 첫째는 남성중심적 시선에서 여자력 개념을 전유하고 남용하는 흐름에 대한 적극적인 개입이었다. 예를 들어 시세이도의 화장품 브랜드인 인터그레이트(integrate)의 광고는 일하는 여성에 대한 모욕적인 표현이 문제가 되었다. 광고의 1탄과 2탄이 모두 비판받았지만, 2탄 '열심히 하는 것이 얼굴에 드러나면 안 된다' 편은 다카하시 씨를 과로 자살로 내몬 상황과 겹쳐 더욱 비판을 받았다.

광고 첫머리에 디자인 회사로 보이는 사무실 장면이 등장한다. 안경을 쓰고 빵을 먹으면서 컴퓨터를 보고 있는 20대 여성이 있다. 지나가던 남자 상사가 "오늘도 열심히 하네", "그게 얼굴에 드러나는 건 프로가 아니야"라고 지적을 한다, 신경이 쓰인 여성이 인터그레이트를 사용하고 예뻐지니 상사도 놀라서 돌아본다는 스토리다. 일하는 여성에 대해서, 일의 성과와 관계없는 여성으로서의 매력을 요구하는 남자 상사의 발언과 그것을 용인하는 것처럼 보이는 전개가 반발을 불러일으켰다. "또 죽으라고 조장을 하네", "여자는 일을 잘해도 피곤한 얼굴을 하고 있으면 안 되는 거냐", "여성은 아무리 피곤하고 여유가 없어도, 어떤 경우든 예쁘게 하고 있어야 한다는 강박 관념을 공공 전파를 사용해서 발신하고 있다"는 등의 의견이 확산되었다. 특히 남자 상사의 발언에 대해 성희롱이라는 목소리도 높았다. 시세이도는 2016년

10월 7일 공식 사이트에 이 광고 시리즈가 "여자가 여성으로 성숙하는 과정을 응원하고자 했으나 취지가 제대로 전달되지 못했다"는 내용의 사과 공지를 올리고, 온라인 광고 발신을 중단한 후 뒤이어 텔레비전 광고도 모두 내렸다.

인터그레이트 광고가 일하는 여성의 성장을 남성의 시선으로 평가하고 외모를 중심으로 접근하여 반발을 샀다면, 한 지방자치단체의 '여자력대학' 구상은 여자력을 높이는 방법이 구태의연하고 고전적이라는 측면에서 논란을 일으켰다. 여자력대학은 2015년 초 후쿠오카현의 한 지방자치단체가 발표한 도시재생사업의 하나였다. 고령화와 더불어 공동화되어 가는 단지 주택을 활용하여 여자 대학생을 대상으로 여자력 향상 교실을 개설해 도시에 활기를 불어넣는다는 기획이었다. 일반 대학에서는 학습 기회가 적은 문화적 소양이나 교양을 테마로 한 정기 강좌를 개최하여 지역 여학생들을 끌어모으고, 강좌의 수료자에게 여자력 인정 자격증을 부여한 후 이들을 지역재생사업에 활용한다는 계획이었다. 사업 계획서에는 이들이 함양하고자 하는 여자력이 무엇인지 명확한 정의가 드러나 있지 않았지만, 첨부된 여자력대학의 '실시 중 이미지'를 보면 학생들이 "어제 예쁜 꽃집을 발견했다", "오늘은 꽃꽂이 수업이다!", "다도를 공부해서 카페를 하고 싶다" 혹은 "좀 더 요리 수업이 많았으면 좋겠다", "오늘 네 옷 예쁘다" 같은 대화를 나누며 교정을 오간다.

대학에서는 배울 수 없는 문화적 소양을 기르고 그 결과 여자력을 체득했다고 제시된 학생들의 대화가 옷이나 요리에 관한 것이나 꽃집이나 카페를 하고 싶다는 내용으로 일관된 것은 사업 기획자들의 여자력에 대한 생각을 짐작할 수 있게 했다. 이러한 계획이 2016년 말 소셜미디어를 통해 알려지면서 "여자력이 보수적인 남성들의 구미에 맞는 것 일색이다", "낡아빠진 신부 수업적 발상이 작렬한다", "공적 기관이 나서서 여성다움의 규범을 강제하고 있다" 등의 야유와 항의가 해당 지자체로 쇄도했다. 이와 같은 여론에 대해 해당 지자체의 담당자는 "여자력대학은 도시재생을 위해 모인 전문가들이 젊은 여성이 흥미를 느낄 수 있는 콘텐츠를 생각해서 제언한 것으로 여성 차별의 의도는 전혀 없었다"고 해명했다.[2] 하지만 여론의 비판에 밀려 해당 지자체의 여자력대학 계획은 무산되었다.

위와 같은 비판의 갈래가 여성성과 여자력의 긍정적이고 진취적인 의미가 훼손되는 것에 대한 비판이라면, 두 번째 비판의 갈래는 여성성에 대한 강조나 여자력이라는 개념 자체가 내포한 젠더 이분법과 젠더 바이어스를 문제 삼는 흐름이었다. 이것은 기존 여자력 담론이 젠더 불평등의 현실을 전제한 후에 여성이 남성중심사회에서 살아남기 위해서는 남성과 동등한 능력을 갖는 것은 물론이고, 거기에 더해 여자력이라는 '감성, 외모, 태도'를 길러야 한다는 것을 승인하는 측면을 파고든 것이었다. 즉 여자력 담론이 일본 사회의 모순을 여자력 함양이라는 형태로 여성에게 전가하고 성차별적 구조를 은폐하는 기능을 하고 있다는 비판이었다.

아사히신문이 2016년 말부터 2017년 초에 걸쳐 실시한 여자력에 관한 온라인 설문 조사의 결과는 여자력을 둘러싸고 달라진 분위기를 잘 보여 주었다.[3] 위 조사에서 '여자력이라는 말에 대해 어떤 이미지를 가지고 있는가'라는 질문에 '좋은 이미지를 가지고 있다'고 답한 사람은 전체 응답자의 27.6%에 그쳤고, '어느 쪽도 아니다'가 21.6%, '좋지

2 泉谷由梨子, 「「女子力大学」で花嫁修業? 福岡県宗像市内の活性化提言に疑問の声」, 『The Huffington Post』, 2016. 10. 12, https://www.huffingtonpost.jp/2016/10/12/munakata-city_n_12450560.html (접속일: 2021. 10. 5).

3 「「女子力」って?」, 『朝日新聞』, 2017. 1. 24, https://www.asahi.com/opinion/forum/039/ (접속일: 2021. 10. 5).

않은 이미지를 가지고 있다'는 응답이 51%를 차지했다. 또 제시한 보기 중에서 '당신이 지니고 싶다고 생각하거나 혹은 여성에게 기대하는 여자력'에 표시해 달라는 문항에는 47.6%가 '지니고 싶은 여자력이나 기대하는 여자력이 없다'를 선택했다. 설문 응답자 1,621명 중 여성이 1,250명으로 전체의 77.1%를 차지했다는 치우침을 감안하더라도 여자력에 대한 비판적 여론이 형성되었다는 것을 보여 주는 결과였다.

한편 여자력에 대한 성찰적 비판 가운데에는 이러한 방식으로 성차를 강조하는 담론이 자신의 존재를 부인하고 설 자리를 뺏는다고 느끼는 성소수자의 목소리도 있었다. 성별재지정수술을 받고 남성으로 생활하던 사람의 이야기다. 그는 자신이 받은 수술에 대해 회사에 알리지 않고 남성으로 생활해 왔는데, 어느 날 회사 동료가 그의 소지품을 보고 여자력이 높다며 칭찬을 했다. 그 순간 그는 "나 원래 여자였으니까."라고 저도 모르게 대꾸할 뻔했다고 한다. 그는 "여자력이 높다는 칭찬을 들으니 복잡하다고 할까 이상한 기분이었다. 이 세상 사람들은 눈앞의 존재를 있는 그대로 보는 것이 아니라, 언동이나 외모를 하나하나 남성인가 여성인가의 기준으로 따져서 보는구나 하는 생각도 새삼 들고…"라고 심정을 털어놓았다. 첫 번째 흐름에 비해 이 방향의 비판은 확실히 덜 활성화되었지만 그럼에도 여자력이 전제하는 이분법에 대한 젠더 이탈자(gender outlaw)들의 목소리가 공론장에 끼어들게 된 것은 유의미한 변화였다.

여자력을 둘러싼 해석 투쟁은 계속되고 있으며, 일본의 미디어에서 여자력은 점점 더 요주의 언어가 되고 있다. 이러한 분위기에 힘을 실어 준 것은 2017년 이후 일본에서도 점화된 #MeToo 운동과 이를 계기로 부상한 온라인 주체들이었다. 이제 TV쇼에 출연한 연예인들은 예전처럼 '여자력'을 웃음거리 소재로 남발하지 않는다. 자칫하다가는 성차별을 조장하는 생각 없는 사람으로 온라인 여론의 도마 위에 오르게 될 가능성이 있기 때문이다.

6. 여자력과 백래시의 시대를 넘어

이제까지 여자력이 일본 사회에서 어떻게 부상하고 변용되어 왔는지를 살펴보았다. 여자력은 이제 이전과 같은 지위를 잃어버렸다. 그렇다면 여자력으로 일본 사회를 판단하려 드는 것은 철 지난 허수아비에 대한 부질없는 공격일까? 여자력은 이미 사어(死語)가 되었다고 보아도 될까? 문제는 꼭 그렇지도 않다는 것이다. 올드미디어를 중심으로 한 공론장에서 여자력을 금지어나 요주의 언어로 간주하는 분위기가 확산된 것은 분명하지만, 그것이 일본 사회 전체의 분위기라고 말하기는 어렵기 때문이다. 특히 뉴미디어 영역을 보면 젠더 감수성이 높은 그룹에서는 여자력이라는 단어에 거리를 두고자 하는 태도가 퍼지고 있지만, 청소년이나 사회 초년생 집단에서는 여전히 여자력이 자기 계발을 위한 대중적 언어로서 영향력을 지니고 있다. 이성의 호감을 사고 싶은 청소년들은 소셜미디어를 통해 여자력 향상을 위한 방법과 노력을 공유하는 메시지들을 꾸준히 발신하고 있으며, 출판 시장에서는 여자력 향상을 통해 사랑과 성공을 손에 넣는 비법을 알려 준다는 처세술 서적이 매년 새롭게 출간되고 있다.

일본의 청년 세대가 여자력 담론에 대해 보이는 이러한 친화성을 어떻게 이해해야 할까? 친화성의 배경을 크게 학교 교육과 노동시장의 문제로 나누어 접근해 보자. 먼저 학교 교육을 보면, 일본의 여자고등학교나 전문학교 중에는 교육의 비전이나 목표에서 여자력을 활용하고 있는 학교들이 드물지 않다. 교육에서 활용되는 여자력의 취지는 대개 사회에서 활약하는 능력을 기르는 동시에 여성만의 감성, 태도, 내면을 길러 장점으로 살리자는 것이다. 즉 "능력이 있어도 사회생활에서 여성의 지위나 입장이 남성과 같지 않은 것이 일본 사회의 현실이니, 남성과 대등하게 능력을 발휘하기 위해 여학생에게 가외로 여자력을 체득하도록 독려한다"[4]는 것이다. 이러한 경향은 거슬러 올라가 보면 2000년대 초 남녀공동참획이 내걸었던 젠더 프리 교육이 백래시에 부딪혀 일선 학교에 정착되지 못한 결과 나타난 것이라고 할 수 있다. 젠더 프리의 자리를 여자력이 차지한 것이다. 여자력 교육은 젠더 불평등의 구조에 대해 비판적 의식을 지니고 젠더 프리 사회를 지향하라고 가르치는 것이 아니라, 불평등 사회에서 살아남고 싶으면 남성보다 더 뛰어난 여성이 되라고 교육하는 것처럼 보인다.

그런데 이렇게 여자력을 생존 기술로서 강조하는 교육은 직업학교나 전문학교의 경우에 더 두드러진다. '여자력 향상학'이라는 슬로건을 홈페이지 대문에 내건 의료 비즈니스 전문학교[5]가 있는가 하면, '여자력'을 건학 이념으로 삼은 여자전문대학[6]도 있다. 이렇듯 전문학교에서 여자력 담론에 대한 수용도가 높은 것은 후기 근대의 노동시장 수요 변화와 연관 지어 봐야 할 지점이다. 노동 현장에서 종래에 여성적이라고 여겨 왔던 감성이나 감정을 사용하는 업무가 증가하면서 여자력을 갖춘 노동력에 대한 수요가 높아졌고, 직업교육에서 여자력을 강조하는 것은 이러한 수요에 부응한 것으로 볼 수 있다. 이렇듯 젠더화된 능력주의 담론이 만연한 학교와 노동시장에서 적응하고 살아남아야 하는 청년 세대가 여자력 향상을 내면화하고 자기 계발의 지침으

4 「「女子力」アップ 女子校PR」, 『朝日新聞』, 2017. 1. 10.

5 医療ビジネス専門学校, https://fg-mbc.ac.jp/mbc/feminine (접속일: 2021. 10. 5).

6 仁愛女子短期大学, https://www.jin-ai.ac.jp/jyoshiryoku/ (접속일: 2021. 10. 5).

로 삼는 것은 어찌 보면 당연한 현상이다.

일본의 연구자들은 이러한 상황을 어떻게 분석하고 있을까? 여자력에 대해 서로 입장을 달리하는 두 연구자의 분석을 소개한다. 먼저 다카하시 유키(高橋幸)가 쓴 「여자인 것을 이용하는 것에서 여자력으로: 여자로 보이는 것과 보여 주는 것을 둘러싼 정치학의 현재」(2020)라는 논문이다. 다카하시는 성별 분업 사회에서 일하는 여성의 몸에 주목해서, 여자력의 등장은 여성성을 둘러싼 의미 부여의 패턴을 근저에서부터 변화시킨 긍정적인 효과가 있다고 주장한다. 직장에서 '여자'인 것을 내세우고 이용하는 것이 비겁하고 열등한 전략이라는 인식이 만연한 사회에서 일하는 여성은, 자신의 성별에 기대지 않는 온전한 노동자로 인정받기 위해서 늘 수세적인 태도를 취하게 되고 끊임없이 자신의 결백을 증명해야 하는 처지에 놓인다. 여자인 것을 이용했다는 평가를 받으면 주위 사람들에게 비겁한 수단을 썼다는 인격적 부정과 실제로 능력이 부족하다는 업무상의 실력 부정이라는 이중 부정에 노출되기 때문이다. 하지만 일하는 여성이 근본적으로 여성 신체에 사표를 제출하거나 여자의 몸을 벗어 놓고 출근하는 것은 불가능하다. 무엇을 어떻게 해도 여자라는 사실에서 달아나기 어려운 것이다. 이 상황을 극복하기 위한 해결책은 애초에 여자인 것을 이용하는 것이 왜 실력 없음과 등치가 되는 것인지, 그 해석을 바꿔 내는 해석 투쟁에 나서는 것이다. 그런 의미에서 여자력이라는 말의 등장과 보급은 여성이 일하기 쉬운 환경을 만드는 데 기여했다고 볼 수 있다는 것이다. 따라서 다카하시에 따르면, 여성으로 보는 것과 보이는 것을 둘러싼 정치학의 현재 과제는 여자다움을 능력으로서 파악하는 여자력과 같은 레토릭을 가능한 더 많이 만들어 나가는 것이다. 그리고 여성들이 새롭게 만들어 낸 레토릭이 신자유주의적 인간관이나 종래의 보수적인 여자다움으로 수렴되지 않도록 저지하는 투쟁을 함께 해 나가는 것이다.

다카하시가 여자력에서 긍정성을 발굴하려는 입장이라면, 기쿠치 나쓰노(菊地夏野)는 여자력을 탈정치화되고 고립된 백래시 시대의 일본 페미니즘으로 간주하고 극복의 대상으로 규정한다. 기쿠치는 『일본의 포스트페미니즘: 여자력과 신자유주의(日本のポストフェミニズム:「女子力」とネオリベラリズム)』(2019)라는 단행본에서 일본의 여자력 유행이 1990년대 이후 전 세계적으로 확산된 반페미니즘의 흐름 속에 있음을 분명히 하면서, 여자력을 비롯해 일본에서 국가와 결탁한 백래시가 진행되고 구조화한 방식을 다양한 자료를 통해 분석한다. 기쿠치에 따르면 포스트페미니즘이란 "운동으로서의 페미니즘은 끝난 것으로 혹은 부정적인 것으로 이야기하면서, 그 대신 자본이나 국가에 의한 여성의 지위 향상이 장려되는 사회 상황"이다. 이 같은 포스트페미니즘 상황에서는 경제적 관점에서 여성의 노동력이 값싸고 불가결하다고 여겨지지만, 정치적으로는 여성에게 불리한 경제 시스템이나 성차별적인 질서가 개선되지 않고 교묘하게 악화되는, 동시에 여성의 활약이 추진되고 찬양받는 복합적인 권력 작용이 전개된다. 이러한 시대에 여자력이 표방하는 것과 같은 페미니즘은 비규범적인 젠더를 살아가는 사람들을 주변화하고, 평등을 위한 권리 요구나 집단적인 활동을 낡은 것으로 치부하고 페미니즘을 개인주의나 선택의 이념으로 대체함으로써 여성들의 삶의 조건 악화에 일조하게 된다는 것이다.

필자가 기쿠치의 연구에서 인상적으로 본 것은 백래시에 대한 일본 주류 페미니즘의 대응을 되짚어 본 대목이었다. 그는 국가와 결탁한 페미니즘이 1990년대 후반부터 위안부 문제에 대한 보수파의 공격에 개입하지 않고 거리를 두었던 것이 지금과 같은 페미니즘의 탈정치화로 이어졌다고 지적한다. 또 젠더 프리에 대한 보수파의 악성 선동에 대항하면서 페미니즘 진영이 젠더 프리가 여자다움이나 남자다움에 대한 폐기가 아님을 반복적으로 강조했던 것도 패착이라고 지적했다. 그런 방식의 방어가 의도치 않게 종래의 젠더 이분법과 젠더 질서에 대한 승인의 여지를 주었고, 그것이 포스트페미니즘의 득세로 이어졌다는 것이다. 이는 여자력에 밀려난 젠더 프리 페미니즘의 통렬한 자기반성이었고, 다른 한편으로는 일본의 페미니즘이 여자력과 백래시의 시대에 종지부를 찍고 새롭게 출발하고 있음을 시사한다.

여자력은 여성의 몸으로 살아가는 것이 사회생활의 중대한 장애요인으로 작동하는 사회에서 이 장애를 특별함으로 전화하고자 하는 생존 전략에서 출발했다. 그러나 수전 팔루디(2017: 492)가 지적한 것처럼 여성의 특수함에 경의를 표하는 것은 항상 양날의 검과 같다. 여성들이 구조화된 젠더 불평등에 맞설 수 있는 집단적 힘이 결여된 상황에서 성차에 대한 강조는 결국 억압을 합리화하는 길로 이어지기 때문이다.

그런데 '여자'를 지울 것인지 활용할 것인지를 둘러싼 일본 여성들의 이와 같은 고민과 모색은 "성차를 받아들이고 또한 거부해야 하는 역설을 안고 있는 페미니즘"(스콧, 2017)의 역사에서 새로운 현상이 아니다. 페미니즘은 늘 이러한 역설을 딛고 당대의 정치 담론을 가로지르면서 새로운 정치 운동을 구성해 왔다. 돈과 권력 같은 전통적인 자원이 없는 여성에게 유일한 자원은 새로운 언어와 윤리뿐(정희진, 2018: 207)이었다. 그런데 차이를 통해 성립하는 언어와 윤리는 역설을 배제하고 정합적으로 세계를 구축하려는 속성을 지닌다. 그 때문에 페미니즘의 역사는, 역설에서 출발해 정합성을 지향하는 이 새로운 언어가 무엇을 은폐하고 있으며 또 누구를 배제하는지를 묻는 질문 속에서 쌓아올려졌다.

2000년 전후에는 일본에서 신자유주의와 강화된 능력주의가 여성의 지위를 시장원리에 따라 상승시킬 것이고, 이에 따라 성평등이 실현될 것이라는 낙관적인 기대를 품은 이들도 있었다. 하지만 자본주의를 여성해방을 위한 수단으로 끌어안으려는 능력주의 페미니즘의 시도는 실패했다. 일본의 사례에서 보듯 신자유주의적 '여성활약 사회'에서 실제로 발생하고 있는 것은 여러 가지 차별적인 규제나 구조는 그대로거나 악화된 채로, 일정한 조건을 갖춘 소수의 여성만 활약하게 하는 변화였다. 즉 일본에서 젠더와 섹슈얼리티에 따른 성차별 구조는 여자력을 비롯한 능력주의 담론에 의해 더 복잡하고 교묘하게 강화되어 왔다고 할 수 있다.

그러나 여자력 담론은 '나도 말한다'는 미투(MeToo)의 확산과 함께 새로운 도전을 맞았다. 여자력 향상을 위해 노력하는 것이 여성이 권력을 얻는 유일한 수단이라는 믿음은 바닥을 드러냈고, 여성들은 집합적 행동만이 변화로 이어지는 권력을 만들어 준다는 것을 경험으로 새롭게 터득해 가고 있다. 소셜미디어를 매개로 2019년부터 전국적으로 확산된 플라워데모는 이러한 변화를 대표한다.

플라워데모란 2019년 3월 연속해서 재판소에서 성폭력 사건에 대한 무죄 판결과 불기소 처분이 내려진 것이 계기가 되어 촉발된, 성폭력에 반대하고 성범죄에 대한 법률 개정을 요구하는 운동을 말한다.[7] 2019년 4월 11일 도쿄를 시작으로, 2021년 9월 현재 매월 11일 일본 전국의 47개 도시와 바르셀로나, 런던 등의 국외에서 집회가 열리고 있다. 한국의 촛불집회에서 영감을 받아 집회 때마다 촛불 대신 꽃을 들고 모이기 때문에 플라워데모라는 이름이 붙었다. 온라인과 오프라인에서 그동안 고군분투하던 여성들이 모여 서로 대화를 시작하게 되자, 백래시와 여자력이 잘라내 버린 어둠이 무엇이었는지 속속 드러나게 되었고, 이 어둠에 맞서는 여성들의 목소리는 날이 갈수록 더 크게 더 멀리 퍼져 나가고 있다.

7 FLOWER DEMO, https://www.flowerdemo.org/ (접속일: 2021. 10. 5).

제2장

코로나19와 '박쥐탕 미녀'

팬데믹 시대를 살아가는
아시아계 미국인 여성들의 이야기

**#아시아 여성의 오늘은 인종, 성, 종차별에 대한
적극적인 공론화다**

이 글은 아시아계 미국인 여성들이 2020년 코로나19의 팬데믹화가 불러일으킨 중국인/아시아인 혐오를 어떻게 경험하고 있는지 살펴본다. 2020년 전반기에 인터넷을 뜨겁게 달군 일명 '박쥐탕 미녀' 동영상과 그것의 주인공인 중국 여성에 대한 비난을 분석하고 미국의 아시아계 여성들이 경험하고 있는 혐오와 폭력 범죄를 분석하여 팬데믹 감염병에 대한 공포가 어떻게 근대 인간중심적인 자연-문화 이분법에 기반한 인종차별주의와 성차별주의의 담론 및 폭력으로 나타나는지 설명한다. 이와 같은 서구 사회의 중국 여성을 향한 혐오 담론과 폭력 행위는 중국 여성만이 아니라 아시아계 여성 전체를 자연, 야생, 미개, 전근대(비과학)에 더 가까운 존재로 재현하면서 감염병과 연결시키는데, 이를 에코페미니즘 이론에 기반하여 설명한다. 마지막으로 아시아계 여성들이 블랙라이브스매터(Black Lives Matter)와 연대하는 모습을 살펴보며 성·인종·계급·국적·생물종을 가로질러 이루어지는 연대의 가능성을 보여 준다.

1. 아시아 여성과 인종차별주의자/ 성차별주의자 소년의 세상

2021년 5월 어느 날 소셜미디어 페이스북에서 미국인 친구가 공유한 동영상을 보게 되었다. 중국계 미국인 십대 소녀 세 명과 또래 라틴계 미국인 소녀 한 명으로 구성된 펑크록 밴드 더 린다 린다스(The Linda Lindas)의 공연이었다. 미국 로스앤젤레스 공립 도서관 내부에 자리 잡은 공연장에서 드러머 마일라는 소셜미디어에서 유명해진 곡 '인종차별주의자, 성차별주의자 소년(Racist, Sexist Boy)'의 연주를 시작하기 전, 청중들에게 다음과 같이 이 곡을 소개했다.

> 봉쇄되기 얼마 전 저희 반 남학생 한 명이 제게 와서 아빠가 중국 사람들에게 가까이 가지 말라고 했다고 말했어요. 제가 중국인이라고 말하자, 그 애는 제게서 한 발짝 떨어졌어요. 엘로이즈와 저는 그 경험에 비추어 이 곡을 썼어요. 그래서 이 곡은 그 애에 관한 것이고, 이 세상의 모든 인종차별주의자이고 성차별주의자인 남자애들에 관한 노래예요.

노래 가사는 예상할 수 있듯이 인종차별주의적이고 성차별주의적인 미국 사회를 고발하는 내용이다. "너는 마음이 닫혀 있어서 보고 싶지 않고 듣고 싶지 않은 것에는 등을 돌려. 너는 만족감을 느끼려고 가짜로 춤추고, 총을 쏘고, 파괴해", "우리는 네가 파괴한 것을 일으켜 세우지. 너는 가짜, 쓰레기, 얼간이, 나쁜 놈이야. 너는 인종차별주의자, 성차별주의자야" 통통 튀는 몸놀림과 짧지만 굵고 강렬한 사운드, 그리고 인종차별주의와 성차별주의를 향한 분노를 담은 표정이 펑크록 스타일 샤우팅과 함께 어우러지는 연주였다.

더 린다 린다스의 공연은 그 자체로 매우 인상적일 뿐만 아니라 코로나19(COVID-19) 팬데믹 시대에 서구권에서 살아가는 아시아계 여성의 현실을 보여 주기에 더욱 나의 관심을 끌었다. 2020년 1월부터 신종 코로나 바이러스의 전 세계적인 확산으로 인류의 삶은 송두리째 바뀌었다. 코로나19 시대를 살아가는 그 어느 누구도 이 팬데믹 질병의 영향에서 자유로울 수는 없겠지만, 모든 인류가 그러한 변화를 똑같이 경험하는 것은 아니다. 개개인의 인종, 젠더, 섹슈얼리티, 국적, 나이, 계급, 장애 여부 등에 따라 다른 영향을 받고 있다.

미국에서는 트럼프 전 대통령을 위시한 우파 정치인들이 코로나19가 중국 우한에서 유래했다는 사실을 내세워 신종 코로나 바이러스는 중국 바이러스(China virus)나 우한 바이러스(Wuhan virus)로, 코로나19는 쿵(후)-플루(Kung Flu)로 명명해 그들의 극우 민족주의적인 정치 전략에 이용했다. 그로 인해 중국인과 중국인이라고 착각할 수 있는 모든 아시아계 사람들—주로 동아시아와 동남아시아인—을 향한 선입견, 차별, 폭력이 급증했다.

캘리포니아 주립대 샌버나디노 캠퍼스의 혐오와 극단주의 연구센터(Center for the Hate and Extremism at the California State University, San Bernardino)가 2021년 발행한 자료에 의하면 미국과 캐나다의 주요 도시에서 아시아인 혐오가 원인이 된 범죄(anti-Asian hate crimes), 특히 중국계를 포함한 동아시아계 이주민들을 대상으로 한 범죄가 지속해서 증가하고 있다. 가장 극심한 증거로 아시아인 혐오 범죄가 뉴욕시에서는 2019년에 비해 2020년에 833% 증가했고, 새크라멘토시(캘리포니아 주정부 소재지)에서는 700% 증가했다. 새크라멘토는 필자가 2016년까지 약 5년 동안 주립 대학 시간 강사로 근무하면서 아시아계 여성 이주민으로서 인종차별과 성차별을 경험했던 도시이기에, 아시아인 혐오 범죄의 높은 증가율을 보면서 더욱 참담한 마음이 들었다. 보고서에 따르면 미국 주요 16개 도시에서 2021년 제1분기에 일어난 아시아인 혐오 범죄의 수는 2020년 제1분기보다 164% 늘어났고 여전히 증가하는 추세다.

코로나19 시대에 증가하고 있는 아시아인 혐오 범죄의 최대 피해자는 아시아 여성이다. 국립아시아퍼시픽 미국인여성포럼(National Asian Pacific American Women's Forum)과 아시아와 태평양섬 출신 미국인 혐오를 중단하라(Stop AAPI Hate) 사이트의 보고에 따르면, 2020년 이후 아시아계 미국인에 대한 증오 범죄와 차별이 급증하여 2020년 3월부터 2021년 3월까지 6천 6백 건의 고발이 접수되었는데, 그중 아시아계 미국인 여성과 소녀에게 가해진 피해가 아시아계 미국인 남성과 소년에 비해 2.2배 높았다. 아시아계 여성 중에서도 동아시아계 여성, 성소수자(LGBTQIA+), 가난한 계층의 여성이 이러한 폭력에 가장 많이 노출되어 있는 듯하다. 즉 코로나19 시대의 혐오 범죄 중 많은 사건이 인종차별적인 아시아인 혐오, 종족차별적인 중국인 혐오, 그리고 여성 혐오가 혼합된 양상을 띤다. 사회적, 경제적, 정치적으로 취약한 지위를 가진 다양한 상황에 처한 아시아계 여성들이 더욱 쉽게 혐오 범죄의 피해자가 된다.

그러나 한국에도 잘 알려진 2021년 3월 애틀랜타 스파 총격 사건(총 사망자 8명 중 아시아계 여성이 6명이었다)에서 보았듯이, 아시아계 미국인 여성을 겨냥한 차별과 폭력이 아시아인 혐오의 성격을 띤 인종차별 범죄 사건으로 인정받기는 쉽지 않다. 가해자인 21세 백인 남성 로버트 아론 롱(Robert Aaron Long)은 여성 성산업 종사자를 표적으로 삼았다는 것은 인정했지만 아시아계 여성을 해칠 의도가 있었다고 자백하지는 않았다. 이로 인해 미국 형사계와 사법계 및 사회 전반에서 이 사건이 아시아인을 향한 인종차별 범죄인지 아닌지에 대한 상반된 의견이 팽팽히 맞섰다. 미국 사회는 인종 문제에 있어서 아프리카계 미국인에 가해지는 차별과 폭력에는 민감하지만, 아시아계 미국인이 경험하는 차별과 폭력에는 특히 둔감하다. 그 이유 중 일부는 아시아인의 미국 이주 역사가 다른 인종에 비해 상대적으로 짧고 인구도 소수를 차지한다는 데 있다. 2021년 통계에 따르면 아시아계 미국인은 미국 전체 인구의 5.7%를 차지하며 그중 아시아계 여성은 843만 명으로 약 2.5%에 불과하다. 아시아계 이주민에 대한 사회적 인식이 얕고 이들을 진정한 미국인으로 여기지 않는 미국 사회에서는 가해자가 아시아계 미국인이 운영하고 근무하는 것으로 알려진 사업장(습격당한 스파 중 한 곳의 이름은 영의 아시안 마사지Young's Asian Massage다)에 일부러 찾아갔고, 희생자 대다수가 아시아계 미국인이라는 사실로도 아시아인 혐오 범죄가 성립되지 않는 것이다. 따라서 미국에서 아시아인 혐오로 인해 촉발된 폭력 및 차별 사건은 공식적으로 분류된 숫자보다 훨씬 많을 것이다.

애틀랜타 스파 총격 사건은 2016년 한국 서울에서 발생한 강남역 살인 사건이 여성 혐오 사건이 아니라는 주장으로 사회적 논란이 일어난 현상과 비슷하다. 한국 사회에서는 여성이 남성보다 열등한 사회적 지위를 가지는 것을 당연시하고, 여성을 남성의 성적 욕구를 해소할 도구로 여기는 것도 크게 문제 삼지 않아 왔다. 그러므로 "여성에게 무시당하여" 잠복해 있던 살해 현장에 먼저 들어온 남성 여섯 명은 해하지 않고 여성 중 첫 번째로 들어온 안면부지의 피해자를 살해했다는 가해자 김성민의 진술조차 여성 혐오 범죄로 분류되지 못할 정도로 여성을 대상으로 하는 범죄가 여성 혐오에서 비롯된 범죄라는 인식이 낮다.

이 글은 코로나19 시대의 아시아인/중국인 혐오와 인종차별을 견뎌 내고 있는 많은 이들 중 미국에 거주하는 아시아계 여성의 경험에 주목한다. 그들이 경험하는 차별과 폭력은 인종차별주의와 성차별주의, 그리고 다양한 사회적 소수자를 향한 혐오의 교차성을 잘 보여 주기 때문이다. 이 글은 더 린다 린다스의 공연이 고발하듯이 중국계를 포함한 아시아계 미국인 여성들이 아시아인/중국인이라는 인종 및 종족 정체성과 여성이라는 젠더 정체성으로 인해, 코로나19의 보균자이자 감염원으로 여겨져 미국 사회에서 제거되어야 할 대상이 된 현상을 식민주의적이고 성차별적이며 인간중심주의적인 근대주의 사상을 비판하는 에코페미니즘 시각으로 해석하고자 한다.

2. 코로나19와 '박쥐탕 미녀': 감염병 보균자가 된 중국인 여성

2020년 코로나19의 팬데믹화와 함께 서구권 국가들에서 중국인을 포함한 아시아계 이주민을 겨냥한 폭력 범죄 사건들이 발생하고 있다는 미디어 보도를 접한 후, 중국인과 신종 코로나 바이러스를 연결하는 이미지와 담론을 찾아 분석했다. 그 과정에서 한 가지 의아하게 여긴 것은 성인 남성보다는 여성(그리고 때때로 어린이)에 관한 글과 이미지가 더 많다는 것이었다. 우한 수산물 시장으로 보이는 재래시장 상인들과 소비자들, 신종 코로나 바이러스의 숙주로 분류된 야생 박쥐로 요리한 일명 '박쥐탕'을 먹는 사람들, 흰 마스크를 쓰고 거리를 지나가는 중국 도시의 시민들, 코로나19 검사를 받는 중국인들, 심지어 병원으로 몰려드는 코로나19 환자를 치료하는 의료진까지 코로나19와 관련된 온라인 기사와 포스팅의 대부분이 중국계 여성에 관한 것이었다. 중국계 남성이 등장하는 경우 중 다수는 이미 잘 알려진 정치인이나 유명인 또는 코로나19와 관련하여 관심을 받게 된 의료계 종사자나 언론인 등이었다.

서구권 대중이 코로나19와 중국인 여성을 연결한 가장 대표적인 사례로 일명 '박쥐탕 미녀' 사건이 있다. 한 중국인 여성이 고급 음식점에서 탕으로 요리된 박쥐를 통째로 젓가락으로 집어 올려서 먹는 동영상이 2020년 1월 홍콩 기반의 미디어인 애플 데일리(Apple Daily)에 처음으로 게재된 후 트위터 등의 소셜미디어를 통해 전 세계로 퍼져 나갔다. 인터넷에서 주목받게 된 이 '박쥐탕 미녀' 동영상에서 박쥐의 얼굴과 몸을 클로즈업한 사진과 이 여성이 박쥐의 날개 부분을 입으로 물고 있는 장면을 캡처한 사진도 떠돌아다녔다. 대부분의 네티즌 반응은 부정적이었다. 박쥐를 먹는 모습이 "역겹다", 이런 음식을 먹는 "이 사람들(중국인들)은 대단히 잘못됐다", "인간으로서 할 수 없는 짓이다"와 같은 표현이 뒤따랐다.

그리고 또 하나의 주된 반응으로는 코로나19가 박쥐를 먹는 중국의 음식 문화에서 비롯되었다고 여기는 태도였다. 아직 코로나19의 발생 원인이 정확하게 규명되지 못한 상황이었음에도, 박쥐탕을 먹는 사람들에 의해 코로나19가 발생하고 퍼져 나갔다며 중국의 음식 문화에 대한 비난이 쏟아졌다. 이는 신종 코로나 바이러스가 박쥐에서 발견된다는 점, 2003년 박쥐의 코로나 바이러스가 인간에게 감염되면서 발생하여 팬데믹이 된 사스(SARS, 중증급성호흡기증후군)의 경험, 그리고 처음 코로나19 환자가 발생한 중국의 우한 시장에서 살아 있는 박쥐를 식료품으로 판매했다는 언론계의 보도를 바탕으로 한 것으로 보인다.

그러나 2022년 2월 현재에도 코로나19의 정확한 원인은 밝혀지지 않았다. 지금까지 세계보건기구(WHO)가 밝혀낸 사실은 중국관박쥐(말발굽박쥐)에서 발견되는 코로나 바이러스와 매우 유사한 바이러스가 인간에게 전염되면서 코로나19가 시작되었다는 것이다. 만약 외딴 동굴에 사는 이 박쥐에게서 인간으로 신종 코로나 바이러스가 전염된 것이라면 중간 숙주 동물이 있어야 한다. 그런데 아직 중국관박쥐와 인간 모두에 접촉했을 가능성이 있는 어떤 동물에서도 신종 코로나 바이러스는 발견되지 않았다. 신종 코로나 바이러스의 숙주로 의심된 박쥐와 천산갑이 최초의 코로나19 확진자가 나온 것으로 알려진 우한 수산물 시장에서 거래되었다는 증거는 없다. 즉 우한 시장에서 판매되는 어떤 식용 동물도 코로나19의 중간 숙주로 밝혀지지 않았다. 추측과 의심만 있을 뿐이다.

그럼에도 박쥐탕을 먹는 다른 동영상이나 사진을 제치고 유독 이 '박쥐탕 미녀' 동영상과 사진이 널리 퍼졌고, 이 여성을 향한 비난이 쇄도했다. 비난은 두 가지로 나뉘었다. 먼저 박쥐 섭식으로 인한 코로나19 발생의 책임을 묻는 것이고, 두 번째로 코로나19로 사망자가 나오고 있는 상황에서 아직도 박쥐탕을 먹는 것은 비윤리적이라는 것이다. 그러나 사실 이 '박쥐탕 미녀' 동영상과 사진은 코로나19가 발생한 2020년에 찍힌 것이 아니었고, 박쥐탕을 먹은 식당도 중국 소재가 아니었다. 그것은 이 중국인 여성이 2016년 태평양의 섬나라인 팔라우 공화국을 여행하면서 찍은 것이었다. 그는 해외여행 콘텐츠를 소셜미디어에 올리는 블로거였고 자신이 여행한 곳의 '별미'인 박쥐탕을 먹어 보는 체험을 한 것이었다. 그러나 그러한 사실은 전 세계 네티즌의 비난과 분노를 삭이지 못했고, 계속되는 책임 추궁과 인신공격을 견디지 못한 그는 중국 온라인 사이트 웨이보에 사죄의 글을 남겨야만 했다.

2016년에 박쥐탕을 먹었다는 것을 빌미로 2020년에 발생한 팬데믹 감염병의 책임을 묻는 터무니없는 마녀사냥을 접하고, 필자는 2015년 메르스(MERS, 중동호흡기증후군) 유행 때 한국에서 벌어진 한 가지 사건이 떠올랐다. 2015년 5월 말, 한국발 홍콩행 비행기에서 메르스 확진 한국인 남성 근처의 좌석에 탑승하여 접촉자로 분류된 사람들 중 한국인 여성 두 명이 홍콩 위생 당국의 격리 조치를 거부해 국제적인 비난을 받고 있다는 기사가 홍콩과 한국의 주요 언론에서 쏟아졌다. 여성 혐오성 발언으로 잘 알려진 남초 집단 인터넷 사이트인 일간베스트 저장소(일명 일베)뿐만 아니라 진보 성향을 띠는 온라인 커뮤니티(예를 들어 오늘의 유머)에서조차도 '김치녀'와 같은 여성 혐오 신조어를 사용하며 한국 여성 전체를 메르스를 퍼트리는 존재로 규정하여 공격하고 비하하는 글이 공유되었다. 한국발 홍콩행 비행기에 탑승한 메르스 감염 관련자 모두를 비난의 대상으로 삼았던 홍콩의 위생 당국, 언론, 여론과 달리 한국 정부, 언론, 시민사회에서는 정작 메르스 감염의 가능성을 안고 국외행을 감행했다가 결국 확진된 한국인 남성 확진자의 도덕성 논란은 거의 일어나지 않았다. 그런데 며칠 뒤 이 여성들이 격리를 거부한 것이 아니라 홍콩 위생 당국과 영어로 의사소통하던 중 오해가 생겼던 것이 밝혀졌다. 격분한 한국 여성 중 일부는 메르스 관련 정보를 공유하던 인터넷 사이트 디시인사이드의 게시판 '메르스 갤러리'에서 여성 혐오를 미러링하면서, 한국 여성을 메르스 전파자로 매도한 한국 사회를 비판했다. 그리고 이 사건뿐만 아니라 한국 사회에 만연한 여성 혐오와 성 불평등을 비판하기 위하여 페이스북 페이지 '메갈리아'를 만들어 활동을 시작했다.

이 사건은 중국인 여성을 코로나19의 원인으로 매도한 '박쥐탕 미녀' 사건의 마녀사냥과 다를 바 없다. 감염병 방역 수칙을 제대로 전달할 의무를 이행하지 않았으면서(외국인에게 통역사 제공 등) 오히려 외국인 여성을 자국에서 진행되고 있는 감염병 확산의 원인으로 보고 그들과 외국 정부에 책임을 전가한 홍콩 정부, 사건의 사실 여부를 확인하지 않고 홍콩 정부가 발표한 내용을 그대로 보도하면서 한국 사회에 이미 존재하는 여성 혐오의 불씨에 기름을 부은 한국 언론 매체 그리고 그것을 빌미로 한국 여성 전체를 부도덕하고 비상식적인 존재로 공격하고 비난하며 감염병의 매개체로 전락시킨 한국 시민사회 모두 감염병의 책임을 사회적 약자(여성)에게 지우며 마녀사냥을 하고 있었던 것이다.

'박쥐탕 미녀' 사건이나 메갈리아의 탄생 배경과 같은 현상은 수

전 손택(Susan Sontag)과 폴 파머(Paul Farmer)를 비롯한 많은 인문학자가 분석한 '감염병의 타자화', 즉 전염병의 책임을 한 사회에서 외부자로 인식되는 사회적 약자(여성, 노인, 어린이, 빈민, 외국인, 장애인, 성소수자 등)의 탓으로 돌리는 현상으로 이해할 수 있다(손택, 2010; Farmer, 1992). 그리고 감염병의 원인으로 지목된 사회적 약자들은 감염병의 타자화로 인해 더욱 사회에서 차별, 배제당하며 주변화된다. 코로나19 팬데믹의 타자화는 한국과 미국을 포함한 많은 사회에서 중국계 이주민 여성을 신종 코로나 바이러스 보균자나 코로나19 확진자로 여기며 차별하는 혐오 범죄를 불러일으키고 있다. 코로나19 팬데믹 감염병 시대는 아시아인 혐오, 여성 혐오, 이주민 혐오라는 차별의 삼중주로 연주된다.

미국에서 아시아계/중국계 이주민 여성을 향한 혐오는 코로나19 이전에도 존재했지만, 팬데믹 시대를 맞이하여 새로운 국면으로 접어들었다. 이민 시기 및 과정, 시민권 여부, 교육 수준, 사회 계급, 미국 문화로의 동화 정도 등에 따라 모범적 소수 민족(model minority)과 문화적 경계 바깥의 하층민으로 나뉘어 인식되었던 아시아계 이주민과 난민들은 신종 코로나 바이러스의 보균자—또는 신종 코로나 바이러스 그 자체—로 여겨지면서 다시 하나의 생물학적 인종 집단으로 동일화되고 통합되었다.

그러나 이 또한 미국 역사에 존재한 적 없는 새로운 현상이 아니다. 중국인이 미국으로 이주하기 시작한 19세기 중반부터 그들을 감염병 바이러스나 숙주 동물과 관련짓는 담론이 만연했고, 이러한 정치적 담론은 중국인을 대상으로 하는 이민법에 영향을 미쳤다. 특히 중국계 여성의 경우 성병을 옮기는 '미개'하고 위험한 존재로 치부되었다. 백인 인종만을 문명을 건설한 인간으로 정의 내리려는 당시의 학술적이고 정치적인 환경에서 중국 여성을 인간 이하의 존재(병균)로 규정하는 환유적 상상이 환영받았다. 그리고 21세기 코로나19 시대에 19세기의 유령이 다시 미국 사회의 발목을 잡고 있다.

아시아퍼시픽 정책기획국(Asian Pacific Policy and Planning Council; 이하 APPPC)에서 공개한 자료에 의하면 2020년부터 일어난 아시아인 혐오 폭력의 피해자 중 70% 정도가 여성이다. 폭력의 피해자들은 일터, 대중교통, 공원, 길거리, 학교 등에서 괴롭힘, 폭행, 차별, 승차 거부, 입장 거부를 당했다. 소수지만 침과 같은 신체 분비물을 맞는 등 생물학적 테러[1]를 당한 사람도 있었다. APPPC는 이러한 폭력 중 2/3에 해당하는 언어폭력에 사용된 차별적 어구를 다섯 가지 유형으로 나누었다. 중국계 미국인에 대한 악랄한 적대감을 표현하는 유형과 중국인을 코로나19를 전파시킨 사람들로 매도하며 책임을 전가하는 유형이 각각 35% 정도를 차지했다. 피해자에게 코로나19의 보균자라고 직접적으로 언급하지는 않았지만 "중국 바이러스"를 외치면서 적대감을 표현하는 유형은 15% 정도로 나타났고, 중국인을 더럽고, 병들고, 이상한 음식을 먹는 사람들이라고 비난하는 오리엔탈리즘적 인종차별 발언이 10% 정도였다. 명예훼손반대연맹(Anti-Defamation League)이 2020년 6월에 공개한 구체적인 사례를 몇 가지만 간단히 소개하겠다.

3월 24일, 메릴랜드주 컬럼비아: 아시아계 미국인 가족이 동네 산책길을 걸어가고 있었는데 이웃들이 그들을 향해 "코로나 바이러스! 코로나 바이러스! 동양 돼지!"라고 소리치며 괴롭혔다.

3월 29일, 뉴욕주 브롱크스: 세 명의 여성 청소년이 아시아계 여성 한 명에게 "코로나 바이러스는 너 때문이야, 개 같은 년(bitch)!"이라고 따지며 우산으로 공격하며 괴롭혔다.

1 코로나19 시대에 타인에게 침을 뱉는 행위는 신종 코로나 바이러스를 퍼트릴 가능성이 있기 때문에 생물학적 테러(bioterrorism)로 분류될 수 있다.

3월 1일, 펜실베이니아주 필라델피아: 여러 아시아계 미국인 가정이 박쥐와 천산갑을 식용하므로 산 채로 불타 죽어 버리라는 내용의 협박 편지를 받았다.

4월 5일, 캘리포니아주 샌마르코스: 아시아계 여성이 코스트코 주차장에서 중국인, 특히 중국인 여성이 코로나 바이러스의 원인이라고 주장하는 신원 미상의 남성에게 언어폭력을 당했다.

4월 26일, 뉴욕주 퀸스: 레고 파크에서 어떤 남성이 아시아계 여성에게 욕설을 퍼부으며 "너희가 여기에 바이러스를 들여왔어!"라고 소리 질렀다. 그 여성이 휴대폰 동영상으로 녹화하려고 하자 휴대폰을 손으로 쳐서 떨어뜨렸다.

5월 17일, 캘리포니아주 컨트라코스타: 어떤 농작물 판매대에 "갓 끓인 박쥐탕"과 "고마워 중국"이라고 적힌 인종차별적 팻말이 걸렸다.

요약하자면 직간접적으로 중국계/아시아계 이주민을 신종 코로나 바이러스의 보균자이자 코로나19로 인한 피해의 근원으로 매도하는 혐오 범죄가 95%였고, 폭력의 피해자는 여성이 대다수였다. 아시아계 여성을 향한 혐오와 폭력의 원동력은 중국/아시아 문화(특히 음식 문화)가 전염병을 일으키므로 그들은 코로나19의 보균자이자 감염원이라는 편견이다. 이러한 잘못된 인식은 역사적으로 형성된 인종차별적이고 성차별적이며 인간중심주의적인 정형화와 밀접하게 연결되어 있다. 그리고 한국에서 코로나19 확진자와의 접촉 여부와 상관없이, 현재 또는 과거에 중국 국적이었다는 이유만으로 중국계 이주민과 중국 동포를 코로나 바이러스 보균자로 보고 비난하는 사회 현상도 물론 미국에서 벌어지고 있는 중국계/아시아계 이주민 차별 및 혐오와 똑같은 현상이다. 이러한 현상은 근대 유럽 식민주의 팽창과 함께 등장하고 노예제 폐지 이후 아시아인 노동력을 유사 노예처럼 싼값에 착취하기 위하여 아시아인의 미국 이주 정책을 폈던 미국 사회에 뿌리 깊게 자리 잡은 오리엔탈리즘이 팬데믹 감염병의 시대에 특정한 폭력 범죄의 형태로 발현된 현상으로 보인다. 코로나19 시대에 발생하는 아시아 여성을 대상으로 하는 혐오 폭력 범죄는 이러한 식민주의 역사의 현대판 재현이다.

3. 코로나19 시대의 자연-문화 이원론

북미의 사회적 약자 중에서도 아시아계/중국계 이주민 여성이 유독 코로나19의 보균자 및 바이러스로 치환되는 현상을 어떻게 이해할 수 있을까? 남성보다는 여성을 '야만적이고 전근대적인' 문화의 담지자로서 인식하기 때문은 아닐까? 문화(인간)와 자연(비인간), 문명과 야만, 근대와 전근대, 과학과 미신(또는 전통)으로 서양과 동양을 나누는 오래된 식민주의적이고 인간중심주의적인 이분법에 항상 빠짐 없이 연계되어 온 사고, 즉 서양은 남성성, 동양은 여성성에 상응하는 문화로 바라보는 사고가 21세기 코로나19 시대에도 영향을 미치고 있는 것은 아닐까?

성차별주의와 인간중심주의에 비판적인 에코페미니즘적 시각은 아시아 여성에 대한 본질주의적 정형화와 중국계 이주민 여성이 신종 코로나 바이러스 보균자이자 바이러스 그 자체로 불리는 현상 사이의 관계를 분석하기 위한 이론적 틀을 제공한다. 페미니스트 인류학자 셰리 오트너(Sherry Ortner)에 따르면 여성은 인류를 재생산할 수 있는 몸(임신, 출산, 수유 등이 가능한 몸)을 가졌다는 이유로 문화보다 자연에 더 가까운 존재로 여겨져 왔다(오트너, 2018). 자연-문화의 이분법적 위계 구조에서 여성은 자연을 완전히 초월하지도, 문화에 완전히 다다르지도 못한 중간성(intermediacy)을 가진다고 여겨진다. 출산과 양육 등의 재생산 노동을 통해 생물학적 인간을 문화화, 사회화하는 역할을 맡는 여성은 자연과 문화를 매개하는 중재인이다. 이로 인해 여성은 문화보다는 자연의 영역에 더 가깝다고 여겨져, 자연을 정복하는 문화 영역에 속하는 남성보다 열등한 존재이자 종속적인 사회적 지위를 점하게 된다는 것이다.

오트너가 시몬 드 보부아르(Simone de Beauvoir)에게서 이어받아 여성이 자연-문화 이분법에서 문화에 완전하게 속하지 못하는 존재로 인식되는 이유가 인류 재생산 역할을 담당하지 않을 수 없는 여성의 생물학적 몸에 있다고[2] 보았다면, 반다나 시바와 마리아 미즈 같은 사회주의자 에코페미니스트들은 성차별적 자연-문화 이분법에 대한 비판을 여성의 생물학적 신체성에 국한하지 않는다. 그들은 사회적으로 타자화되고 여성화되는 존재들의 몸이 어떻게 자연의 영역으로 인식되어 과학을 관장하는 서구 백인 남성에 의해 파괴되고 종속되어 왔는지 연구한다(마리아 미즈·반다나 시바, 2000). 에코페미니즘은 여성화된 존재에 다양한 사회적 약자가 포함된다고 본다. 예를 들어 수전 그리핀(Susan Griffin)은 여성, 동물, 자연 및 여성화된 타자(어린이, 비백인, 농부, 노예 등)가 자연의 영역에 속하는 열등한 여성화된 지위를 갖게 하는 가부장적이고 식민주의적인 근대 사회 질서를 비판한다(Griffin, 1978).

코로나19 시대에 중국계 이주민 여성은 전염병을 일으키는 박쥐와 천산갑 등을 포함하는 야생 동물을 먹고, 그로 인해 감염병 바이러스를 몸에 획득하는 전근대적이고 야만적인, 인간 이하의 사람으로 치부되면서 혐오의 대상이 된다. 자연-문화 이원론을 기본형으로 하여 수많은 이항관계가 한 축을 자연, 다른 축을 문화로 보는 유비를 통해

2 이에 대한 페미니스트 문화인류학자의 비판으로 캐럴 맥코맥(Carol P. MacCormack)의 글을 참고하기 바란다(MacCormack, 1980).

정렬한다. 즉 세계는 자연-문화, 비인간-인간, 야만-문명, 노예-주인(자유인), 비서구-서구, 여성-남성, 미신-과학, 주관-객관, 감정-이성, 재생산-생산, 육체-정신 등으로 분류된다. 이와 같은 이원론적 사고는 근대 유럽 식민주의와 함께 발전하고 퍼져 나갔다.

코로나19 시대에 중국계 이주민 여성은 자연과 문화를 매개하는 중간성을 가진 존재로 여겨진다. 즉 인수공통질병을 일으키는 병원균을 자연 영역에서 문화 영역으로 옮기는 감염병의 숙주로 간주된다. 그리고 여기에서 더 나아가 중국계 이주민 여성은 자연 영역에 속하는 인간 이하의 존재, 즉 병원균 바이러스로 환원된다.

에드워드 사이드(Edward Said)는 오리엔탈리즘의 근본적 존재 이유 및 정치적 효과는 오리엔트(the Orient; 동양인과 동양 사회)에 대한 분석이 아니라, 스스로를 동양과 생물학적 기질 및 문명 수준에 있어서 정반대 축에 위치시킨 서양인과 서구 사회의 정체성을 구성하는 것이라고 보았다(Said, 2003). 이와 유사하게 에코페미니스트 발 플럼우드(Val Plumwood)는 서구 사회가 자연-문화 이원론에 기반하는 서양 철학을 통해 식민 지배를 받는 존재들(비서구인, 피지배계급, 비백인, 여성 및 트랜스젠더/섹스, 비인간)을 자연의 영역과 연결해 타자/나머지(the Other/the Rest)로 만듦으로써 획득하는 것은, 그 타자에 관한 지식이 아니라 서구 지배계급 백인 남성 인간의 정체성 형성이라고 주장한다(Plumwood, 2003). 그들을 서구 지배계급 백인 남성 인간보다 낮고 열등한, 완전히 다른 차원의 존재로 구성하기 위해서 그들 내부의 다양성은 무시되고 서구와의 차이만이 강조된다. 따라서 그 차이를 중심으로 동질화된 타자는 "단순하게 구별되는 것이 아니라 근본적으로 제외되는데, 그것은 단순한 분리가 아니라 극단적 분리를 뜻한다."(Plumwood, 2003: 49) 타자가 된 식민지 대상과 그들의 반대항에 위치하는 지배계급 백인 남성 인간으로서의 식민주의자 서구는 '본질적으로' 다른 존재이며, 그들 사이에는 어떤 비슷하거나 연결되는 요소도 없다고 여겨진다. 극단적 분리의 사례로 플럼우드는 '짐승처럼 더럽고 비위생적'이라고 여겨진 노예들과 전혀 다른 존재가 되기 위해 노예주의 위생 관념과 청결 상태를 과장했다고 기록한 부커 티 워싱턴(Booker T. Washington)의 자서전 『노예제의 수렁에서 일어서다(Up from Slavery)』(2015[1901])를 소개한다.

코로나19 시대에 아시아계/중국계 이주민 여성을 신종 코로나 바이러스 보균자, 감염자, 전파자로서 바이러스 자체처럼 위험한 자연 영역에 속한 존재로 보는 것은 백인의 미국 사회(White America)를 외국산 질병이나 해로운 바이러스와 전혀 관계가 없는 곳으로, 발달한 과학 기술을 통해 코로나19와 싸워 물리치는 남성성을 지닌 문화 영역의 존재로 여기기 위함이다.

4. 그들의 연대: "우리는 바이러스가 아니다!"

미국의 트럼프 정권은 코로나19 팬데믹 초기부터 '신종 코로나 바이러스와의 전쟁'을 선포했다. 벤자민 알 베이츠(Benjamin R. Bates)에 의하면, 미국 정부는 국가 재난 상황에서 전쟁 은유를 사용한 적이 많은데(범죄와의 전쟁, 테러리즘과의 전쟁, 마약과의 전쟁, 가난과의 전쟁 등), 국민들에게 낯설고 이해하기 어려운 현상을 이해시키고 정책 협조를 끌어내기 위해서다. 또한 국민들의 관심을 하나의 주제와 얻고자 하는 결과로 모으고, 민족주의적이고 애국주의적인 감정을 불러일으켜 국민들을 통합하기 위해서기도 하다(Bates, 2020). 그런데 신종 코로나 바이러스와의 전쟁에서 미국 정부는 적을 단순히 신종 코로나 바이러스나 코로나19라고 선포할 수 없었고, 신종 코로나 바이러스와 연결된 외부의 다른 무엇으로 정의 내려야 했다. 바이러스나 질병 그 자체를 적으로 간주할 경우, 내국인 감염자와 환자 또한 적이 되거나 최소한 적과 내통한 스파이가 되어 국민 통합을 이룰 수 없기 때문이다.

트럼프 정권은 적을 미국 바깥에서 찾고자 했고, 코로나19의 최초 확진자가 발생한 중국을 적으로 지목했다. 그로 인해 중국과 관련성을 갖는 중국계 이주민 또한 자연스럽게 미국의 적이 되었다. 베이츠는 2020년 코로나19가 미국에서 확산할 당시 대통령이었던 트럼프가 이 팬데믹 질병을 중국과 연결한 발언이 중국계 미국인에 대한 인종차별주의적 폭력의 촉매제가 된 것은 2차 세계대전 당시 일본계 미국인을 적국의 스파이로 간주하고 미국 내 강제수용소(internment camps)에 가둠으로써 그들에 대한 인종차별을 허용한 것과 같은 맥락에서 이해할 수 있다고 본다(Bates, 2020: 7).

전쟁 은유는 그저 은유에 그치지 않는다. 미국에서 이등 시민으로 여겨지며 차별받아 온 역사가 있는 아시아계 미국인을 외부 침입자이자 적으로 규정하는 전쟁 은유는 그들을 향한 혐오와 폭력으로 이어진다. 특히 대부분의 혐오 폭력 사건의 피해자인 아시아계 여성은 미국인임에도 자국민을 위험에 빠뜨리는 테러리스트 또는 적군으로 여겨지는데, 이는 앞에서 살펴본 대로 그들을 전염병을 일으키는 '인간 이하의' 바이러스 또는 길들여지지 않는 '자연' 영역에 속하는 존재로 정체화하면서 이루어진다.

이에 대해 아시아계 미국인 여성들은 "나는/우리는 바이러스가 아니다!"를 외치며 저항하고 있다. 앞에서 언급한 애틀랜타 스파 총격 사건을 계기로 많은 아시아계 미국인들은 거리 시위를 조직하거나 온라인 커뮤니티를 만들어 정보와 의견을 나누고, 대면 및 비대면 강좌와 토론회를 열어 아시아인 혐오와 폭력에 반대하는 목소리를 내기 시작했다. 이러한 활동들에서 다양한 인권 단체와 개인은 아시아인에 대한 혐오를 유발하는 트럼프 정권을 비판하고, 아시아인을 향한 미국의 차별과 구조적 폭력의 역사를 비판한다. 그중 "#나는/우리는/아시아인은 바이러스가아니다", "#인종주의가바이러스다", "#아시아인혐오를중단하라", "#우리는여기에있다/이곳에속한다"와 같은 문구를 들고 찍은 사진에 같은 문구로 해시태그를 붙여 소셜네트워크에 공유하는 운동 또한 존재한다.

또 한 가지 주목할 만한 점은 아시아계/중국계 미국인 여성들의 인종주의와 성차별주의에 대한 저항이 이전과 달리 아시아인 인종의 경계를 벗어나서 미국의 다른 종족 집단(ethnic groups)과 연대하며 이루어지고 있다는 것이다. 블랙라이브스매터(Black Lives Matter) 운동과 연대하여 아프리카계 미국인들과 함께 미국의 인종주의 전체에 반대하면서 아시안라이브스매터(Asian Lives Matter) 구호를 외치며 코로나19 시대의 아시아인 혐오를 비판하는 거리 시위를 조직하는 모습을 볼 수 있다. 아프리카계 미국인과 아시아계 미국인 공동체들이 서로를 위협으로 느끼며 시장 경제 구조 속에서 경쟁하는 부정적인 관계를 맺어 온 역사가 길었던 만큼 이 두 집단의 연대와 협력은 큰 의미를 지닌다.

2021년 8월 초, 캘리포니아 대학 로스앤젤레스 캠퍼스(University of California, Los Angeles)의 아시아계 미국인 역사학과 교수이자 다큐멘터리 영화 감독인 르네 타지마-페냐(Renee Tajima-Peña)와 캘리포니아 주립 대학 로스앤젤레스 캠퍼스(California State University, Los Angeles)의 아프리카학과 교수이자 블랙라이브스매터 로스앤젤레스 지부 창시자인 멜리나 압둘라(Melina Abdullah)가 대담을 했다. 그들은 이 대담에서 아시아계 미국인과 아프리카계 미국인이 겪어 온 공통의 인종차별 역사에 대해 이야기했다. 두 집단은 서로 반목과 갈등만 일으키는 것처럼 비치지만 사실은 백인 우월주의 미국에서 같은 유색인종으로서 거주 공간을 공유하고 공통의 사회적 서비스를 이용하면서 함께 살아왔고, 그 과정에서 협력과 연대의 경험을 수없이 했다고 압둘라는 진단한다.

타지마-페냐 역시 아시아계 미국인과 아프리카계 미국인의 협력과 연대의 구성과 활동을 열거하면서 그러한 역사적 이야기들을 모은 그의 작업 5.19 프로젝트(May 19 Project)를 소개한다. 그들은 코로나19 팬데믹 시대에 아시아계 미국인과 아프리카계 미국인이 경험하는 혐오와 폭력은 구조적으로 같으므로 함께 연대하여 이에 대한 저항운동을 이어 나가야 한다고 입을 모은다.

이 외에도 아시아계 미국인과 아프리카계 미국인은 시위와 저항운동에서 다양한 방식으로 연대와 협력을 지속하고 있다. 코로나19 팬데믹 시대에 아시아계/중국계 미국인 여성은 코로나 바이러스로 등치되며 혐오와 폭력의 피해자가 된다. 그러나 그동안 인종차별이 일어나는 대부분의 상황에서 소극적인 자세로 관망하거나, 저항을 포기하거나 타인종과의 갈등으로 표출해 왔던 아시아계 미국인 여성들이 다른 종족 집단과 함께 범인종적 페미니즘 저항운동을 전개하게 된 것은 큰 성과가 아닐 수 없다.

제3장

'군대의 꽃'과 '여전사'의 표상을 넘어

이스라엘 여성의 군 복무와 의미화의 궤적

#아시아 여성의 오늘은 판타지와의 싸움이다

이스라엘은 70년이 넘는 양성징병제 역사를 가진 나라라는 점에서, 이스라엘 여성의 군 복무는 양성평등을 향한 이상적인 수단으로 거론되곤 한다. 하지만 '이민국가'이자 '분쟁 지역'이면서 종교적으로 복잡하게 분화된 이스라엘에서 군대는 갈등의 장인 동시에 젠더 질서에 도전하고 평등과 인권을 주장하기 위한 의미 있는 공간으로 만들어지기도 한다. 이스라엘 여성들이 자신을 짓눌러 온 이미지의 스테레오타입을 벗어던지고 차별이라는 방해물을 헤쳐 나가며 찾아가고 있는 길의 끝에서 기다리고 있는 것은 무엇일까?

1. '원더 우먼'과 여전사 판타지

2017년에 할리우드 영화 〈원더 우먼(Wonder Woman)〉(2017)이 개봉되었을 때 레바논에서 '원더 우먼 상영을 반대하는 모임'을 주축으로 보이콧이 일어났다. 이 영화의 주인공 갤 가돗(Gal Gadot)이 이스라엘방위군(이하 IDF)에서 군 복무를 수행한 이스라엘인이며, 2014년 가자 전쟁 때 본인의 SNS에 이스라엘군을 지지하는 글을 올린 '시온주의자(Zionist)'라서 평화를 위해 싸우는 원더 우먼 역을 맡기에 부적절하다는 것이 이유였다.

원더 우먼은 강하고 능력 있는 '아마존 여전사' 캐릭터로, 세상을 파괴하려는 전쟁의 신 아레스에 맞서 인류를 구하는 슈퍼히어로다. 갤 가돗은 〈원더 우먼〉의 후속작 〈원더 우먼 1984(Wonder Woman 1984)〉(2020)에서도 주인공 다이애나 프린스 역을 맡았다. 가돗이 한 매체 인터뷰에서 밝혔듯이 그의 복무 경험이 캐스팅에 타당성과 신뢰감을 주었을 것이다. 하지만 오래전부터 이스라엘과 적대 관계에 놓인 레바논에서 가돗의 병역은 비난의 대상이 되었다. 만약 갤 가돗이 다른 나라 출신이었더라도 그토록 격렬한 보이콧이 일어났을지는 의문이다.

그런데 더 중요한 질문은 '강한 신체와 우월한 능력을 지닌 여전사로 재현된 원더 우먼이 평화의 사도(使徒)나 페미니스트의 롤 모델로 합의될 수 있는가'다. '아름답고 섹시한' 외모까지 갖춘 원더 우먼은 인류의 평화를 위해 폭력에 맞서서 더 큰 폭력을 행사하고, 우연히 알게 된 한 남성의 요구에 순응하는 이중적 면모를 드러내기도 한다. 이 때문에 누군가에게 '페미니스트의 아이콘'으로서 열렬히 환호받는 한편, 다른 이에게 '모방적인 남성성'으로 격렬하게 비난받는다.

원더우먼 캐릭터의 이분법적 표상이 만들어 내는 모호성은 이스라엘 여군을 둘러싼 논쟁과 흡사하다. 하지만 이스라엘 여군은 원더 우먼처럼 상상의 캐릭터가 아니라 자신의 군 복무 경험에 다양한 의미를 부여하는 현실 속 인물'들'이다. 그리고 군대는 여러 대립하는 힘들이 팽팽하게 얽혀 있는 역동적인 현실 공간으로, 지난 70여 년 동안 이스라엘 군대는 페미니즘 투쟁의 대표적인 장이었으며 지금도 마찬가지다.

건국 전부터 주변 아랍 국가와 크고 작은 전쟁을 겪어 온 이스라엘은 1949년 세계 최초로 양성 의무복무제를 도입했다. 현행 병역법에 따르면 이스라엘에서 만 18세가 된 모든 국민과 영주권자는 일정 기간 의무적으로 병역을 수행해야 하며, 면제 대상자는 '셰루트 레우미(Sherut Leumi)'라 불리는 대체복무를 하거나 특정 영역에 자발적으로 입대해야 한다. 여성 징병은 '양성평등 신화'의 근거로 빈번하게 거론되는 사례 중 하나이지만 이스라엘에서 군대와 젠더는 그 사회의 특수한 맥락에서 접근해야 할 필요가 있다.

2021년 현재 이스라엘 인구는 대략 940만 명으로 유대인(74%), 아랍인(21%), 기타(4.8%)로 구성된다. 1948년 건국된 이스라엘(State of Israel)에서는 전 세계에 흩어져 있던 유대인 디아스포라의 이민이 대규모로 이루어졌으며, 지금도 매년 일정한 수의 이민자 유입이 이어지고 있다. 대부분의 징병제 국가에서와 마찬가지로, 이스라엘에서 병역은 시민권 협상을 위한 핵심적인 매개로 작용한다. 예외 사례도 있지만 국가 보안을 이유로 아랍계 시민은 기본적으로 병역에서 면제되며, 유대인 신규 이민자는 병역 의무를 이행해야 이스라엘 국적을 취득할 수 있다.

전쟁이 일상화된 이스라엘에서 군 복무는 단순히 법적 의무가 아닌 가족과 국가의 생존을 위해 필수적인 생존 전략이자 국가 안보를 위한 신성한 임무로 여겨진다. 이스라엘 사회학자 바루크 키머링(Kimmerling, 1993: 197)은 "이스라엘 시민에게 군사적 마인드가 제도적으로 내재화"되어 왔음을 '시민 군사주의(civilian militarism)'라는 개념으로 설명한다. 이러한 획일화된 민족 서사와 국가 담론은 여성 배제와 주변화의 문제를 가려 왔다. 여기에 더해진 종교의 개입은 젠더 문제를 둘러싼 긴장 관계를 더욱 팽팽하게 한다.

이 글은 '분쟁 국가'이자 '이민 국가'이면서 시민 대다수가 스스로 세속파로 인식하는 현실에도, 유대교가 가족법을 통해 영향을 미치고 있는 이스라엘에서, 끊임없이 여성을 주변화하는 성별화된 조직인 군대 내 갈등과 저항의 장면에 관심을 가진다. 이스라엘 내 젠더 논쟁의 분수령이 된 앨리스 밀러 청원 사건(1994~1997) 이후 20여 년에 걸쳐, 이스라엘 여성들은 군대가 요구하는 성별화된 표상과 역할을 어떻게 받아들여 왔으며 또 그것에 어떻게 맞서고 있을까?

2. 성별화된 군대, 군사화된 몸

이스라엘에서 여성이 전투에 투입되기 시작한 것은 건국 이전 시기로 거슬러 올라간다. 팔레스타인 내 유대인 여성 약 4,000명이 2차 세계대전 당시 영국군 소속으로, 1948년 1차 중동전쟁기에는 IDF의 전신인 유대인 민병대 하가나(Haganah) 소속으로 참전했다. 인력 부족을 이유로 여군은 주로 후방에서 교관, 간호병, 비서, 통신병처럼 제한된 임무에 배치되었다. 야엘 롬(Yael Rom, 1932~2006)처럼 파일럿으로 활약한 이례적인 사례도 있지만, 남성의 예비역 연령은 54세까지인데 비해 여성은 38세까지라는 점, 여성은 출산과 양육으로 인해 훈련 비용 대비 효율성이 낮다는 점을 근거로 여성 배제가 법제화되었었다.

IDF 여군 역사의 전환점은 1994년 항공학 전공 대학생인 앨리스 밀러(Alice Miller)가 이스라엘공군(이하 IAF)을 상대로 낸 소송 사건이다.

파일럿을 꿈꾸며 민간 항공사 자격증까지 취득했던 앨리스 밀러는 공군 파일럿에 지원했지만 수용되지 않자 성차별적이라며 최고법원에 소송을 제기했다. 당시 공군 사령관 헤르츨 보딩거(Herzl Bodinger)가 밝힌 이유는 "단지 여성을 거부해서가 아니라 여군의 복무 기간과 예비군 복무가 충돌하기 때문"이었다. 오랜 분쟁 끝에 법원은 결국 "여성의 공군 지원 불허는 여성의 존엄을 해치고 비하하는 것"이라며 앨리스의 손을 들어 주었고 남성에게만 허용되었던 공군에 여성의 지원이 가능해졌다.

안타깝게도 앨리스 밀러는 건강 문제로 인해 파일럿이 되지는 못했지만, 그녀의 용감한 도전은 IDF 내 젠더 평등을 위한 기반을 마련하기에 충분했다. 실제로 이 소송이 미친 영향은 컸다. 1998년 IAF 최초로 여성 파일럿이 배출되었고, 2011년에는 전투부대에서 여성 파일럿이 임명되었다. 2000년 군 복무법(Military Service Law)에 "IDF에서 여성은 남성과 동등하게 임무의 제한 없이 복무할 권리가 있다."라는 조항이 제정되면서 젠더 평등은 IDF의 주요 관심사로 자리 잡게 되었다.

법 개정 이후 여군이 진출할 수 있는 영역은 더욱 확대되기 시작했다. 2001년에는 여성 부대 헨(Chen)이 해체되고 2004년 혼성 부대인 카라칼(Carakal)이 설립되었으며, 부대 내에 여성 전담 부서가 설치되었다.[1] 1980년대에 IDF 전체 보직의 55%가 여군에게 개방되었고, 1995년에 73%, 2015년에는 90% 이상의 보직이 개방되었다(IDF 홈페이지). 2010년 기준 여성은 공군의 16%, 카라칼의 57%, 포병부대의 11%, 구조수색대의 10%, 국경수비대의 6.5%를 차지한다(IDF, 2010).

하지만 이스라엘 사회학자 사손레비(Sasson-Levy, 2003)는 이스라

1 이 부서의 명칭은 Advisor to the Chief Staff on Women's Affairs였다가 2010년에 Advisor to the Chief of Staff on Gender Affairs로 변경되었다.

엘 군대에서 여군이 부딪히는 것은 유리 천장이 아니라 '시멘트 천장' 이라고 강조한다. 양성징병제가 실행된 이후 70년 동안 여성들의 끊임없는 투쟁으로 많은 변화가 있었지만, 그들의 지위는 여전히 남성과 동등하지 않기 때문이다. 이스라엘 방위법에 따르면, 남성의 복무 기간은 30개월인 데 비해 여성의 복무 기간은 24개월로 짧으며, 여군은 대다수가 여전히 보조적인 행정 업무에 배치되고 있다.

이스라엘 여군의 이야기를 다룬 탈야 라비(Talya Lavie) 감독의 영화 〈제로 모티베이션(Zero Motivation)〉(2014)에 등장하는 여군들은 자유분방하고 하고 싶은 말을 다 하는 캐릭터지만, 행정반 소속으로 단순 업무를 하며 무료한 군대 생활을 견뎌 낸다. 이 블랙코미디는 군대라는 부조리한 조직 속 농담처럼 스스로를 "쓰레기 담당 부사관", "우편 담당 부사관"으로 부르거나 남성 간부 회의를 위한 커피와 간식을 준비하는 장면을 통해 군대라는 부조리한 조직 속 여군의 현실적 위치를 풍자적으로 보여 준다.

2021년 IDF 자료에 따르면, 여성은 전투군인의 18%를 차지할 정도로 그 수가 증가했다. 하지만 무기 첨단화와 기술 변화 속에서 여군은 교통 통제, 사이버 전쟁, 하이테크 무기 운영, 행정 등의 업무에 집중적으로 배치되고 있다. 돌격제대(Assault Echelon)에서 여군은 배제되며 보병이나 포병에 지원할 경우 예비 훈련을 통과해야만 공식 훈련에 투입될 수 있다. 2018년 IDF는 소형 순찰 군함에만 투입되어 온 여군이 대형 군함에 탑승 가능한지를 테스트할 목적으로 예비프로그램을 운영하는 등 신중한 태도를 보였다(Times of Israel, 2018. 11. 28).

앨리스 밀러 청원 사건 전까지 전투부대나 공군 파일럿이 여성을 배제한 이유로는 "여성의 신체적 능력은 전투에 적합하지 않다."라거나 "여군은 군 내부 결속력을 느슨하게 만들어 국가 안보에 위협적이다."라는 우려 등이 내세워졌다. 여군이 적군의 포로가 된 이후 발생할 수 있는 성고문 및 폭행에 대한 우려, 나아가 '순혈'의 위협에 대한 공포 때문에 여군은 1982년 레바논전쟁 시기까지 작전 중 국경을 넘는 것이 금지되기도 했다. 이스라엘에서 전투부대나 파일럿 복무 경력은 제대 후 사회적 상향 이동의 통로이자, El-Al 같은 민간 항공사 취업을 위한 실질적인 조건으로 작용한다는 점에서 이것은 군대 내 젠더 평등 문제를 넘어 사회에서의 평등권과 기회균등 측면의 문제가 된다.

여성의 몸과 신체적 능력에 관한 담론 속에서 여군은 전투에서 배제되거나 후방 지원 업무에 배치되어 '이등 군인'으로 주변화되었다. 특히 대중매체는 여군을 여성성의 사회적 코드인 '연약한 몸' 또는 '섹슈얼리티'의 대상으로 재현함으로써 군인으로서 그들의 역할을 축소하는, 젠더 스테레오타입 재생산의 주체였다(Berger and Naaman, 2011). 남성 군인의 모습은 대체로 총을 든 채 경계 태세를 갖추고 있지만, 여성 군인은 카메라를 응시하면서 미소를 짓거나 유혹하는 듯한 눈길을 던진다. 미국 인류학자 레베카 스테인(Stein, 2012)에 따르면, "이스라엘에 유니폼을 입은 미녀에게 집착하는 군대 도상학(iconography)이 자리 잡은 지 오래며, IDF는 이것을 디지털 시대의 프로파간다로 이용하고 있다."

하지만 무엇보다 건국 이래 주변 아랍 국가 및 하마스와 끊임없이 갈등과 전쟁을 겪고 있는 이스라엘에서 국가의 수호와 안보는 '시민이자 곧 병사' 서사와 함께 중요한 에토스였다. 유대 민족의 경계가 '유대인 여성의 몸에서 태어난 자'라는 기준에 의해 규정된다는 점에서 여성의 몸은 민족 재생산의 원천으로 중요성을 띤다. 여성은 출산과 양육을 통한 '민족주의 가족(nationalist family)'(Yuval-Davis and Anthias, 1989)의 재생산이라는 과업 수행을 끊임없이 요구받았다. 징병 연령에 결혼했거나 출산한 여성은 병역 면제 대상이 됨으로써 여성의 재생산 역할은 병역 의무보다 더욱 강조된다(Herzog, 2004).

2015년 '어머니의 날'을 맞아 IAF는 페이스북 페이지에 군복을 입은 여성이 수유하는 모습이 담긴 사진과 함께 다음과 같은 내용을 게시한 바 있다. "수천 명의 어머니가 1948년부터 공군에 복무해 왔습니다. 이들은 군인으로서 삶과 가정을 모두 지켜냈습니다. 그들에게 경의를 표합니다." 이 게시글은 수천 개의 '좋아요'가 달리며 빠르게 공유되었다. 어떤 이스라엘 여성들은 이 사진을 "아름다운 장면"이라며 감탄했지만, 군복을 입고 수유하는 여성의 몸을 통해 여성의 모성을 본질화하면서 군인으로서의 전문성을 축소한다는 날 선 비판이 제기되기도 했다. 여성의 몸은 모성과 군인됨 사이에서 양가적 역할을 담당하는 '군사화된 몸'으로 표상화되고 있다.

이스라엘 미디어에서 전투부대 군인이 재현되는 방식을 분석한 이스라엘리와 엘리셰바(Israeli and Elisheva, 2015)에 따르면, 2000년대부터 이스라엘 언론은 군인을 성인으로의 성장 과정에 있는 "아이들(kids)"이라 칭하면서 부모를 위해 격렬히 싸우는 모습으로 묘사하는 경향이 있다. 특히 2006년 레바논전쟁 시기에 빈번하게 등장한 헤드라인은 "Don't Tell Mom I'm in Lebanon", "I am Fighting for Mom"이었다.[2] 이들은 미디어가 "전사로서의 남성(man the warrior)"과 "걱정하는 여성(woman the worried)"의 이분법적 젠더 표현을 통해 군대 내 여성의 기여를 축소하면서 여성들을 성별화된 국방 담론에 길들이려고 해왔다고 분석한다.

코넬(Connell, 1995)은 성역할 이론이 생물학적 결정론에 빠질 위험을 지적하면서 '헤게모니적 남성성(hegemonic masculinity)' 개념을 제시한다. 군사화된 남성성은 여성성의 군사화를 통해 구성될 수 있는 것

2 Yediot Aharonot(2006. 8. 8, 13); Ha'Aretz(2006. 8. 2, 9; 2006. 7. 28).

인데, '군사화된 여성성(militarized femininity)'은 군대가 남성 군인의 남성성과 헤게모니를 지탱하기 위해 어떻게 여성의 보조적, 이차적인 역할에 의존하는지를 가리킨다. 군은 남성성을 군 복무와 연결함으로써 여성을 공적 영역 밖으로 주변화시키고 '병사의 어머니'로서의 지위를 강화해 보조적 위치를 점하게 만들어 왔다. 이러한 측면을 가려 온 '인민의 군대(People's Army)', '무장한 국민(a nation-in-arms)' 서사는 종교의 개입으로 더욱 복잡해진다.

3. 페미니즘과 종교의 불편한 동거

이스라엘에서 페미니즘은 건국 전 사회주의 이데올로기에 뿌리를 둔 농업 노동 속 젠더 평등 운동에서 시작되었지만, 페미니즘 운동이 본격적으로 전개된 계기는 1973년 욤 키푸르 전쟁[3]이다. 3주에 걸친 전쟁으로 일상이 마비되고 '남성은 전쟁터, 여성은 가정에서'라는 전통적인 젠더 분업이 강조되는 상황에서 여성들은 공적 영역에서 배제되고 주변화되어 온 현실을 자각했다(Herzog, 2004). 당시 IDF는 여군 수를 증원하기 위해 힘썼지만, 젠더 평등의 취지와는 관련 없이 부족한 병력 충원 목적으로 이루어졌기 때문에 오히려 젠더 차별적인 군의 구조와 위계를 더욱 분명하게 드러낼 뿐이었다.

IDF 창설 이래 군에는 항상 여성들이 있었지만, 여군의 지위는 여전히 주변적이다. 하지만 욤 키푸르 전쟁의 여파로 1973년 이스라엘

3 1973년 10월 6일 이스라엘의 최대 명절인 욤 키푸르(대속죄일) 새벽에 이집트와 시리아가 주도하는 아랍 연합군이 이스라엘을 기습 공격하면서 시작된 제4차 중동전쟁이다.

최초의 페미니스트 정당인 라츠(Ratz; Movement for Civil Rights and Peace)가 조직되고 대다수의 학자로 구성된 이스라엘 여성 네트워크(Israeli Women's Network)와 여성 지위 위원회(Parliamentary Committee on the Status of Women)가 각기 1984년과 1992년에 조직되면서 군대 내 젠더 문제에 전환점이 마련되었다. 앞서 언급한 1994년 앨리스 밀러 청원 사건과 2000년 군대 양성평등법 제정은 이러한 노력의 결과물이었다.

이스라엘 사회의 축소판인 군대는 국가와 민족, 젠더, 종교가 복잡하게 얽혀 있어 순응과 저항, 갈등과 협상이 펼쳐지는 정치적 장이다. '이스라엘 유대인'은 단일한 운명 공동체로 비치는 경향이 있지만, 유대인 사회는 세속/종교, 진보/보수, 이민 세대/이스라엘 출생 세대, 종족 정체성 등을 기준으로 복합적으로 분화되어 있다(임안나, 2019). 특히 민주주의 국가면서 유대 국가인 이스라엘에서 평등 원칙과 이에 상충하는 종교법과 같은 가치는 군대라는 장에서 충돌할 수밖에 없다. 이스라엘 인구의 대다수는 세속파에 속하며, 종교가 있는 경우에도 그 스펙트럼이 넓다. 2016년 기준 세속파가 40%, 보수적인 초정통파(Ultra-Orthodox) 하레디가 8%, 종교파인 다티가 10%, 전통문화로서 종교적 관습을 실천하는 마소르티(Masorti)가 23%를 차지한다.

이스라엘은 종교의 자유를 보장하는 의회민주주의 국가지만, 종교가 사회에 미치는 영향은 크다. 1953년에 의회가 사법기관과 종교법원을 분리하여 종교법원에 결혼 및 이혼과 관련된 가족법(Personal Law) 독점권을 부여한 이래, 랍비로 대표되는 종교 당국은 공적 영역에서 어느 정도 영향력을 발휘하고 있다. 하레디를 포함하여 모든 종교유대인의 삶을 지배하는 유대 관습법 할라카(halachah)의 핵심 내용은 '젠더 구분과 분리'다. 할라카에 따르면 여성의 군 복무는 신의 뜻을 어기는 죄인 아베라(aveira)로 규정되기 때문에 특히 하레디가 여성의 군 복무를 강경하게 반대해 왔다. 징병제가 시행된 순간부터 보수적인 종교계는 여

[그림 3-1] 여군의 탱크 접근을 결사적으로 막는 랍비
출처: Claudio Munoz, The Economist (2016. 12. 10).

성의 병역을 반대해 왔으며, 이후에도 전투부대와 공군에 여군의 수를 늘리겠다는 발표가 있을 때마다 비난과 반대 의사를 격렬하게 표명하고 있다.

사회적 상향 이동이나 정계 진출의 주요 관문으로 인식되는 전투부대에 진입하려는 여성들의 노력과, 종교적 이유로 이를 저지하려는 종교계의 갈등은 1990년대 다티 남성의 군 복무 비율이 두드러지게 증가하면서 더욱 첨예해졌다. 다티 남성이 입대하는 동기에는 IDF를 '신성한 군대'로, 전쟁을 '종교적 의무'로 여기는 종교적 배경뿐 아니라, 그동안 병역 면제 대상으로서 소외되고 주변화되어 온 입지에서 벗어나 상향 이동하려는 욕구가 결합되어 있다는 분석이 지배적이다. 다티의 경우 주로 종교 교육과 군 복무를 결합한 헤스더(Hesder)와 메키나(Mechina)를 통해 복무하는데, 헤스더의 88%가 전투부대 소속이다. 또한 다티 남성이 전투부대의 3분의 1을 차지하고 2018년에는 장교 수료생 392명 중 40%를 차지할 정도로 IDF 내 입지가 점점 높아지고 있다.

세속파의 반발과 정치·경제적 이유로 하레디 남성에게 병역 면제를 부여하는 탈법(Tal Law)이 종료된 것도 중요한 요인이었다.

이런 상황에서 다티 군인들의 종교성 유지를 이유로 랍비의 군부대 접근이 자유로워지고, 군대 내부 문제에 깊이 관여하게 되면서 IDF와 종교의 결합이 제도화되어 갔다(Levy, 2010). 앨리스 밀러 청원 사건의 여파로 2000년에 "군에서 여성이 임무 제한 없이 복무할 권리는 남성의 권리와 동등하다."라는 조항이 제정되었지만, 곧 "IDF는 임무 특성에 따라 여군의 참여를 거부할 수 있다."라는 양립 불가능한 조항이 추가되었다. 2003년에는 군대 내 여성과 다티 남성의 "적절한 통합"을 명분으로 다티 남성이 여군과 물리적 접촉을 피할 수 있도록 하는 여성 숙소 분리, 복장 검열, 성별 분리 등의 규정이 만들어졌다(IDF Directive no. 33.0207).

이로 인해 군대에서 남성과 여성이 접촉하는 환경을 피하기 위해 여군의 활동을 제한하는 사례가 빈번하게 발생했다. 다티 남성이 할라카를 어기지 않도록 명절이나 기념식 행사 동안 여군이 폐쇄된 공간에 격리될 것을 강요하는 등 종교적 규범을 여군에게 각인시키고 통제하는 것이 가장 흔한 사례다. 2021년 7월에는 혼성 부대 내 수영장에서 여군에게만 긴 바지를 착용하고 이용하라는 명령이 내려져 다시 한 번 논란이 일어났다. 이스라엘 일간지 '하아레츠'는 이 논란으로 IDF가 이와 관련된 더욱 엄격한 규정을 준비 중이라고 보도했다(Ha'Aretz, 2021. 6. 8).

2011년 9월, 부대 내 행사에서 두 명의 남성 군인과 여성 군인으로 구성된 밴드가 노래를 부르려고 무대로 나왔을 때 다티 사관생도 두 명이 여성의 노랫소리를 들을 수 없다고 주장했다. 다티 남성에게 있어 아내가 아닌 12세 이상의 여성이 부르는 노랫소리를 듣는 것은 할라카를 위반하는 것이기 때문이다. 다티 사관생도 93명 중 9명은 상부 명령에도 불구하고 현장에서 이탈했고 결국 명령 불복종으로 퇴소 처리되었다.

IDF 옴부즈맨에는 여군들의 불만이 쇄도했고, 페미니스트 단체는 '모두의 인권 보호'를 목적으로 만들어진 개정안이 사실상 성차별적이고 불평등한 조항이라며 비난했다. IDF는 문화적, 종교적, 정치적으로 뚜렷하게 분화된 다양성과 이질성이 존재하는 이스라엘에서 군대를 사회적 통합과 연대의 기제인 '용광로'로 홍보하지만, 많은 이스라엘 학자들은 군대가 시민사회의 종족적 계층화와 계급 분화, 젠더화된 위계를 재생산하고 있다고 비판한다.[4] 군대 내 젠더 평등을 향한 노력이 종교계에 위협적인 것은 분명하다. 하지만 다티의 요구는 사실상 '여성이 부재한' 군대 환경을 요구하는 것이나 다름없으며, 군대 내 여성 역할의 가치 절하와 특정 임무에서 여성의 배제라는 결과를 초래하게 된다.

4. 반란인가, 일탈인가?: 군대 가는 종교유대인 여성

페미니즘과 종교가 조우하는 지점인 군대에서 그 연결고리를 가장 뚜렷하게 드러내는 대상은 아마 다티 여성일 것이다. 기본적으로 병역 면제 대상인 다티 여성은 군 복무를 할지 대체복무를 할지 선택할 수 있다. 그럼에도 1990년대부터 다티 여성이 군대에 가는 역설적인 현상이 두드러지게 나타나고 있다. IDF 내 다티 여성의 수는 특히 2000년대에 들어서면서 급격하게 증가했다. 예를 들어 군 복무에 지원한 다티 여성

4 이스라엘 사회와 페미니즘 운동에서는 젠더, 계급, 인종의 교차성이 강하게 나타나지만 이 글에서는 깊게 다루지 않도록 한다.

의 수는 2010년 935명에서 2015년 2,159명으로 두 배 이상 증가했는데, 이는 2015년 종교학교 졸업 여성의 26%에 해당하는 수치다.

이러한 변화는 1970년대 말 2차 페미니즘 운동기에 일어난 종교 여성의 개혁과 더불어 나타났다. 종교유대인 페미니즘 운동은 교파에 따라 여러 방향으로 전개되었는데 크게 하레디 페미니즘과 다티 페미니즘으로 구분할 수 있다. 전자의 경우 크네세트(의회)에 여성의 지위와 젠더평등위원회를 설치하는 등 정치적 영역에 초점을 두고, 종교적 영역에서는 보수적인 태도를 견지하는 경향이 있다. 다티 페미니즘의 경우는 종교적 영역에 좀 더 초점을 맞춘 페미니즘 운동이다. 다티 페미니스트는 역시 내부적으로 이질성을 띤 집단이지만 하레디 여성과 다르게 자발적으로 입대하고 있다.

그동안 군대에서 여성이 어떻게 주변화되는지의 문제가 주요한 관심사였지만 여군에게 있어 군 복무는 협상의 도구일 수도 있으며, 특히 종교파 여성들이 얻어 내려는 바는 세속파 여성의 것과 다르다. 무엇보다 이들은 군대에 가는 것 자체부터가 종교 공동체와의 협상으로 시작해서, 복무 기간에는 종교적 규범을 어기지 않았음을 끊임없이 증명하는 이중적 부담과 싸워야 하는 과정이라는 점에서 세속파 여성들과 그 출발점이 다르다고 할 수 있다.

앞서 언급한 것처럼, 종교계는 여성이 IDF에 있는 것만으로도 종교적 권위가 손상된다고 주장한다. 따라서 건국 이후 공적 영역에서 다티 여성의 활동 제한은 더욱 엄격해졌다. 군 복무 중인 다티 여성은 종교 기관에 의해 종교성을 잃은 '죄인'으로 낙인찍히는 경향이 있다. 하지만 다티 여성의 징병률이 높아지면서 1990년대 말부터 다티 여성이 '올바르게' 군 복무를 하도록 돕기 위한 종교 학습 프로그램인 가린(Gar'in)과 알루마(Aluma)가 신설되었고, 2006년에는 헤스더나 메키나에 상응하는 짜할리(Tzahali)가 설립되었다.

다티 여성들은 보통 '쉐루트 레우미(National Service)' 같은 대체 복무에 지원하며, 남성과의 물리적 접촉을 피할 목적으로 '여성적' 업무를 선호한다(Levy, 2013: 393-414). 다티 여성은 16, 17세가 되면 지역 관할 종교 기관에서 '병역 면제 신청서'를 발급, 승인받는다. 현재 26세 여성인 에이낫은 다티지만, 보통의 이스라엘 시민들과 마찬가지로 병역의 의무를 다하기 위해 고등학교 졸업 후 대형병원 수술 병동에서 행정 직원으로 1년간 복무했다.

> 병원에서의 대체복무는 내 인생에서 정말 의미 있는 일이었어. 병원에서 봉사하면서 많은 걸 배웠어. 나한테 이보다 더 만족감을 준 일은 없었어. 나는 복무를 즐기면서 했거든. 다티가 아니더라도 여성들에게 대체복무를 추천하고 싶어.

에이낫은 대체복무를 통해 낯선 남성과 접촉할 만한 상황을 피하고, 종교적인 측면에서 통제된 '안전한' 환경에서 병역의 의무를 수행할 수 있었다며 만족감을 드러냈다. 일반적인 군에 있는다면 주로 남성인 상사의 부하로 명령을 하달받고 훈련 중 남성 군인들과 신체적으로 접촉할 가능성이 있다. 따라서 병역 면제 증명서를 발급받아 여성으로만 구성된 환경에 놓임으로써 '위험한' 상황을 피하는 편이 훨씬 낫다고 생각한다. 종교적으로 '안전한' 환경에서 국방의 의무를 이행하며 이스라엘 시민으로서의 소속감과 정체성을 재확인하는 것에 가치를 두는 것이다.

이스라엘의 모든 다티 여성이 대체복무에 지원하는 것은 아니지만 그들의 군 복무를 돕고 통제하는 종교적 환경이 공식적으로 조성되었다는 사실은 어떤 의미에서 다티 여성의 군 복무가 결국 수용되고 있다고 해석할 수도 있다. 2014년에 실시된 한 조사 보고서(Kipa Survey

[그림 3-2] 키파 쓴 여군

2014)는 종교 집단 내에서 여성의 병역이 여전히 논쟁적이기는 하지만 이를 점차 수용하는 방향으로의 변화가 일어나고 있음을 보여 준다. 이 보고서에 따르면 하레디의 2.4%, 다티의 76% 정도가 여성 징집에 찬성했다.

이스라엘 학자 엘리셰바(Rosman-Stollman, 2018)는 다티 여성들이 군대에 가는 목적은 젠더 평등 그 자체가 아니라 종교 집단 내에서의 평등을 쟁취하려는 욕구에서 나온 것이라 분석한다. 이 여성들은 자신의 군 복무를 국가에 대한 충성, 즉 '좋은 시민', '종교적 의무'의 수행으로 인식하고 복무 기간 동안 종교적 실천을 성실히 수행함으로써 '죄인'으로 낙인찍히기를 거부한다는 것이다. 즉 그들은 시민으로서의 평등을 추구하며, '남자들처럼 군 복무하는 것'이 아니라 '모두가 하는 군 복무를 하는 것'에 중점을 두고 군 복무의 의미를 긍정적 관점에서 재구성한다.

성벽의여성들(Neshot HaKotel), 종교 레즈비언 단체인 바트콜(Bat Kol), 로니브카롯 로보카롯(Lo Nivcharot, Lo Bocharot), 콜레흐(Kolech) 같은 대표적인 다티 페미니스트 단체는 좀 더 확장된 영역에서 투쟁하고 있다. 특히 '성벽의여성들'은 하레디가 종교의 이름으로 공적 영역에서 여성의 권리를 박탈한다고 주장하면서, 군대를 포함한 사회 전반에서 젠더 평등을 추구하는 대표적인 종교 페미니스트 단체다. 이들은 유대교 최대 성지 중 하나인 예루살렘 서안 벽(Western Wall)에서 남성들이 기도할 때 쓰는 탈릿(tallit)과 테필린(tefillin)[5]을 착용하고 토라를 크게 읽으며 노래를 부른다. 종교법상 여성에게 허용되지 않는 행위를 했다는 이유로 이들은 종종 하레디 남성들에게 물리적, 언어적 폭력을 당하고 있으며, 공중안전 위반 혐의로 체포되거나 벌금형을 받기도 한다.

신시아 엔로(Enloe, 2000)는 "남성은 군대고 여성은 군대 안에 있는 존재"라고 표현하면서 여군은 군대 안에 있을 뿐, 군대의 통합된 일부는 아님을 역설한다. 평등법에 기반을 두고 양성징병제가 실시되고 있지만, 이스라엘 여성들은 여전히 장벽을 넘기 위해 투쟁 중이다. 공적 영역에서 여성과 남성의 동등한 참여가 젠더 평등을 위한 길이라고 믿는 이들은 군 복무를 수행할 권리를 주장하며 전투부대에 지원해서 '남성적' 역할을 수행하는 전략을 택하기도 하며, 어떤 이들은 되도록 많은 여성이 군대에 가서 여성 억압에 의존하는 군의 남성적 문화를 바꿔야 한다는 입장에 서 있기도 하다.

이스라엘 군 복무법에서 양성평등을 구체적으로 명시하고는 있

5 '탈릿'은 전통적으로 종교유대인 남성들이 기도할 때 몸에 두르는 숄이다. '테필린'은 토라 구절이 적힌 양피지를 넣은 작은 가죽 상자로, 종교유대인 남성이 가죽끈에 묶어 이마와 손에 매고 기도한다.

지만, 민족 담론과 국가 안보, 종교를 통해 여성의 주변화를 재생산하는 장이라는 점에서 군대는 여전히 '남성적'인 조직이다. 여군이 '여성적인' 임무를 거부하거나 전투부대에 지원하는 경우 종종 '레즈비언(dykes)' 이미지가 강화된다(Levin, 2011). 이에 많은 여군이 여성의 몸과 여성성의 연결을 거부하면서 남성성과 여성성을 본질적인 정체성으로 보는 시각을 거부하고, 강요된 정체성에서 '일탈'함으로써 군의 젠더 레짐에 도전하고 있다. 그러나 많은 경우 여군이 수행하는 '남성성' 역시 복무 기간에 행해지는 일시적인 것이며, 이러한 젠더 수행이 군의 남성중심적 규범에 순응하는 방향으로 흘러갈 수도 있다(Lomsky-Feder and Sasson-Levy, 2018).

5. 총을 들지 않는 여성들

이스라엘에서 군 복무는 시민이 되기 위한 '통과의례'와 같은 것으로, 기술을 배우고 다양한 배경을 가진 사람들을 접할 기회를 제공하기도 한다는 점에서 고등교육보다 훨씬 더 가치 있는 사회 경험으로 인식된다(Cromwell, 2017). 앞서 에이낫이 언급한 것처럼, 이스라엘 젊은이들은 대체로 군대가 국가와 사회에 기여할 수 있는 통로일 뿐만 아니라 개인적, 사회적 경험과 관계의 축적 및 사회적 상승 이동의 도구로서도 그 가치를 지닌다고 말한다.

IDF 보고서 자료에 따르면, 이스라엘 시민의 군 복무 동기는 시기에 따라 특징적으로 나타난다. 6일 전쟁이 발발한 1967년까지 청년층의 주요한 병역 동기는 '생존'과 관련되었지만, 전쟁 이후의 군 복무 동기는 규범이자 관습으로 나타났으며 엘리트 부대 전투군인은 선망의 대상이었다(IDF 2016). 하지만 세계화와 신자유주의 시장 경제의 영향이 강하게 나타나기 시작한 1990년대부터는 개인적 성취와 제대 후 상위 계층으로의 진입 기대가 가장 두드러진 동기였으며, 2006년 레바논 전쟁 이후 현재까지는 생존, 이데올로기, 종교, 개인적 성취가 복합적으로 작용하고 있는 것으로 분석된다.

이스라엘 주류 페미니즘은 병역 수행이 완전한 시민권의 필수 조건 중 하나인 '싸울 권리'임을 주장하면서 기존의 젠더 위계를 전복하고 여성의 권리와 평등을 실현하는 데 중점을 둔다. 하지만 욤 키푸르 전쟁을 겪으며 등장한 또 다른 페미니즘 흐름은 반군사주의 페미니즘이다. 이들은 군대가 군사주의적, 가부장적인 사회 구조를 재생산하고 있으며 근본적으로 정의와 평화에 걸림돌이 된다고 주장한다. 이런 맥락에서, 여성 억압에 의존해 온 폭력성과 팔레스타인 점령에 반대하고 병역을 거부한다.

대표적인 반군사주의 평화연대 단체로는 1982년 레바논전쟁 시기에 설립된 점령에 반대하는 이스라엘여성들(Israeli Women Against the Occupation), 1987년 1차 인티파다 이후 조직된 우먼인블랙(Women in Black), 피스퀼트(Peace Quilt), 여성평화연대(Women's Peace Net) 등이 있다. 또한 이스라엘을 평범한 '시민사회(civilian society)'로 만든다는 목표를 가지고 1998년에 설립되어 징병제를 반대하고 병역거부자를 지원하는 뉴프로필(New Profile)과 2차 인티파다 이후 2000년에 조직된 여성평화연대(Coalition of Women for Peace)는 대표적인 반군사주의적 페미니스트 단체다.

하지만 이스라엘에서 페미니즘은 전반적으로 북미에서 유입된 낯선 이데올로기인데다, 평화활동가들이 요구하는 사안은 국가 안보라는 어젠다와 민족 정체성에 위협적인 내용이어서 정치적 영역뿐 아니라 사회적으로도 수용되기 어려웠다. 예를 들어 우먼인블랙 회원들이 아랍어와 히브리어, 영어로 "점령 반대(Stop the Occupation)"라 쓴 피켓을 들고 거리 시위를 할 때 흔히 돌아오는 비난은 "국가의 등에 칼을 꽂았다."라거나 "아우슈비츠에 가고 싶어 하는 여성들"이라는 비아냥이다(Emmett, 1996: 23).

1973년 욤 키푸르 전쟁의 트라우마에 이어 1982년 레바논전쟁 시기에는 3,000명 이상의 군인이 레바논 파병 명령을 거부한다는 성명서에 서명했고 이 중 168명이 체포되었다(Chacham, 2003). 비슷한 사례는 1987년 1차 인티파다와 2000년 2차 인티파다 시기에도 있었다. 이러한 반군사주의 흐름 속에서 페미니스트 평화운동가들은 군대의 폭력성에 주목한다. 예를 들면, 뉴프로필 공동 설립자이자 작가인 렐라 마잘리(Rela Mazali)는 이스라엘 미디어와 교육 프로그램이 유대인 남성들에게 항상 군인됨을 강요하면서 그들의 사고와 행동을 통제해 왔다고 비판한다.

최근 이스라엘에서는 그동안 군대라는 헤게모니의 서사에서 배제되었던 여군의 경험을 젠더화된 서사를 통해 드러내려는 영화들의 등장이 두드러진다. 앞서 언급한 영화 〈제로 모티베이션〉과 〈집으로(Close to home)〉(2005), 다큐멘터리 〈내가 정말 미소짓고 있었을까(To see if I'm smiling)〉(2007)는 여군의 시선과 목소리를 통해 군대에서 주변화되고 배제되어 온 여군에 대한 편견과 그들이 겪는 윤리적 딜레마를 조명하고 있다. 여성들은 병역을 통한 '평등한 세상'을 약속하는 국가와 가족의 생존을 위해 기꺼이 군대로 가지만 이들이 치르는 대가는 예상치 못한 것이었다.

일부 학자들은 IDF 내 여성이 진입할 수 있는 포지션이 증가하고 여군을 위한 지원과 프로그램이 증설된 것은 젠더 평등이라는 개혁적 사고에서 나온 결과가 아니라 변화하는 상황 속에서 정부가 필요에 따라 내린 조치였다고 지적한다. 욤 키푸르 전쟁 이후 IDF가 기술병과 교관직을 여성에게 개방하는 등 여성 징집을 적극적으로 확대하기 시작한 것은 젠더 평등을 위한 것이 아니라 전쟁을 겪으며 깨달은 군사력 확보의 필요성 때문이었다.

이들은 여성이 군대에 가는 것이 여성을 젠더 위계에서 해방하지 못했으며 단지 전통적인 여성의 업무가 가정에서 군대라는 장으로 옮겨 갔을 뿐이라고 지적한다. 심지어 롬스키페데르와 사손레비(Lomsky-Feder and Sasson-Levy, 2018)는 많은 여성이 군 복무를 통해 남성적 사고를 내재화하고 군대 '젠더 레짐'의 충실한 하인이 되어 간다고 주장하기도 한다. 남성중심적인 또는 남성화된 군대가 요구하는 활동과 수행을 강요받는 여성들은 '군인'으로서의 젠더 수행을 통해 그것에 순응하거나 배제된다. 그런 점에서 남성들과 마찬가지로 군대에 가더라도 결국 젠더 평등의 측면에서 여성들이 얻은 것은 별로 없다는 것이다.

2006년 4월 17일 자 영국 가디언지에 실린 이단 하릴리(Idan Halili)라는 19세 이스라엘 여성의 인터뷰 내용은 페미니즘의 관점에서 '싸우지 않기 위한 권리'를 위한 투쟁을 다루고 있다.[6] 병역 거부로 인해 2주간 수감 후 풀려난 하릴리는 결국 '병역 부적합' 판정을 받고 징집이 면제되었다. 하릴리가 작성한 병역 면제 요청서에는 위계적이고 남성중심적인 구조, 강요된 젠더 역할, 군대 내 성폭력, 군대와 가정폭력의 유사성 등을 이유로 "군대는 페미니스트의 가치와 결코 조화를 이룰 수 없는 가치를 지향하는 조직이다."라고 쓰여 있었다. 언론의 주목을 받은 이 사례는 반군사주의 페미니스트 논의를 공론화시키는 발단이 되었다.

하지만 군 위원회가 면제 결정을 내린 이유는 하릴리의 양심적 병역 거부를 인정해서가 아니었다. 하릴리의 변호사에 따르면, "하릴리가

6 R. Shabi, "The fight to not fight," *The Guardian*, 2006. 4. 17, https://www.theguardian.com/world/2006/apr/17/israel.gender (접속일: 2022. 1. 15).

[그림 3-3] 이스라엘 여성 전투군인(combat soldiers)

출처: Moshe Milner, the Government Press Office of Israel.

병역 거부를 한 것은 100% 페미니즘 때문이지만, 그녀는 군사 제도에 반대하는 평화주의자이기도 하다. 위원회는 하릴리의 평화주의가 아니라 페미니즘이 주요한 병역 거부의 배경이라고 보고 부적합 판정을 내린 것"이라고 말했다. 군 문화는 여전히 남성중심적이고 차별적이어서 이를 받아들이지 않는 여성은 군에서 남성과 동등한 지위를 얻기 어렵다(Lomsky-Feder and Sasson-Levy, 2018). 하릴리의 주장은 이스라엘에서 양성징병제가 실시된다는 사실만으로 모든 이스라엘 여성이 젠더 평등을 누린다고 보는 관점에 의문을 제기하게 만든다.

6. 판타지 너머

2021년 4월 19일 대한민국 청와대 국민청원 게시판에는 "여성도 징병 대상에 포함시켜 주십시오."라는 제목의 청원이 올라왔다. 해당 청원의 핵심은 저출산으로 인한 병력 부족 문제 해결, 양성평등 실현을 위해 여성도 국방의 의무를 져야 한다는 주장이다. 사실 여성의 군 복무가 화두로 던져진 것은 처음 있는 일이 아니다. 1994년 남녀평등의 소리에서 "남성 군 복무에 대응한 여성 인력의 사회봉사제도 도입"이 주장되는가 하면, 여러 여성 단체와 장애인 단체는 군 복무 가산점제가 지나친 특혜로 여성과 군 면제자의 차별을 불러온다며 전면 폐지를 정부에 건의하기도 한다. 우리나라에서 국민청원이 시작된 2015년 이후 현재까지 해당 홈페이지 게시판에서 검색되는 여성의 군 복무 주장 관련 청원은 160건이 넘는다.

하지만 전통적인 젠더 관념과 차별이 뿌리내린 사회에서 피상적인 양성징병제 도입만으로 양성평등이 성취될 수 있으리라 생각하지 않는다. 약 70년 전부터 양성복무제를 실시해 온 이스라엘에서 여성이 남성과 동등하게 군 복무를 하는 것만으로 기존 젠더 질서에 큰 변화가 일어나지는 않았으며, 오히려 군대가 기존의 젠더 질서를 재생산하는 장으로 기능하고 있다는 비판이 강하게 제기된다. 하지만 중요한 것은 이스라엘 여성들은 차별의 희생자에서 그치는 것이 아니라, 오래 전부터 그래 왔던 것처럼 지금 이 순간에도 각자의 자리에서 투쟁하고 있는 중요한 행위자라는 점이다. 나아가, 이들의 투쟁은 군대 내 젠더 차별 문제를 넘어 사회적으로 진정한 평등이 무엇인지에 대해 진지한 고민이 계속되어야 할 필요가 있음을 느끼게 한다.

제2부

일과 삶의 재조합과 긴장

제4장

능력주의의 배신과 젠더화된 불안

한국 전문직 여성의 일 경험

#아시아 여성의 오늘은 모순된 축복이다

최근 한국의 페미니즘 담론 내에서 '성공 페미'란 말이 나올 정도로 여성은 일에서 성공하고 물질적 부도 이루어야 한다는 믿음이 강화되고 있다. 대규모로 전문직 일터에 진입한 30~50대 여성들은 일과 전문성에서 탁월함을 증명하면 여자라는 이유로 차별받지 않을 것이라는 고양된 기대를 하고 있다. 이 때문에 능력주의를 신봉한다. 하지만 이들은 남성중심적인 관행과 더 정교해진 여성 배제의 암묵적 규칙을 경험하면서 일터에서 젠더 딜레마를 느낀다고 말한다. 기존 대중 담론은 개인의 탁월함이나 노력에 따른 당연한 결과로서 전문직 여성의 성공에 주목해 왔다. 하지만 일터의 성 불평등은 구조적 차별, 암묵적 배제, 심리적 불안 조성 등을 통해 여성 개인의 '능력주의'를 압도하는 젠더화된 불안을 초래한다. 현대 한국의 고학력 여성들이 일터에서 경험하는 성 불평등은 무엇이고 어떤 방식으로 젠더화된 불안을 느끼는지를 이해함으로써 우리는 일터의 페미니즘이 갖는 의미를 생각해 볼 수 있다.

1. 엇갈린 축복

> 여성의 능력이 동료 남성보다 뛰어납니다. 고질적인 여성 차별만 없다면 승진 등에서 남성을 앞지를 수 있어요. 남성 중 몇몇은 정말 일을 잘해요. 그런데 직장은 몇 명의 알파 남성이 수많은 베타 남성을 먹여 살리는 곳이에요. 그만큼 무능하고 게으른 남성 동료들이 너무 많다는 거지요.

내가 2019년에 만난 30대 전문직 여성은 확신에 찬 어조로 '이미 능력에서는 여성이 남성보다 낫다'라고 선언했다. 이런 이야기는 요즘 여성들에게 흔히 듣는 말이다. 과거 자신의 업무 능력에 대한 불안감이 컸던 여성들은 일터에서 승진을 못 하는 것이 부족한 능력 때문이 아님을 깨달았다고 말한다. 그들은 일터가 수많은 무능한 남성들을 먹여 살리기 위해 능력 있는 소수의 남성에 의존하거나 수많은 준비된 여성을 차별하는 시대착오적인 곳이라 말한다. 이들의 말대로라면 못난 아들이라도 '그래도 아들인데'라며 자원을 쏟아붓고 유산을 몰아주던 가부장적 가족주의가 공적 영역인 일터에서 여전히 힘을 발휘하고 있는 듯하다. 내가 만난 여성들은 일에 대한 능력만을 주요 고려 대상으로 하면, 성별 임금 격차나 승진 차별 없는 일터의 성평등이 쉽게 달성될 수 있을 것이라 말한다. 그렇다면 이들이 경험하는 '능력' 이외의 조건은 무엇일까? 이 장은 지난 2010년 이후 10년간 대화를 나눠 왔던 한국의 고학력 전문직 여성들의 일 경험에 관한 것이다. 이 여성들은 현재 30~50대의 나이로 학력, 기술, 자격증, 경험을 축적하며 비교적 커리어가 보장되는 전문직 일터에서 일하고 있다. 그러나 이들은 여전한 성차별 관행과 더 정교해진 여성 배제의 암묵적 규칙을 경험하며 젠더 딜레마를 느낀다고 말한다. 능력주의는 어떤 점에서 성 불평등을 뛰어넘고, 어떤 방식으로 젠더화된 불안을 증폭시키는가?

지난 40년간 전 세계를 재편한 신자유주의적 자본주의와 여성의 관계는 종종 "엇갈린 축복(mixed blessing)"이라 불린다(Fogiel-Bijaoui, 2007). 능력주의와 자기 계발을 강조하는 신자유주의가 어떤 여성에게는 새로운 기회를 주었고, 어떤 여성에게는 이미 존재하는 불평등을 더욱 심화시켰다는 얘기다. 워싱턴 컨센서스를 통해 강조된 '인적자원개발론'은 국가 경쟁력을 강화해 줄 인적 자원의 생산을 독려해 왔다. 능력주의는 시장을 확장하는 데 이바지할 수 있는 재능, 학력, 전문성을 입증한 사람에게는 무한한 기회가 열려 있다고 주장한다. 여성이라도 이 조건을 만족시키면 적극적으로 전문직 일터에 초청된다. 능력주의가 전통적인 젠더 억압을 초월할 수 있다는 의미다. 신자유주의는 노동 유연화를 강조함으로써 수많은 노동자를 실업과 불안정한 고용 상황으로 내몰았다. 동시에 개인이 역량을 개발하고 이를 증명해 내면 누구라도 성공할 수 있다는 가치를 확산시켰다. 아시아 지역도 예외가 아니다. 고학력, 전문직 여성의 수가 꾸준히 증가하고 있고, 여성의 지속적인 사회적, 경제적 발전을 위한 정책 또한 급증하고 있다. 매킨지 보고서에 따르면 직장 내 양성평등 지수에서도 필리핀이 최고점을 받았다. 한국의 경우, 실제로 2018년 기준 여성의 73.8%, 남성의 65.9%가 대학에 진학한다. 이미 대학 진학률에서 여성이 남성을 앞서고 있다. 2001년 여성의 비정규직 비율은 70.9%였지만 그 수치는 2018년 50.7%로 떨어졌다. 하지만 남성 대비 여성 임금 비율은 2019년 현재 67.8%로 개선되지 않고 있다. 이런 수치는 여성의 고양된 기대와 현실적 경험 사이에 괴리가 커지고 있다는 점을 보여 준다.

'개인화'와 능력주의는 페미니즘이나 여성 권리 향상에 긍정적 영향을 가져오기도 했다. 일견 신자유주의는 집단적 차별을 받아 왔던 여성이나 소수자 중 일부에게 '선택적 해방'을 가져다준다. 일과 전문성에서 탁월함을 증명하면 여자라는 이유로 차별받지 않을 것이라는 고양된 기대를 만들어 냈기 때문이다. 이는 고학력 여성들이 능력주의에 매달리는 이유이기도 하다.

하지만 능력주의의 실현과 보상은 상당히 '젠더화'되어 있다. 고학력 전문직 여성들이 어떻게 능력주의를 실천하고, 동시에 불안정성과 취약성을 경험하고 있는가는 '일터의 페미니즘'의 가능성을 상상하는 데 있어 중요한 문제다. 신자유주의 경제가 열어 준 개인화된 능력주의는 여성의 젠더 수행성에 영향을 미친다. 최근 한국의 페미니즘 담론 내에서도 '성공 페미'란 말이 나올 정도로 페미니스트들 또한 성공에 대한 욕망을 가져야 하고, 가능한 모든 기회와 수단을 동원해서 '성공'해야 한다는 믿음이 강화되고 있다. 이들은 전 세대에 비해 물적 성공에 대해 훨씬 노골적이고 진취적인 욕망을 표현할 뿐 아니라 물적 성공이 페미니스트로서의 존재성과 모순되는 것이 아니라고 주장한다. 나 또한 페미니스트 교수로서 대학에서 페미니스트에 갖는 편견에 맞서 싸우고, 나를 입증하고 자리매김하기 위해 연구나 수업에서 눈에 띄는 성과를 내는 데 몰두했다. 하지만 일터라는 공적 영역은 오랜 기간 남성들의 전유물이었고, 특히 보상이나 지위가 높은 전문직의 경우 남성 독점의 정도가 매우 높다. 여전한 구조적 불평등에도, 여성들은 구조적 차별의 피해자로 자신을 위치시키기보다 능력만 있으면 불평등을 초월하거나 극복할 수 있다고 믿는다. 그만큼 학력, 경력, 스펙, 동기 부여, 의지 등 모든 면에서 여성들의 성취가 두드러지기 때문이다.

하지만 내가 만난 전문직 여성들은 앞으로 얼마만큼 자신을 증명해야 인정과 보상을 받게 될 것인지에 대한 불안을 표현했다. 법이나 제도, 기업에서 보장하는 투명한 평가 방식이 없는 상황에서 많은 여성은 일중독에 빠져 있고, 자신의 체력 또한 심각하게 고갈되었음을 느낀다고 말한다. 능력주의는 고학력 여성의 전문직 진출을 촉진한다는 점에서는 축복(blessing)이다. 하지만 동시에 신자유주의가 옹호하는 '능력' 개념은 여성의 지위를 향상하기보다는 이들이 끊임없이 불안해하며 자신의 능력을 소진하도록 만드는 데 기여한다. 무엇보다 한국 사회의 공적 영역에서의 성평등은 여전히 요원하다. 2018년 매킨지 보고서는 한국 직장 내 성평등이 아시아 태평양 국가 중 하위권에 속한다고 발표했다. 여성의 일자리 참여, 전문직 및 기술직 비중, 동종 업무의 임금 격차, 간부급 진출 비중 등을 평가한 직장 내 양성평등 지수에서 한국은 0.39점으로 파키스탄(0.22점), 인도(0.30점), 방글라데시(0.34점), 네팔(0.38점)보다 높고, 중국(0.51점), 일본(0.42점)보다 낮은 점수를 받았다(한겨레 신문 2018년 4월 25일). 여전히 기울어진 운동장을 평평하게 만드는 제도적 개선이 필요하지만 여성들은 연대를 통해 구조적인 성 불평등에 맞서 싸우기보다는, 개인화된 생존과 성공 전략에 몰두하고 부당한 대우나 경력 실패를 자신의 탓으로 여긴다.

현대 한국의 전문직 여성은 시간이 지나면서 어떤 일 경험을 하고 있는가? 여성들은 성공, 인정, 명예, 보상을 얻기 위해 '능력주의'와 성과주의에 매달린다. 하지만 이들은 남성중심적인 관행과 더 정교해진 여성 배제의 암묵적 규칙을 경험하면서 일터에서 젠더 딜레마를 느낀다. 종종 이들은 전문직 여성으로서의 자존의 기반이 흔들리고, 몸이 소진되고, 더 높은 인정의 사다리에 올라탈수록 심리적으로 빈곤해지는 불안정한 이동 과정을 경험하게 된다. 무엇보다 여전히 강건한 일터의 성 불평등을 경험하면서 자신이 믿었던 능력주의가 작동하지 않음을 직면하게 된다. 능력주의와 여성성, 그리고 페미니즘, 이들 간의 경합과 긴장은 일터 여성의 '젠더 수행하기' 심리와 행동을 이끌어 간다. 한국의 고학력 전문직 여성들은 어떻게 생존하고, 어떻게 좌절하고 있을까? 전문직 여성들이 시간이 지남에 따라 경험하게 되는 성 불평등과 불안을 살펴보자.

2. 능력의 유통기한

여성들이 남성보다 능력과 성과에 더 민감한 것은 성차별을 뛰어넘을 수 있는 확실한 변별력을 갖추길 원하기 때문이다. '여자기 때문에' 혹은 '여자라서'라는 수식어를 수없이 들어 온 여성들이 강하게 의존하는 것은 능력이다. '일 잘하고 책임감이 강하다'는 평가는 실제로 직장에서 여성들의 태도와 위치를 변화시키고 있다. 일부 여성들은 예나 지금이나 마치 사적인 삶이 없는 것처럼 일한다. 이들은 초과근무나 연장근무에 남성들과 똑같이 참여한다. 2008년에 면접한 한 정규직 여성은 "보통 새벽 2, 3시에 귀가하는 야근을 한 달에 보름 정도 했고, 3박 4일 회사에서 투숙하기도 했다."라고 말했다. 2019년에 만난 30대 전문직 여성은 "52시간제로 어쩔 수 없이 칼퇴근하지만, 퇴근 후나 주말에도 계속 일한다."라고 말한다. 과거 일터의 '희소한' 여성으로서 '여성'인 자신을 입증해야 했던 50대 여성과는 달리 30, 40대 여성들은 대규모로 일터에 진입했기 때문에 자신의 개별성과 개인화에 대한 의식이 강하다. 이들은 능력에 자신감이 있으므로 동료 남성들과의 관계에서도 떳떳하고 당당하다. '여자'가 아닌 '동료'임을 주장하는 여성들이 대규모로 등장한 것이다. 여성들은 함께 일하는 남성 동료들이 '자신보다 크게 나을 것이 없기' 때문에 이들과의 관계에서 위계에 따른 중압감을 별로 느끼지 않는다고 말한다. 남성 동료 또한 일터에서 일어난 일을 자유롭게 의논하고, 농담하고, 함께 술을 먹을 수 있는 사람들이다. 노동 강도가 센 일터에서 서로에게 흥분과 재미를 주는 관계인 경우도 많다. 하지만 놀랍게도 이들의 능력주의는 한시성을 갖는다. '나이'에 따른 경력 단절이 존재하고, 이 나이 변수는 여성들에게 더 강력한 영향을 준다.

디자인 업계에 종사하는 30대 후반 여성 성수헌 씨는 언제까지 이

직종에서 일하고 싶냐는 질문에 "40세가 되면 '몸값'이 커져 동종 업계 내에서는 옮기기 힘들어요."라고 말한다. 이후에는 프리랜서로 일해야 한다는 것이다. IT, 금융, 마케팅, 벤처 기업 풍토에서 여성의 나이는 치명적이다. 금융계에 종사하는 30대 중반 여성 오하은 씨는 "이 업계에서 여성은 40세 이전에 뭔가 승부를 봐야 한다."라고 말한다. 아무리 유능한 여성이라도 이직이나 스카우트를 할 수 있는 최대치는 40세 이전이다. "몸집(연봉)이 커지면" 아무도 여성을 고용하고 싶어 하지 않는다고 한다. 여성 경력 단절의 이유는 나이다. 40세, 혹은 기껏해야 40대 중반까지라는 커리어 시한이 존재한다는 것이다. 인터뷰를 진행한 여성들은 한결같이 아무리 업계에서 탁월하고 일 잘한다는 평판을 얻어도 여성의 나이는 능력과 평판에 우선한다고 믿고 있었다. 인터뷰에 참여한 또 다른 전문직 여성은 '나이 천장'을 감지하고, 자신의 몸집이 그리 크지 않다는 것을 암암리에 주변에 알리기 시작했다고 한다. 그는 "대단한 직급을 요구하는 것이 아니라"는 말과 함께 주변에 이직 희망을 알렸다. 여성이 경력 단절을 피하기 위해서는 야망이나 욕망이 상대적으로 그리 크지 않다는 것을 알려야 한다.

우리가 흔히 알고 있던 전문직 여성의 경력 단절은 임신, 육아와 돌봄 등에 의한 것이었다. 하지만 기술 및 시장의 변화와 유행에 민감한 IT, 디자인, 문화산업, 금융계에서 일하는 여성들은 자기 분야의 최고 경력에 도달하지 못한 채 이직이나 이탈을 강요받고 있었다. 보통 잦은 이직을 통한 더 높은 보수와 지위로 자신의 평판을 입증하는 전문직에서도 여성은 '나이'를 중요한 '장벽'으로 감지하고 있다.

여성의 나이는 정년이 보장된 직종의 여성에게도 민감하게 받아들여지는 장벽이다. 김수경 씨는 공기업의 7년차 직원이다. 일을 잘한다는 평가를 받고 있지만, 시간이 지날수록 관리자로서 자신의 '약점'이나 '결점'을 인식하게 된다. 김수경 씨 또한 40세는 여성에게는 매우

'중요한' 나이라고 말한다. "여성들이 확실히 40대 좀 넘고 그러면, 네트워킹의 대상자로도 포착이 안 되는 거예요."라고 말하는 수경 씨는 여성이 승진할수록 왜 배제되는가를 이해하기 시작했다고 한다. 자신이 관찰한 바로는 여성들은 '네트워크'나 '관계적 능력'을 위해 시간과 돈을 사용하기보다는 맡은 일을 완벽하게 처리하기 위해 많은 시간을 쓴다. 여성들은 상위직으로 올라갈수록 승진자에서 제외되거나, 직함은 승진인데 그 직함에 걸맞은 보상과 실질적인 의사결정 권한을 보장받지 못하는 경우가 많다. 수경 씨는 자신이 일은 잘하지만 '관계적 능력'을 충분히 개발하지 못했다고 말한다. 수경 씨가 말하는 관계적 능력이란 놀랍게도 여전히 남성들이 주도해 온 문화에서 주로 발전될 수 있는 능력이다. 수경 씨는 자신이 앞으로 해 나가야 할 일은 가능한 술이나 회식 자리에 빠지지 않는 것이라 말한다. 이 외에 담배 함께 피우기와 뒷말하기의 방법이 있지만, 본인은 참여하기 어렵다는 것을 안다. 이처럼 일터에서 공감 능력과 동료 의식의 확인은 남성에게 익숙한 방식을 통해서 이뤄진다. 이 때문에 여성이 일터에 바친 경험, 감정, 돌봄, 헌신은 비가시화되거나 개인적 성향으로 취급된다.

여성들은 조직의 중심 혹은 상층으로 이동할 때의 평가 방식이 절대 투명하지 않다는 것을 깨닫게 된다. 시간이 지날수록 여성은 평가체제에서 나쁜 점수를 받지 않아도 승진이 좌절되고 남성은 예상한 대로 승진한다. 공식적인 평가체제에서 준용하는 항목과 기준들이 남성의 경험이나 관점을 반영하기 때문이다. 평가 내용도 모호하고, 남성에게 유리한 방식으로 구성된다. 영업 실적이나 야근 시수 등이 평가체제에 반영되면 여성은 하위 점수를 받게 된다. 여전히 평가의 내용과 방식이 표준 남성 노동자상에 맞춰져 있다. 즉, 돌봄 요구에서 자유로운 성인 남성을 이상적인 노동자로 간주하는 일터의 지배적인 관행(안숙영, 2020)이 변화하지 않았기 때문이다. "처자식이 있는 남자는 빨리 승진시켜야 한다는 인식이 팽배해요. 이런 남자부터 승진이 순서대로 되게끔 되어 있어요."란 말 또한 인터뷰에서 쉽게 들을 수 있다.

여성들은 회사가 남성 직원이 빨리 조직에 자리 잡고 승진할 수 있게 노력하는 것을 자주 목격한다고 말한다. 이에 비해 여성들은 시간이 지나도 자신들을 격려하고 회사에 붙잡아 두고 싶어 하는 공적 노력이나 제도적 뒷받침이 없다고 느낀다. 좋은 상사의 개인적인 칭찬이나 격려 외에 조직에서 기울이는 노력은 없다. 실제로 해가 갈수록 남녀 간의 연봉 격차가 커지면서 네트워킹 범위에서의 격차 또한 커진다. 남성은 회사나 상관에게 골프를 배우라든가, 지사 근무를 위해 외국어를 배우라는 격려를 받으며 관리자로 키워진다. 여성들의 네트워킹 범위는 여전히 회사 내부나 거래처에 한정되고, 40세가 다가오면 여성은 조직에서 능력을 다한 존재처럼 취급된다.

여성들은 동 직급 남성과의 승진 경쟁에서 배제되는 것을 느끼면, 이것이 '유리 천장'이라는 것을 깨닫게 된다고 말한다. 정규직으로 정년이 보장된 여성이 40세 이후 직장에 남을 수 없는 이유를 묻는 질문에, 30대 후반의 여성들은 하나같이 40세 이후에도 직장에 붙어 있는 것이 '눈치 없는 행동'으로 여겨지기 때문이라고 대답했다. 회사에서 여성에게 더 높은 직급을 맡기기 위한 '준비'를 하지 않는데, 계속 있겠다는 욕망과 열정을 드러내는 것이 쿨하지 못하다는 것이다. 진취적이고 능력주의를 과신하던 여성들이 "40세가 되면 현재의 직급에서 커리어를 마칠 생각을 해야 한다."라는 이야기를 하는 것을 듣고 큰 충격을 받았다. 한국의 전문직 여성들 사이에서 회자되는 "40세가 넘으면 몸값이 세져서 이직하기 쉽지 않다."라는 말은 바로 여성의 능력에 유통기한이 정해져 있다는 의미다. 여성들은 '이기적'이고 '눈치 없는' '성가신' 여성으로 여겨질까 봐 서둘러 조직에서 나온다고 말한다. 경쟁심 강한 전문직 여성도 40세가 되면 업계에서 겸손해지는 법을 배워야 살아님는다고 말한다. 여성들은 “누가 대놓고 뭐라 하진 않지만” 회사가 여성이 차지한 ‘지위’에 대해 의혹을 품고 있다고 느낀다. 여성들은 노동 강도가 센 일을 척척 해내더라도 회사에 크게 기여하지 못할 것이라는 사회적 메시지를 암묵적으로 받고 있다고 느낀다. 여성들은 “누가 뭐라 해서가 아니라” 자발적으로 퇴사를 한다. 시장중심적, 성과중심적인 업계에서 일에 헌신하다 이후 프리랜서나 독립적인 자영업자, 공익 분야로의 이동을 심각하게 고민한다. 마케팅으로 직종에서 사회적 공익재단으로 급작스러운 직종 변경을 한 40대 여성은 다른 여성의 승진을 위해 ‘물갈이되는 느낌’이었다고 말한다. 성 불평등한 일터의 평가체제는 여성의 능력에 유통기한을 둔다.

3. 유리 천장(glass ceiling)부터 유리 낭떠러지(glass cliff)까지

여성들은 근대적 일터에 진입하면서부터 ‘유리 천장’이라 불린 성차별에 시달려 왔다. 여성들은 사다리를 열심히 오를 때는 보이지 않았다가 부딪치고 난 후 깨닫게 되는 ‘장벽’으로 유리 천장을 경험한다. 하지만 많은 커리어 여성의 스토리가 단순히 유리 천장에 부딪혀 중상을 입고 조직을 떠나거나 몸값이 커진 40세가 되어 자발적 퇴사를 하는 것에서 끝나는 것은 아니다. 그들 나름으로 조직의 의사결정직에 진출한 여성들의 수도 증가하고 있다. 유리 천장은 사라지지 않았지만 점차 깨지고 있다. 성취, 능력, 리더십을 보여 주는 여성들이 증가하면서 유리 천장은 뚫을 만한 플라스틱이라는 의식이 증가하고 있다. 하지만 여성들의 괄목할 만한 약진에도 불구하고, 성공한 관리직 여성조차 젠더 불안정성을 경험하게 되는데, 그 원인을 분석하는 많은 연구들이 있다.

내가 만난 여성 중 최고 경영자급 여성은 없었지만, 그 나름대로 최고 관리직까지 올랐다가 그만둔 여성이 있다. 오순혜 씨는 중소기업에서 전무까지 승진한 여성이다. 오순혜 씨는 회사가 어려움을 겪었던 시기에 "몸을 불살라 직원들을 독려하고" 회사를 정상 궤도로 올려놨다. 사장은 누구보다 자신을 신뢰했고 모든 의논을 함께 했다. 자신은 나이 차이가 많은 사장의 유일한 친구이자, 상담자이며, 의존자였다고 생각했다. 하지만 회사에 예측하기 어려운 경영상의 문제가 생기자 모든 책임을 뒤집어쓰고 물러나라는 압력에 시달렸다. 억울한 감정이 들었지만, 누구도 자신을 변호해 주거나 사임 압력을 거둬들이려 하지 않았다. 순혜 씨는 사장의 전폭적 신뢰를 받는 존재였기 때문에 자신이 동료 혹은 경쟁자 남성과 '급이 다르다'고 믿었다. 하지만 결국 그는 50세를 며칠 앞둔 시기에 회사를 떠났다. 자신이 일군 회사에서 쫓겨난 기분이 들었고, 큰 분노를 느꼈다. 이 분노는 오랜 기간 인정받았던 자신의 능력, 성취, 업적이 왜 순식간에 무능과 실패로 정의되었는지에 관한 것이었다. 또 무엇보다 자신이 부당한 징벌을 당하고 있지만 아무도 이 부당함에 이의를 제기하지 않는 상황에 대한 분노가 컸다.

오순혜 씨의 사례는 유리 낭떠러지(glass cliff)에서 떨어져 심한 고통을 느끼는 상황을 보여 준다. 조직에서 최고의 자리에 오른 여성들이 경험하는 성 불평등 중 하나는 '유리 낭떠러지'다. 유리 낭떠러지는 기업이나 조직에서 성과가 좋지 않을 때나 경기침체 시에 여성을 고위직에 임명하는 현상을 의미한다. 즉, 조직의 경제적 위기 상황, 시장 상황의 불안정함, 기술 혁신의 필요성, 부패한 남성 리더십의 재편, 조직의 갱신과 변화의 필요가 있을 때 여성을 고위직에 임명하는 경향이 높아진다(Ryan et al., 2007). 하지만 이런 악조건하에서 고용된 여성들은 그만큼 쉽게 해고되어 조직 밖으로 밀려 나가기도 한다. 이를 사다리를 올라갔다 벼랑으로 추락한다는 의미에서 유리 낭떠러지라 부른다. 최고직에 오른 여성은 마치 "피해자 역할에 캐스팅되는 것"처럼 임명된다

(Ryan et al., 2007: 183).

스타트업 분야에서 창업자(founder)의 친구로 가장 어려운 시기를 함께 보냈던 여성들 또한 갑작스러운 퇴사를 하는 경우가 많았다. '퇴사' 압력은 공식적인 통보보다는 분위기나 느낌으로 감지된다고 한다. 이들은 별 볼 일 없는 스타트업 회사를 상장이 가능한 기업으로 키운 능력 있는 여성이었다. 그 과정에서 여성의 능력과 도전 의식은 늘 남성 창업자와 후배들에게 칭송의 대상이 되었다. 하지만 회사에 재정 위기, 규모 확장, 새로운 전문가 집단의 고용 등 다양한 변화가 있을 때 이 여성들은 물러나야 한다는 압력을 받게 된다. 여성의 뛰어난 능력은 하루아침에 '불필요한 무용지물'처럼 여겨진다. 여성들은 종종 커리어가 최상으로 올라간 후 머지않아 벼랑에서 떨어지는 경험을 한다고 말한다.

고위경영직이나 중간관리자, 회사 이사 등 의사결정을 하는 리더십 위치에 임명된 여성은 오순혜 씨처럼 유리 낭떠러지라 불리는 위험에 종종 직면한다. 이런 사례는 여성 정치인을 활용하는 방식에서 자주 나타난다. 흔한 예로 한국 정당은 남성중심적인 이미지를 개선하기 위해 여성을 고위직에 임명하지만, 이들의 리더십은 곧 교체될 수 있는 임시적인 것으로 간주된다. 넷플릭스에서 방영된 〈더 체어(The Chair)〉(2021)라는 드라마에는 유색인종으로 명문대 최초의 학과장이 된 한국계 미국인 김지윤이 나온다. 이 여성에게 학과장 자리는 자신의 노력과 헌신의 결과로 얻은 당연한 보상이었지만 임명되자마자 학장은 영문과의 가장 큰 난제들을 해결할 것을 요청한다. 종신고용 상태의 동료 시니어 교수들을 어떤 식으로든 내보내는 일, 자신과 연애 관계에 있는 남성 동료의 실언을 해결하는 일, 자신이 적극 지지해 온 유색인 여성 교수에 대한 남성 시니어 교수와 학교 측의 불신을 해결하는 일과 같은 것이다. 결국 김지윤은 동료들의 불신임을 받아 학과장 자리에서 물러나게 된다. 여성들은 종종 괄목할 만한 성과나 변화를 끌어내지만, 회사 상황이나 시장 여건이 안 좋은 상황에서 임명될 경우 무언가를 쉽게 이뤄내기 어렵다. 그만큼 여성의 리더십 자리에의 임명은 과시적이고, 불안정하며, 임시적이고, 임기응변적이다.

유리 낭떠러지는 남성 동성 집단이 갈등 해결과 개선을 위해 어떻게 여성을 쉽게 희생시키는지를 잘 보여 준다. 라이언과 동료들은(Ryan et al., 2007) 조직이 소모품으로 사용할 수 있는 '유능한 개인'으로 여성을 선택한다고 주장한다. 여성은 고위직에 올라갈 기회가 적기 때문에, 위험을 무릅쓰더라도 이미 남성들이 할 수 없다고 판단한 직무까지 선택하는 경향이 있다. 결국 불충분한 물질적, 정서적 지원 상황에서 여성은 실패하도록 설정된 지위에 임명된다. 기업의 신자유주의적 불안정성이 증가하는 상황에서 여성은 예전보다 쉽게 고위직에 임명되었다가 가파르게 추락할 위험이 커졌다. 흥미로운 점은 이 연구에서 남성 응답자는 50% 이상이 유리 낭떠러지가 존재하지 않는다고 답했고, 여성의 경우 5%만이 유리 낭떠러지가 존재하지 않는다고 답했다. 즉 여성의 95%가 유리 낭떠러지를 인정했다는 것이다. 승진, 고위직 임용 등이 능력과 경험에 의한 자연스러운 결과라 믿는 남성중심적 관점은 높은 직위에 오를수록 강화된다. 결국 이들은 성차별을 부정하고, 여성 고위직 동료의 추락을 못 본 척한다.

여성이 위험하거나 불안정한 리더십 위치에 배치될 가능성이 크다는 것은 유리 천장을 뚫은 여성이 당면한 또 하나의 성차별적 장벽이 된다. 야망 있는 여성에게 기회를 제공해 줬다는 의미에서 획기적 임용이나 평등으로 칭송되지만, 그 자리의 유효 기간이 짧다는 의미다. 실제로 유리 낭떠러지는 유리 천장과 같은 성차별이다. 이것이 여성이 고위직으로 올라갔다는 것 자체가 여성 성공의 징표가 될 수 없는 이유다. 고위직 여성의 빠른 추락은 그것을 막아 낼 안전장치가 없고, 그

추락을 의도했다는 점에서 매우 성차별적이다.

그렇다면 여성이 다수인 조직에서 여성은 공평하게 대우받는가? 전문직 여성들이 쉽게 목격하는 것은 높은 사람들이 소수 남성에 베푸는 관심과 배려가 지나치다는 점이다. 여성 다수 조직에서 직장 생활의 팁, 훈련, 프로페셔널리즘이라는 이름으로 전수되는 생존 매뉴얼은 여성성이나 돌봄, 예의, 매너, 옷차림을 과도하게 강조하면서 '여성화'의 압력을 준다. 하지만 이곳에서 소수의 남성은 '배려'의 대상이 된다. 여성이 다수인 일터에서조차 남성은 "유리 에스컬레이터"를 탄다(Williams, 1992). 즉 여성들이 아래에서 고군분투하는 사이 남성은 직장에서 마련해 준 에스컬레이터를 타고 높은 곳에 가 있게 된다는 의미다. 여성, 남성 상관없이 여초 조직의 리더들은 남성은 여초 직장을 견디기 어려우므로 이들을 빨리 승진시켜 제자리를 잡게 해야 한다고 생각하기 때문이다. 인터뷰에 참여한 30대 여성 박수은 씨는 부장이 같은 부서의 남성 한두 명만 데리고 나가 밥을 먹는다던가, 중요한 회의에 참석시키는 것을 보고 차별을 느꼈다고 말한다. 초등학교 여성 교사들은 자신과 같은 시기에 부임한 남자 교사가 곧 교장의 기대를 받고 주임 교사로의 승진 트랙을 타고 올라가는 것은 흔한 일이라고 말한다. 남성이 다수이든 소수이든 남성중심성이 조직의 운영 원리로 작동하는 곳에서 남성은 승진 '돌봄'을 받는다. 이 말은 남성들이 애써서 회사 내 네트워크나 인맥을 만들지 않더라도, 남성은 조직의 미래에 중요한 구성원이기 때문에 그런 희망을 담아 남성 직원을 훈련하고, 승진시키며 제자리를 잡게 한다는 의미다. 일터에 뿌리 깊은 남성중심성은 누구를 우선으로 승진시키고, 누구의 감정을 돌봐야 하는지를 결정한다. 이 때문에 남성은 남초 직종에서도 여초 직종에서도 승진이나 대우 면에서 여성보다 유리한 대우를 받는다.

4. 고독함과 네트워킹

2000년대 이후 대졸 여성으로 조직에 들어와 현재까지 조직에서 생존해 있는 여성들은 '커리어 여성'의 대중화를 이룬 세대다. 한때는 '골드미스'로 불린 이 여성들은 커리어 여성의 윤택함, 능력, 소비주의를 상징했다. 이 여성들은 전 세대의 성공한 전문직 여성들이 취했던 전략인 '여왕벌 증후군'에 빠져 있지 않다. '여왕벌 증후군(Queen Bee Syndrome)'은 일터에서 높은 지위에 오른 여성이 여성 동료나 하급자를 더 비판적으로 보거나 그렇게 취급하는 경향을 말한다. 여왕벌은 한 명뿐이어야 하고, 다른 일벌들이 여왕벌의 지위를 넘보지 못하게 한다는 의미에서 여왕벌 현상이라 부른다. 여왕벌 증후군은 '여성의 적은 여성이다'라는 오래된 가부장적 편견을 반영한다. 즉 여성들이 서로 돕고 협력하지 않으며, 공적 영역에서도 여성의 '본질'인 감정, 질투, 시샘, 보복심을 자제하지 못해서 다른 여성의 성공과 성취를 가로막는다고 본다. 남성들의 게임의 법칙을 익혀 위로 올라간 여성은 이 특권을 놓거나 다른 여성과 나누고 싶지 않다는 정서를 갖게 되어 일벌을 죽이는 여왕벌이 된다. 남성이 지정해 준 자리에 유일하게 올라간 여성은 독점적인 특권과 명성을 유지하기 위해 다른 여성들의 자리를 확장하려는 노력도 하지 않는다는 것이다(김현미, 2021: 289). 하지만 많은 수의 여성들이 전문직에 진출하면서, 한 명의 여성이 성공하는 여성의 지위를 독점하는 시기는 끝났다. 실제로 인터뷰에 참가한 30~50대 여성들은 다른 여성 동료나 후배를 도와주고 이끌어 주고 싶다는 욕구가 컸다. 하지만 시간이 갈수록 자신이 환영받지 못하는 존재라는 느낌을 받게 된다고 말한다. 내가 만난 40~50대 직장 여성들은 20~30대 직장 후배가 자신에게 보내는 거부의 메시지가 너무 강해서 당혹감을 느낀다고 한다. 자신을 페미니스트라고 느끼는 40대 후반의 전문직 공무원 오유림 씨는

"벽에 대고 말하는 것 같은 기분이 들 때가 많아요. 반응이 없어요. 리액션이 하나도 없으니까 마음속을 읽을 수가 없는 거죠."라고 말한다. 일 외의 사생활에 대해 어떤 질문도 하지 말고 관심도 보이지 말고 경계를 넘어오지 말라는 것을 몸으로 보여 주는 20~30대 후배들이 많아 자신이 어떻게 이들과 관계를 맺어야 할지 모르겠다고 말한다.

현재 30~50대 전문직 여성들은 희소가치가 있는 여왕벌이 돼 보지도 못하고, 그렇다고 일터에서나 가정에서나 성평등을 강하게 추인하지도 못한 아주 난감하게 끼인 세대다. 하지만 대규모로 조직에 들어간 이 여성들의 현존 덕분에 소위 '프로페셔널리즘'이나 '커리어'의 여성화가 이뤄진 것도 사실이다. 이들이 가진 자부심의 원천은 성실, 책임감, 인내, 그리고 완수다. 일을 완수해 내야 한다는 책임감으로 버텼지만, 이들 또한 일터에서 머무는 시간이 길어질수록 외로워진다. 괜찮은 선후배들이 다 떠난 후 남아 있는 자로서의 상실감도 크다. 모든 사람이 무언가를 발견하여 새로운 것을 찾아갔는데 나 혼자만 이것도 저것도 못한 고인물 같은 느낌도 든다. 일터에서의 지위는 높아졌지만 무언가 박탈감까지 느껴진다는 것이다. "나는 사다리를 기어서 올라왔다."라고 자신을 표현한 40대 후반 여성은 일터에서 외로움을 느낀다고 말한다. 나이 차이가 까마득한 20대 후배 여성들이 자기들끼리 깔깔거리고 밥 먹고 하는 것을 보면 회사에서 저렇게 노골적으로 떠들어도 되나 하고 마음이 편치 않다고 한다. 그렇다고 끼어 보겠다고 나서는 것도 우습고, 이들이 원치 않는 것 같아 말 걸기도 불안하다고 말한다. 송진희 씨는 남성 동료보다 몇 년 늦게나마 부장 자리에 오를 수 있었는데, 막상 그 자리를 차지하고 보니 자신을 존경한다고 말하는 여성 후배는 없었다고 말한다. 그는 후배 여성들이 자신을 남성중심의 유흥문화에 오염된 사람이나 명예 남성으로만 바라볼까 봐 마음이 쓰인다. '성공하는 페미니스트'를 주장하는 여성들조차 여성이 높은 지위를 차지한다는 사실에는 열광하지만, 그 생존자인 시니어 여성들 자체에는 관심이 없다.

송진희 씨는 어느새 자신은 혼자 일만 하고 대화도 별로 하지 않는 중견 직원이 되어 있었다고 말한다. 이 와중에 그녀에게 유일하게 말을 건네는 사람은 동기로 들어왔다가 지금은 한 직급 위인 남성 부장이라고 한다. '오늘 표정이 왜 그러냐. 좀 웃어라', '무슨 일 있냐? 남편과 싸웠냐'며 참견을 해 댄다. 이것에 대해 "다 뭔가 참기 힘든 성희롱 같지만 그나마 그가 유일하게 매일 내게 말을 건네는 사람"이라고 말한다. 남성 동료가 그나마 안부를 물어 주는 유일한 말 상대가 된 것이다.

페미니즘 대중화 이후, 일부 여성들은 남성 동료들과의 관계나 감정이 복잡해졌다고 말한다. 남성 동료의 잡담이나 농담에 전보다 민감해졌다. 화장실에 불법 촬영 카메라가 설치된 것은 아닌지, 사진을 어디다 유포하는 것은 아닌지, 남성 동료들이 함께 디지털 포르노를 보는 것은 아닌지, 남성들 간의 잡담이나 낄낄거림의 내용이 무엇인지에 대한 염려도 생겨났다. 남성 동료에 대한 두려움보다는 경계심 혹은 무심의 감정이 강화되었다. 과거 40~50대 여성들은 남성 상관이나 동료와 잘 어울리는 것을 조직에서 인정받는 것의 일종으로 해석하여 자랑거리 혹은 자부심으로 삼는 경향이 강했다. 하지만 현재 이들은 이런 모습이 다른 후배 여성들에게 어떻게 비칠까에 대해서도 고민하기 시작했다고 한다.

여성들은 능력주의를 통해 많은 것을 성취했지만, 그 과정에서 나이 든 여성에 대한 조직의 기피나 유리 낭떠러지와 같은 불평등이 존재함을 깨닫게 된다. 조직 내 후배나 동료 여성들과의 관계 또한 자동으로 얻어지지 않는다는 것을 느낀다. 자신들 또한 쉽게 해고되고 실직할 수 있는 존재라는 점을 깨닫고 젠더 불안정성에 직면한다. 이러한 깨달음 속에서 여성들은 일터 밖의 네트워크에 참여하고 일에 대한 고민을 동종 업계 여성들과 나누기도 하고 정보도 교환하기 시작한다. 스타트업에 종사하는 여성들은 정보 교환, 상호 지지, 동료 찾기 등의 목적으로 '스여일삶'이란 네트워크를 구성했다. 일터 밖 네트워크는 전문직 여성의 직업 이동, 새로운 기회, 심리적 소속감 등을 구성해 주는 중요한 전략이 될 수 있다. 일본의 전문직 매니저 여성들의 와인 클럽을 연구한 호(Ho, 2018)는 여성들이 동료 남성들과의 술자리보다 회사 밖 여성들과의 술자리 모임에 참여하는 이유를 분석했다. 이들은 경쟁이 치열한 회사 내부의 사람보다 비슷한 일 경험과 지위를 가진 다른 조직의 여성들과 작은 모임을 통해 우정과 친밀성을 쌓으며 불안정한 일자리를 관리한다. 이런 와인 클럽의 여성들은 나이 차이가 있더라도 절대 언니, 동생 같은 용어를 사용하지 않고, 연봉의 수준이나 술 먹은 양이 달라도 1/N의 몫을 낸다. 이들은 날짜를 정해 놓고 만나지는 않지만 정기적으로 모이고, 주 중에는 번개 형식으로 일이 끝난 시간에 만난다. 고위직 여성들의 이런 작은 네트워크는 지위가 올라갈수록 회사 내에서 불안정해지는 이들의 상황과도 관련이 있다. 인터뷰에서 만난 전문직 여성들 또한 고액의 연봉을 받지만, 이직을 통한 상승 이동은 그만큼 제한적이기에, 이러한 네트워크를 통해 일터에 계속 남아 있기 위한 정보를 적극적으로 교환하고, 이직의 전략을 공유하기도 했다.

5. 일터의 페미니즘을 향하여

고학력 전문직 여성들은 일터의 인간관계가 힘들다고 말하면서도 일이 싫다거나 일 자체가 재미없다고 말하는 여성은 드물었다. 일터에 머무는 시간이 너무 길다는 불만은 있지만, 일을 더 잘하기 위한 몸 관리나 자격증 취득에 기꺼이 시간을 투자한다. 30~40대 여성들은 새로운 도전에 흥분하고, 적어도 자신의 분야에서 이름이 알려지길 원했다. 자신의 분야에서 독보적이진 않더라도, 적어도 능력을 인정받는 존재가 되기 위한 투자를 아끼지 않았다. 이들은 최근 한국 페미니즘 담론에서 부상한 '성공하는 여성' 담론에 대해 심리적으로 동조하고 있었다. 많은 이들이 페이스북 CEO인 셰릴 샌드버그(Sheryl Sandberg)의 자서전 『린인(Lean In)』(2013)을 읽거나 얘기를 들었다고 말했다. 이들은 자신이 꼭 CEO가 되겠다는 것은 아니지만, 전 세계적으로 성공한 정보통신 분야 전문직 여성의 사연에 열광한다. 『린인』을 포함한 글로벌 여성 CEO 네 명의 자서전을 분석한 아담슨(Adamson, 2017)은 이들의 자서전이 여성에게 전지구적인 영향을 주는 현상을 분석한다. 그만큼 전 세계 고학력 중산층 여성들이 일과 직업에서 보이는 성공 열망이 아주 높아졌다는 것을 의미한다. 이들의 자서전은 성공하는 여성이 되는 방법, 이들이 행사하는 힘과 영향력에 대해 자세히 기록한다. 또한 이들 CEO가 전 세대의 성공한 여성들과 다른 점은 자신을 페미니스트로 호명한다는 점이다. 이들 모두는 페미니스트 자아를 강조하면서 일터에서의 성차별주의를 비판하고 평등을 부르짖는 리더다. 아담슨은 CEO 여성의 자서전이 공통으로 강조하는 것이 "균형 잡힌 여성성"이라 분석한다. '균형 잡힌 여성성'은 조직이나 기업에서 성공하기 위해 갖춰야 할 습관, 태도, 가치다. 이들은 일터의 성차별주의와 맞서 싸우기 위한 조언을 제시하는데, 그 핵심은 여성들이 과도한 태도를 보이지 않고 매사 균형을 이루는 것이다. 이들은 조직의 성차별주의는 여성들이 더 많은 능력과 성취를 증명해 보임으로써 해결되는 것이라고 낙관한다. 개인화된 능력주의 서사는 여성의 집단적 피해자화를 비껴가면서 성공과 지위 욕구를 갖추어야 할 여성 주체를 구성한다. 하지만 균형의 의미가 무엇이고, 왜 균형은 여성들에게만 요구되는지를 질문하지 않는 한, 균형 잡힌 여성성은 일터의 페미니즘과 멀어지게 된다.

여성의 성공이나 능력의 과시가 성별 권력관계를 해체할 수 있는 전략으로 강조되지만, 성공은 소수자에게만 돌아가는 지위이므로 페미니즘의 집단적·정치적 전략이 될 수 없다. 신자유주의의 논리는 자기계발, 생존, 위험관리의 모든 면에서 '개인화'를 강조한다. 구조나 체제 탓을 하지 말고, 스스로 발전하고, 돌보는 능력을 개발하고, 성취를 보이라고 주문한다. 따라서 사회 구조적 통치 체제나 이에 저항하는 집단행동(McRobbie, 2009)은 신자유주의 체제하에서 장려되는 관심사가 아니다.

내가 만난 한국의 전문직 여성들은 능력주의와 구조적인 성 불평등을 모두 인식하고 있었다. 딜레마를 인식하는 것은 해결을 위한 첫걸음이 된다. 성 불평등은 능력주의, 학력, 나이, 외모, 섹슈얼리티의 거래화와 상업화, 계급 등 다른 차별적 범주들과 결합하여 복잡하고 모호한 경험 세계를 구성한다. 하지만 일터에서 혁명은 일어나지 않는다. 일터는 광장처럼 동질적이고 폭발적인 선언과 행동이 만들어지는 곳이 아니다. 또한 여성의 일 경험이 상이하고 여성 내부의 계급 격차도 증가하고 있다. 어떤 점에서 신자유주의가 만들어 낸 계급 격차와 불평등은 페미니즘이 주창해 온 여성들 간의 연대가 매우 순진한 각본임을 환기한다. 하지만 자본주의 사회의 모든 개인에게 임금노동은 중요한 삶의 방식이고, 일터는 매우 유의미한 정치 공간이 되어야 한다. 노동을 통해 자신의 삶을 구성하는 일터의 여성들은 생산, 소비, 여가의 방식에 대한 사유에서 시작해서 일터의 성평등과 사회 분배의 정의를 실현해 내는 것에 관심을 두고 있다. 일터의 페미니즘은 일터를 합리적이고 공정한 장소로 만들면서 젠더 정의를 모색하는 여성들의 집단적 행동을 통해서만 이룩될 수 있다. 낸시 에틀링거(Ettlinger, 2007)의 표현대로 "불안정성은 특권화된 사람조차도 잡아먹어 치울 만큼 아무도 남기지 않기" 때문이다. 일터의 기준이나 규범을 바꾸지 않은 채 이뤄지는 여성들의 '끼어들기'나 '명예 남성' 전략, 그리고 개인화된 능력주의 모두 성평등을 끌어내지 못한다. 또한 능력주의는 정치적 실천이 아닌 개인의 차원에서 잠재적이거나 표면화된 가능성의 영역에 있을 뿐이다.

남성 표준 노동자가 일터의 규범과 보상 체계의 기준이 되는 현대 한국의 전문직 일터에서 여성들은 나이와 관련된 퇴직 압박을 경험하거나 유리 천장이나 유리 낭떠러지, 유리 에스컬레이터라 불리는 성차별을 경험한다. 불평등은 개인의 노력으로는 해결하기 어렵다. 우리는 몇몇 여성이 어떻게 성공했는지가 아닌, 왜 여성이 일터에 오래 남을 수 없는지를 집요하게 질문하면서 그 답을 찾아야 한다. 따라서 일터의 페미니즘은 능력주의를 넘어서는 불평등한 제도의 개선을 촉구하는 집단적 운동을 통해 실현될 수 있음을 다시 한번 강조하면서 글을 맺는다.

제5장

치윗 매카*

태국 시장통에서 본 비공식 노동의 빛과 그림자

#아시아 여성의 오늘은 '명암 속 길 찾기'이다

태국에는 비공식 경제에 종사하는 수많은 시장 상인이 존재한다. 이들 중 다수는 여성이다. 태국 여성 시장 상인의 노동 현장과 경험을 간접적으로 관찰하고 서술한 이 글은 불안정 노동의 구조적 제약 속에서도 자신의 시간과 일의 패턴을 주도적으로 구성하고 삶의 지향과 가치를 만들어 가는 여성 상인의 담담한 분투를 담고 있다. 태국의 상황 속에서 여성의 시장 노동과 일 경험은 유연한 노동 조건이 여성들의 삶 속에서 불행한 삶의 구조나 경제 영역에서 얻는 자유 중 어느 한 가지만으로는 설명될 수 없는 현실을 보여 준다. 태국 여성 상인의 이야기는 우리와 동떨어진 여성 집단의 특수한 일 경험을 묘사하는 것이 아니라, 현대 사회에서 유연 노동을 포함한 다양한 노동 형태에 기반해 삶을 조직해 나가는 우리 주변의 이야기와 공명한다. 태국 여성의 일과 삶에 대한 의미와 답을 찾는 여정이 우리(여성)의 삶을 이해하고 새로운 방향을 조율해 나가는 데 비교문화적인 참조가 되었으면 한다.

* 태국어로 치윗(ชีวิต)은 삶, 매카(แม่ค้า)는 여성 상인을 의미한다. 치윗 매카라는 표현은 상인들이 불안정한 시장의 변화에 적응하고 고난을 헤쳐 나가는 고단한 삶을 자조적으로 일컬을 때 많이 쓰인다.

1. 길 위의 상인들

넷플릭스 오리지널 다큐멘터리 〈길 위의 셰프들(Street Food)〉(2019) 아시아 편의 첫 에피소드는 방콕 시내의 한 쩨파이 노점을 소개하는 것으로 시작한다. 칠십 세가 넘은 노인이 작은 가게 앞 노상에서 넘실대는 화기에 맞서 둥근 팬을 현란하게 움직이는 모습은 태국에서 흔히 볼 수 있는 장면이다. 태국을 비롯한 동남아시아를 여행해 본 사람들이라면 노점이나 야시장에서 먹거리나 물건을 파는 여성 상인을 대면해 본 경험이 많을 것이다. 태국에서 국경 교역을 연구한 덕에 태국인 시장 상인을 많이 만날 수 있었다. 태국을 여행하면서 시장이나 노점에서 많은 여성 상인을 관찰하고 교역에 대한 민족지 연구에서 많은 상인의 목소리를 들었지만, 그들을 직접 만나기 전까지는 무심결에 고정관념을 갖고 있었다. 시장 상인에 대한 이미지는 '교육받지 못한', '중년 혹은 노년의', '가난한' 여성이었다. 〈길 위의 셰프들〉에 등장하는 쩨파이 역시, 화재로 모든 것을 잃고 빈손으로 노점을 일궈 낸 세계에서 가장 유명한 길거리 셰프의 굴곡과 성공의 인생사를 보여 주었고, 우리는 이러한 서사에 매우 익숙하다.

다른 어느 나라에서도 마찬가지겠지만, 태국에서도 시장이나 노점에서 먹거리나 물건을 파는 것은 자본이 적고 전문 기술이 없는 사람이 근면함, 책임감, 손재주 같은 개인적 능력과 자질에 기대어 가정 경제를 스스로 책임지고, 운이 좋으면 경제적으로 성공하여 가업을 일으킬 수도 있는 대표적인 길이다. 시장에서의 노동을 통해 성공한 사업가가 될 수 있다는 믿음이 있을지라도, 시장에서 일하는 상인은 생계를 위해 험한 노동을 마다하지 못한 가난하고 기술이 부족한 사람으로 인식되는 경향이 있다. 여기에 그 상인이 여성이라면, 시장 일은 성 불평등한 사회 조건으로 교육의 기회를 놓쳤거나 전문적 기술을 익히지 못한 여성이 궁지에 몰려 선택하게 된 것으로 이해되기 마련이다. 하지만 시장에서 만나 본 여성 상인은 연령이나 계층, 판매하는 물건이나 장소, 방법이 각양각색인 만큼이나 시장 상인에 대한 편견 섞인 이해에 부합되지 않는 태도와 관념을 시장 일을 통해 보여 주었다. 여러 시장에서 만난 태국 여성 상인 간에는 차이가 존재했지만, 시장 노동과 일에 대한 경험의 공통분모 어딘가에서 비공식 경제에 종사하는 여성의 일 경험에 대해 생각할 거리를 발견할 수 있었다. 여성들이 시장에서 보여 준 에너지, 일에 대한 근면과 애정, 시장 일을 발판으로 도모하는 연속성 있는 노동 지향적 태도는 여성의 유연 노동에 대한 경험적 차원의 설명을 요구한다. 여성의 유연 노동을 가족, 일, 경제, 미래라는 삶의 총체적 차원에서 설명해야 한다고 느끼게 된 첫 여정은 프아 씨를 처음 만났던 날이다.

2. 불안정 노동자, 시장 아줌마에 대한 편견

프아 씨를 만난 곳은 치앙라이(태국의 북부에 위치한 도(province)) 청과물 도매 시장이다. 프아 씨의 가족이 시어머니 대부터 라오스에 청과물을 보내는 무역을 하고 있었다는 이야기를 듣고 소개받아 만나게 되었다. 프아 씨와 시내 도매 시장에서 만나기로 한 후 시장에 도착했다는 전화를 받고 그녀를 만났을 때 조금 놀랐다. 상상했던 모습, 즉 편견 속 각종 농산물을 구매하고 판매하는 상인의 모습에는 부합하지 않는 행색 때문이었다. 체구가 작고 이목구비가 뚜렷하여 예쁘장한 외모의 프아 씨는 해변에서나 쓸 법한 꽃으로 장식된 하얀 모자를 쓰고 화장을 하고 옷도 깔끔하게 차려입은 채로 나타났다. 시장 아줌마의 억척스럽고 강인한 모습을 상상하며 편하고 꾸미지 않은 차림에 앞치마 하나쯤은 둘러야 하지 않나 생각했던 나의 무의식이 프아 씨의 모습을 보고는 금세 부끄러워졌다.

프아 씨는 2015년 조사 당시 8세 딸을 둔 30대 중반의 학부모였다. 프아 씨의 가족은 시부모님과 함께 살았다. 남편은 마을 이장 일을 하는 시아버지를 도와 가족 농장에서 과수 농사를 지었다. 시어머니는 젊은 시절부터 농사를 하고 남은 것들을 강 건너 라오스 마을에 판매해 왔다. 호탕한 성격의 시어머니는 수완이 좋아 농산물을 점점 더 많이 수출하게 되었고, 멀리 중국 국경 진홍까지 청과물을 수출했다. 당시에 프아 씨는 시누이와 함께 시어머니가 일궈 놓은 수출 일을 조금씩 배우며 물려받는 중이었다.

프아 씨가 시장 상인이 된 것은 결혼 이후의 일이다. 프아 씨는 4년제 대학을 졸업하고 국제 NGO에 근무한 경력이 있어 영어도 수준급으로 구사할 수 있었다. 프아 씨와 태국어로 대화했지만 소통에 어려움이 생길 때면 자신감 넘치는 영어로 부연 설명을 해 주곤 했다. 그녀는 재단에서 일하다가 남편을 만났고, 결혼하면서 일을 그만두고 시댁에 들어와 살게 되었다. 고산족의 삶을 개선하는 프로젝트를 진행하는 재단에서 일하다 보니, 산 위에서 생활해야 하는 일 때문에 결혼 생활을 유지하기 어렵다고 판단해 합가한 것이다. 프아 씨의 경력은 출산과 육아로 단절되었다가, 아이가 자라서 보육 시설에 다니고부터 다시 시작되었다. 시어머니가 하는 일 중에서 라오스 상인을 대상으로 농산물 수출하는 일을 맡아 배우기 시작했고, 라오스 시장 상인을 상대하는 것은 프아 씨가 전담하고 있다.

그녀를 주로 시장에서 만났기 때문에 가족 내부에서 시장 일을 해야 한다는 압력이나 의무를 부과했는지는 알 수 없다. 하지만 가족의 경제적 수준이 그녀의 노동을 요구하는 상황은 아니었고 프아 씨 본인도 육아에 더 비중을 두고 일을 하고 있었다. 프아 씨는 아이가 학교에

[그림 5-1] 농산물을 수출하는 프아 씨(오른쪽 하얀 모자)

가 있는 시간 동안 일할 수 있고, 투입하는 시간 대비 수입이 괜찮은 시어머니의 수출 일을 물려받고 싶어 했다. 그러나 여러 시장을 따라다니며 보니, 이러한 경제적 계산보다도 시장에서의 시간이 그녀 자신에게 매우 중요해 보였다.

프아 씨가 치앙라이 청과물 시장에 나타나면 시장이 활기를 띠었다. 프아 씨는 시장에 올 때면 언제나 예쁘게 차려입고 화장을 하고 와서는 활기차게 상점 주인들에게 인사를 건넸다. 강한 태국 북부 지역 방언을 사용하면서 시장의 아주머니, 아저씨들에게 신나게 이야기를 던졌고, 그들은 프아 씨의 미모를 칭찬하기도, 가격을 흥정하기도, 자기 물건을 사 가라고 권하기도 하며 왁자지껄 떠들고 즐거워했다. 시장에서 한바탕 물건을 사고 나면 프아 씨는 치앙라이 시내에서 점심을 먹든, 국경으로 돌아가서 점심을 먹든 좋아하는 음식점에서 식사를 했다. 그 시간 동안 두 살 터울의 시누이와 그날 시장에서 있었던 일이나 시장 사람들 이야기를 했고, 시내에서 벌어지는 재미있는 행사나 시장 사람들에게 들은 새로운 비즈니스 정보를 나누기도 했다.

그녀에게 시장 상인 일은 경제활동이면서 동시에 활발한 사회적 사교 활동이다. 사회 활동, 즉 일을 하는 것이 여성에게 자기를 꾸준히 계발하거나 자아를 유지하는 의미가 있다면 왜 고학력의 30대 여성이 남루한 시장에서 불안정 노동[1]을 하는 것일까? 시장에서의 일은 어떤 특징을 갖고 있기에, 그리고 이 일은 여성 상인 자신에게 어떠한 의미와 기회이기에 이 일을 선택한 것일까?

3. 태국 여성의 지위를 바라보는 두 가지 관점

여성 상인들이 참여하는 시장 일의 의미를 설명하기에 앞서 태국에서 여성의 경제활동은 사회문화적으로 어떻게 이해되고 있으며, 여성의 경제활동 대비 여성의 지위는 어떻게 평가되고 있는지 살펴보아야 한다. 그래야 여성들이 어떠한 문화적 관용과 배제 속에서 시장 일을 선택했는지 이해할 수 있기 때문이다.

태국은 여성의 경제활동이 활발한 국가로 여성의 경제활동 참여에 대한 문화적 제약이 상대적으로 덜한 사회다. 태국인의 삶의 양식과 태도를 좌우하는 불교 교리는 여성이 경제활동에 참여하는 데 상당히

1 불안정 노동은 고용 계약의 유형, 노동의 임시성, 사회적 · 법적 보장, 소득 수준 등의 기준에 따라 다양하게 정의되어 왔다. 불안정성의 개념이 불명확하기 때문에, 불안정을 야기하는 여러 요인의 결합 과정으로 불안정 노동을 정의해 나가야 한다는 연구도 있다(이승윤 · 백승호 · 김윤영, 2017). 불안정 노동의 개념적 다양성을 고려하더라도 이 글에서 다루는 시장의 자영업 노동은 불안정 노동으로 이해할 수 있다.

긍정적인 영향을 끼쳤다. 불교의 가르침이 일상 가치관에 스며들어 있는 태국에서 여성은 남성보다 종교적으로 열등한 존재로 여겨진다. 남성과 달리 여성은 업을 쌓기 위해 불가에 귀의하거나 열반에 이를 수 없고, 아들이 출가하여 부모의 덕을 빌어줄 때에야 비로소 여성은 현생에서 높은 덕을 쌓을 수 있다. 이렇게만 보면 여성을 생득적으로 열등하게 보는 관념, 즉 남존여비의 사상이 가득한 불교의 가르침이지만, 불교의 성 불평등한 공덕 체계가 역설적으로 여성이 가외 활동에 참여할 수 있는 문화적 토양이 되었다. 불교에서 이상적으로 여기는 여성의 삶은 가정을 돌보는 것이다. 그런데 자녀를 양육하고 가정 살림을 돌보는 것과 더불어 가정 경제를 돌보는 것 역시도 여성의 역할에 포함된다. 따라서 여성 상인은 불교 전통이 강한 태국에서 '양육하는 어머니(nuturing mother)'의 이미지와 일치하기 때문에 태국 사회는 여성이 시장에서 일하는 것을 쉽게 용인한다(Keyes, 1984: 229).

어머니와 여성 상인이 동일시되는 문화적 허용 때문인지 경제활동 영역에서 태국의 성 격차(Gender Gap)는 비교적 나은 것으로 평가된다. 2022년 세계경제포럼이 발표한 성 격차 지수(The Global Gender Gap Index, 이하 GGGI)에서 태국은 전체 146개 국가 중 79위를 차지했다. 주목할 만한 부분은 태국 여성의 경제활동이 월등히 높은 수준이라는 것이다. 태국 여성의 경제 참여에 대한 평가도 매우 좋은데, UN은 태국의 중견 기업 이상에서 활약하는 여성 고위 관리자의 비중이 전 세계 평균보다 높은 수치를 차지한다고(전 세계 평균 27%, 태국은 32%) 발표하여 태국의 여성 경제 참여에 긍정적인 사회 분위기를 보고했다.[2] 여성이 경제력을 가짐으로써 얻을 수 있는 여성의 지위 향상을 고려한다면,

2 "Thailand," *UN Women*, https://asiapacific.unwomen.org/en/countries/thailand (접속일: 2021. 5. 13).

[표 5-1] 2022년 태국의 GGGI

	순위(146 국가 중)	지수
세계 성 격차 지수	79	0.709
경제 참여와 기회	15	0.795
교육 성취도	92	0.979
건강과 생존	37	0.978
정치적 권한	130	0.084

출처: 세계경제포럼 성 격차 보고서(2022).

태국 여성의 활발한 경제활동은 여성의 높은 사회적 지위를 반영하는 것으로 해석될 수도 있다.

하지만 여성이 상업에 종사하는 것이 문화적으로 허용되고 여성의 경제활동이 활발하다고 해서 성평등 문화를 이루었다고 볼 수는 없다. 불행히도 정치 참여의 영역을 들여다보면 상황은 정반대가 된다. 앞서 요약한 GGGI의 세부 지표에 따르면 의회에서 활동하는 여성의 비중은 15.8% 수준이다. 여성의 사회활동 중에서도 정치에 초점을 맞춘 연구들은 태국의 여성 참정권 입법이 일찍이 이루어졌고, 여성운동이 개진한 정책이 제도적으로 수용되는 측면에서는 성평등이 높은 수준을 달성했지만, 현실에서는 정치 영역에서 여성의 참여와 영향력이 저조하여 권리의 명시화와 여성의 현실 지위가 일치하지 않음을 지적한다. 더욱이 군부 중심의 권위주의가 태국 정치의 지배적인 특징이었음을 생각해 본다면, 정치 참여에서의 성평등 실현이 도달하기 어려운 현실이었다는 점을 짐작하기 어렵지 않다.[3]

정치와 경제활동 참여에서의 성 격차는 태국 여성이 사회적으로

3 2022년 GGGI의 정치적 권한 지수는 2006년 0.058보다 퇴보한 수준을 보이는데, 이는 2014년 일어난 군부 쿠데타 이후의 정치 분위기가 여성의 정치적 권한 지수에도 반영된 것이라 해석할 수 있다.

어떠한 차별을 받는가를 두고 상반된 해석을 만들어 내는 주요한 축이다. 여성의 활발한 경제활동 참여와 그에 따른 실생활에서 여성의 경제권을 강조하는 입장은 태국 여성의 지위를 긍정적으로 평가한다. 반면 정치 참여에 방점을 두고 여성의 지위를 설명하는 입장에서는 태국 여성이 경제 영역에서 두각을 내는 것 역시 불교의 공덕 쌓기에서 두드러지는 성별 차이와 그에서 기인한 성역할의 분리라는 문화적 맥락이 여성의 사회 진출을 예상치 못하게 도왔을 뿐, 그 자체가 여성의 우월한 지위를 설명하는 것은 아니라고 주장한다.

태국에 여성 상인이 많고 그들의 역할이 경제활동에서 차지하는 비중이 크다는 것은 역으로 여성 노동의 불안정성과 이중고를 보여 주는 증거가 될 수도 있다. 2018년 태국의 GDP에서는 서비스업이 59.9%로 가장 큰 비중을 차지했으며, 서비스업 중에서도 도소매 및 수리업이 16.5%로 가장 큰 비중을 차지했다(KOTRA 2019).[4] GDP에서 중요한 비중을 차지하는 도소매 서비스업은 소상공인의 비중이 99%에 달하는 영세사업군이다. 즉 도소매 서비스업에 종사하는 태국 여성의 경제활동은 안전하고 안정적인 양질의 일자리라기보다 가족 단위의 생산, 판매, 특히나 시장에서의 서비스 업종에 집중되어 있음을 의미한다.

산업사회 이전 가구에서 부부는 '최소의 노동 공동체'로, 여성과 남성의 노동은 가족 유지를 위해 필수적이었다. 산업사회에서도 기혼 여성은 일과 작업장 분리가 최소화된 영역에서 가내노동과 함께 임금노동을 수행했다. 기혼 여성의 노동은 "시간과 속도를 어느 정도 통제할 수 있는 유연성이 허용되었지만", 이것은 여성의 노동이 남성에 비

4 KOTRA 2019 태국 산업 개관, https://news.kotra.or.kr/user/globalBbs/kotranews/784/globalBbsDataView.do?setIdx=403&dataIdx=175180 (접속일: 2021. 5. 30).

해 적었다는 것을 의미하기보다는 "여성의 시간에 대한 요구가 더 복잡"했던 것으로, 여성에게는 줄곧 "생산 활동과 가사 활동의 균형을 맞춤"(틸리·스콧, 2008: 83) 것이 요구되었다. 이러한 관점에서 보자면, 태국의 전통적인 여성상에는 여성의 생산 혹은 판매 노동과 가사노동의 균형이 강조되어 온 역사가 그대로 반영되어 있다고 볼 수 있다. 태국 여성은 이상적인 어머니의 역할을 수행하기 위해 가사노동과 병행할 수 있는 시장 아줌마(매카)가 될 수밖에 없는 사회문화적 제약 속에서 경제활동에 참여하고 있다. 그 노동의 질이란 공식적이지 않고 불안정할 뿐만 아니라, 경제적 기여도마저 때로는 부수적인 것으로 취급되기도 한다.

이렇듯 여성의 경제활동 참여가 용인되는 사회 분위기를 반드시 여성이 사회 여러 분야에 진출하는 데 제약이 없다는 의미로 단정할 수는 없다. 오히려 다른 많은 사회와 마찬가지로 여성이 가사 돌봄, 자녀 양육과 더불어 가내 경제를 책임져야 하는 이중고를 의미할 가능성도 있다. 그렇지만 반대로 여성의 노동 부담을 설명하는 근거로 축소하는 것은 여성이 경제활동에 활발히 참여하고 있다는 사실을 여성의 높은 사회 지위를 보여 주는 사실로 환원하는 것만큼이나 부적절하다. 그보다는 여성들이 경험하는 노동의 조건이 그들의 삶에 어떤 영향을 미치고, 그들이 시장에서 상인 일을 어떻게 경험하고, 그것을 통해 어떤 삶을 직조해 나가는지 살펴볼 필요가 있다.

4. 절반 이상의 비공식 경제

여성이 시장 일을 선택한 데는 태국 사회의 노동 구조에서 여성이 갖는 역할과 지위, 사회 진출에서 여성이 겪는 한계나 문화적으로 요구되는 성역할 등이 영향을 미치지 않았을 리 없다. 그러나 사무직보다 시장 일을 선택한 이들의 사례가 성별을 초월하여 다른 젊은 세대에게도 나타나고 있다. 태국 산업 구조에서 시장 일은 어떤 위치에 있기에 대학을 졸업한 젊은이들이 '번듯한' 일자리를 마다하고 시장으로 모이는 것일까?

시장의 수입은 고정적이지 않고 장기적인 임금 인상이나 복지 혜택을 장담할 수 없다는 점에서 불안정하다. 하지만 대학을 졸업하고 첫 직장을 얻게 되는 시점에서 대졸 임금과 시장의 수익은 큰 차이가 없다. 태국투자청(Board of Investment)에 따르면, 태국의 대졸 임금은 산업 분야와 직무에 따라 다르지만, 월 20,000밧에서 45,000밧 정도다.[5] 단순 사무직의 경우 월 20,000~25,000밧을 받고 회계나 위험관리 전문가나 기술직의 경우 월 35,000~40,000밧을 받는 것으로 나타났다. 이는 민간 기업의 경우에 해당하며 공무원이나 준공무원과 같은 직군은 월 15,000밧 수준의 임금을 받는 것으로 알려져 있다. 태국의 지역 불균형을 고려한다면, 일자리나 임금 수준은 지방으로 갈수록 더 열악해진다.

비공식 서비스 영역에 종사하는 상인들의 수입 편차는 너무나 크기 때문에 절대적인 비교가 어렵지만, 연구 경험에 기반하면 시장에서 버는 수입은 대졸 임금의 수준에 이르는 것으로 나타난다. 태국은행(Bank of Thailand)의 임금 통계를 기준으로 상인의 한 달 평균 수입이 15,000밧에 이르는 것을 보면, 시장 노동 수입이 안정성이나 사회 보장의 측면에서는 열등하겠지만 당장의 생활비를 충당하는 데에는 부족

5 Bank of Thailand, 2020, Average wage classified by industry in Bangkok https://www.bot.or.th/App/BTWS_STAT/statistics/BOTWEBSTAT.aspx?reportID=738&language=ENG (접속일: 2021. 5. 13).

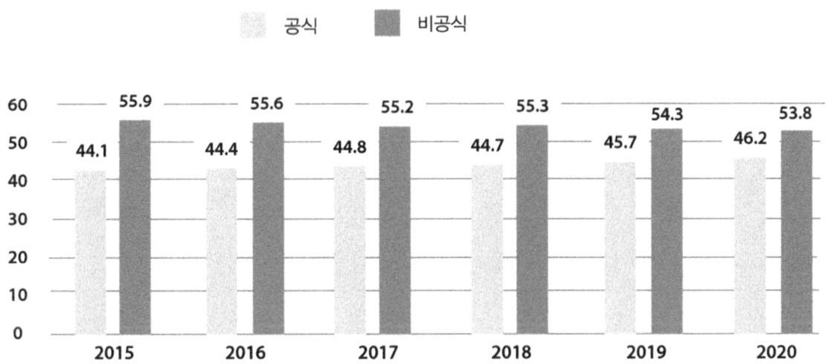

[그림 5-2] 태국 고용의 공식과 비공식 부문 비중

출처: National Statistical Office(2020).

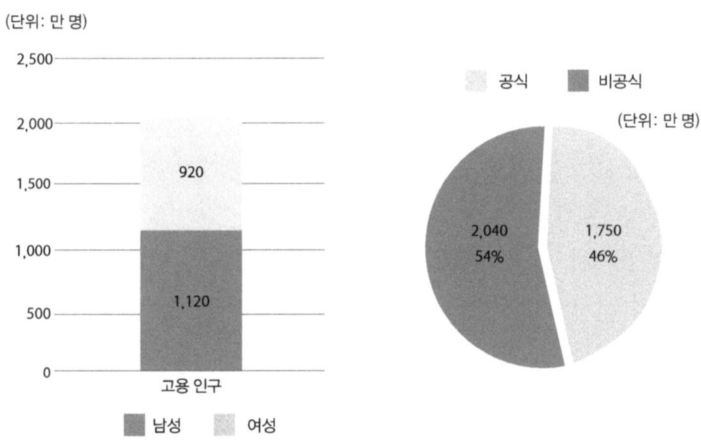

[그림 5-3] 비공식 부문의 성별 고용 인구

출처: National Statistical Office(2020).

하지 않은 것으로 파악할 수 있다.

태국에서 만난 20~30대 중 대졸 혹은 그 이상의 학위를 가지고 방콕의 외국계 기업이나 대기업에서 일하다가 자영업자의 길을 선택하는 경우가 많았다. 은행에 다니던 부부는 퇴사해서 가게를 차렸고, 삼성에 다니던 젊은 친구는 일을 그만두고 처가 가게를 잇겠다고 지방으로 내려왔으며, 간호사였던 친구는 동네 슈퍼에서 생필품을 팔았다. 외국 유학을 다녀온 친구들도 회계사나 변호사 같은 전문직이 아닌 이상은 부모님 가게가 있는 시장으로 돌아왔다. 이러한 결정에는 남녀 구분보다는 가족 사업이 계승되기에 더 적합한 생애 조건과 포기하는 직업의 기회비용을 고려하는 것이 더 우선시되었다.

대졸자들이 회사 취업보다 자영업을 선호하는 분위기에 대해서 함께 이야기를 나누던 친구는 이에 대해 태국의 산업 구조가 인적 자원과 기술에 투자하는 구조가 아니라, 노동력으로만 인력을 이용하는 구조이기 때문이라고 지적하기도 했다. 한마디로 피고용 노동은 자기 성장의 기회가 부족하고 단순하며 자기가 소진되는 일이 많다는 것이었다. 태국 노동시장에서는 교육 수준이 높은 젊은 세대가 사무직보다 자영업자를 선호하는 분위기가 존재하고 이에 대해 젊은 세대 나름의 변이 있음을 보여 준다.

자영업자가 많고 자영업을 선호하는 세태는 비공식 영역의 비중이 절반 이상을 차지하는 고용 구조에서도 잘 나타난다. 태국통계청의 2020년 자료(NSO 2020)에 따르면, 전체 고용 인구 3,790만 명 중 53.8%(2,040만 명)가 비공식 영역에 종사하고 있다. 비공식 고용의 54.8%가 농업 종사자이기는 하지만, 교역과 서비스 부분도 34.1%를 차지한다.[6] 성별 분포를 살펴보면, 비공식 노동 종사자 중 1,120만 명이 남성이고, 920만 명이 여성으로 남성의 비중이 더 높다. 결국 태국에서 비공식 노동은 남녀 과반이 몸담게 되는 고용 구조 전반에 만연한 불

6 Buddhari와 Rugpenthum(2019)에 따르면, 비농업 부문의 비공식 고용이 45%에 달하며, 사회 보장을 적용받지 못하는 인구를 기준으로 비공식 고용을 따지면 비공식 고용은 고용 노동의 70%에 육박한다. 연구에서 지적하고 있듯이 비공식 영역의 규모를 정확하게 측정하기란 어렵다.

안정 노동 영역이다.

5. 시장의 시간성을 통해 본 시장 노동의 유연성

태국을 비롯한 여러 사회에서 여성들은 교육 수준이 높아지고 있음에도 여전히(그리고 점점 더 많이) 불안정하고 비공식적인 분야에 종사한다. 여성은 전통적으로 남성들이 차지하던 일자리에 진입하는 것 자체에서 차별받고, 취업 이후에도 불리한 인사 평가를 받거나 승진 기회에서 밀려난다. 가정의 영역으로 확대해 보면, 여성들에게 노동의 기회가 동등하게 주어질지라도 돌봄 노동이 가족 내 여성의 중요한 역할로 강조되는 사회문화적 압력이 존재하기 때문에 여성들이 안정적인 직장에서 일을 지속할 수 없는 상황에 처하기도 한다.

태국 여성 상인의 일 경험과 의미를 여성 노동 문제, 젠더화된 일자리 구조를 논의하는 관점으로 접근하면 태국 여성 상인의 선택과 서사는 구조적 불가피성에 매몰되고 만다. 하지만 그들은 성 불평등한 구조 때문에 여성이 더 나은 일자리를 선택하지 못하고, 비공식적이고 불안정한 노동의 대표인 시장 상인의 일을 어쩔 수 없이 선택했다는 주장에 동의하지 않을 것이 분명하다. 시장에서 일하는 것이 어떤 경험인지 질문하는 것은 태국 여성들에게 한 가정의 궁핍한 경제 사정이나 여성에게 더 어려운 구직난에 대한 질문이 아니라, 여성의 당당한 경제적 주체성에 대한 질문으로 받아들여졌다. 시장 일에 대해 이러저러한 질문을 던졌을 때 되돌아오는 것은 '한국에서는 여성이 밖에서 일하는 것을 좋아하지 않지 않느냐, 태국은 그런 차별이 없다'는 식의 반응이었다는 점도 태국 여성들이 자신의 시장 일을 어떻게 인식하고 있는지 가늠할 수 있도록 해준다.

시장 일을 선호하고 주도하며, 그에 대해 자부심이 있는 여성 상인에게 시장 일은 노동과 달랐으며, 노동의 유연성 또한 다르게 받아들여진다. 일(work)이 경제적 차원의 생산 외 활동도 포괄하는 개념이라면, 노동(labor)은 생계유지를 위한 활동이라는 좁은 의미를 가지며 자본주의 경제에서는 임금노동의 개념으로 더욱 축소된다. 시장 일은 1인 자영업이든 가족이 운영하는 사업이든, 임금이 불안정하며 고용을 통한 사회 보장 혜택이 매우 부족하다. 그러나 노동 시간은 유연하고 일의 내용도 포괄적이고 유동적이다. 따라서 유연성이 강한 시장 노동의 특징은 포괄적 일의 개념에 더욱 부합한다고 할 수 있다. 노동의 유연을 "노동자의 재량권을 확대한다는 기준"(국미애, 2018: 24)에서 정의한다면 시장 노동은 생계 활동이 가능한 범위에서 노동의 시간적·공간적 범주를 상인의 요구에 맞추는 유연한 노동이다. 시장 노동이 포괄적인 일의 형태를 띠고 노동자 재량이 시공간적으로 넓다는 특징은 노동의 불안정성을 야기하지만, 역설적으로 상인이 선호하는 노동의 조건으로 작동한다.

자본주의에서 시간관념은 노동환경에 따라 달라진다. 자본주의 체제에서는 계측 가능한 시간관념이 지배적일 것으로 생각하기 쉽다. 하지만 어떤 경제적 활동에 근거하고 있는가에 따라 시간을 계측하고 경험, 인식하는 것을 달리하기 때문에 자본주의 안에서도 매우 다양하고 혼종적인 시간관념이 존재한다(Bear, 2016). 어떠한 노동에 종사하는가에 따라 결정되는 독특한 시공간의 인식과 통제 방식은 신체를 규율하는 방식을 좌우한다. 노동에서 시간성은 노동을 통한 성취나 일자리 질의 문제와도 연결되며 노동하는 사람의 삶의 질을 좌우한다(김현미, 2021). 보통의 직장인이 사무직의 일과에 맞춰 시계 중심적 시간성에 따라 생활하는 것과 마찬가지로, 시장 상인은 시장의 일과에 맞춰 자신의 일상을 조직한다.

시장에도 '시장의 하루'에 따라 조직된 일과가 있다. 태국 치앙라이 시장의 일과는 대략 이러하다. 이른 시간, 아침 찬거리를 사러 오는 주부와 온종일 판매할 물건을 사러 온 도심 외곽의 시장 상인들로 시장이 붐빈다. 10시가 넘으면 아침 시장은 파장 분위기가 되고 오후 4시에 저녁 노점상이 설 때까지는 한가롭고 나른한 시간을 보낼 수 있다. 4시가 되면 시장 안의 상점들은 조금씩 문을 닫기 시작하고, 이 중 몇 개의 점포는 내부를 정리하고 시장 건물 외벽을 따라 열리는 노점 시장을 위해 물건을 옮기기 시작한다. 노점이 열리면 다시 사람들이 모여든다. 저녁 찬거리를 사러 오는 주부들, 학교를 파하고 군것질하는 학생들로 북적거린다. 7시경이 되면 노점상도 파하고 이제 새벽에 열리는 도매상점이 하나둘 문을 연다. 상인들의 말마따나 '시장은 잠들지 않는다'.

하지만 시장의 시간성(marketplace-oriented time)은 사무직과 달리 시장의 흐름에 맞춰 일상을 변주할 여지가 있다는 점에서 노동자가 유연한 노동을 취할 수 있는 조건을 제공한다. 시장의 시간성은 상인의 노동 방식을 결정하고 삶의 시간을 조정하도록 하는 체현 기술(technology of embodiment)이 되어 상인의 몸, 정서, 일의 방식과 가치관을 규정한다. 유연한 시장의 시간성은 노동 조건에서 살펴보자면 매우 열악하지만, 이러한 시간성을 채택하고 삶의 태도로 전환한 사람들에게는 삶의 지향점을 표출하면서 다양한 삶의 방식을 가능하게 해 주는 것이기도 하다.

써니는 나의 가장 친한 태국 친구다. 나와 동갑이고 시장을 가장 잘 안내해 준 친구이며 치앙라이에서 머무는 동안 숙소를 제공해 주고 식사도 함께하는 가족과도 같은 이다. 써니는 치앙라이 도립 대학에서 사회개발학으로 석사 수료까지 마쳤다. 동기들이 NGO나 공무직에 취업했지만 관료적 경직성을 불편하게 생각했던 써니는 고등학교 때부터 자기 삶의 무대였다고 말한 시장에서 일을 했다. 써니네 집은 치앙라이 재래시장에서 유명한 지역 특산품을 판매하는데, 써니는 대학 졸업 후 일손이 바쁜 어머니의 일을 본격적으로 돕기 시작했다.

써니가 시장에서 일하는 모습을 보면서 참 근면하면서도 자유롭다고 생각했다. 재래시장이 문을 여는 6시까지 써니는 출근한다. 많은 사람들이 깊은 아침잠을 자고 있을 때, 알람 소리도 없이 새벽 5시에 기상해 시장으로 출근한다. 써니는 새벽에 일찍 시장에 가서 사람이 많은 시간에 장을 펼치고 매장을 관리하는 바쁜 시간을 보낸다. 한참 분주한 시간이 지나고 손님이 뜸한 점심에는 시장 주변을 즐긴다. 집에서 아침 일과를 마치고 나온 어머니께 가게를 맡기고 좋아하는 식당을 찾기도 하고, 인근에서 비슷하게 장사를 하는 또래 친구들을 만나거나, 그들과 새로 생긴 도심 외곽 카페로 나들이를 나간다. 하지만 무슨 일이 있어도 4시 저녁 노점이 열리기 전에는 시장으로 복귀하는데, 이는 시장의 또 다른 일과가 시작되는 시간이기 때문이다. 오후 4시부터 밤 8시까지는 시장 건물 바깥을 빙 둘러서는 저녁 장이 선다. 이때 시장 안의 상점들은 하나둘 문을 닫고 먹거리를 파는 상점들이 주로 노점으로 물건을 옮겨 저녁 장을 만든다. 써니는 어머니가 물건을 옮기는 것을 돕고 노점 시장에 사람들의 발길이 뜸해질 때까지 시장을 지킨다. 저녁 노점까지 마무리하고 난 8시에는 매장을 정리하고 친구와 만나거나 휴식을 취한다.

써니에게 시장에서 일하는 것은 공적인 조직에 들어가 주어진 시간 동안 매여 있는 것보다 더 나은 일자리다. 물론 노동환경의 측면에서 시장 노동은 결코 매력적이지 않다. 건물 안에 상점을 임대한 것이 아니라 시장 입구 목 좋은 곳에 자리를 점유하는 방식으로 매장을 운영하고 있는 써니네 가게는 더더욱 열악하다. 한두 명이 겨우 들어가 의자를 두고 앉을 수 있는 공간에서 장시간 손님을 맞이해야 한다. 2평

[그림 5-4] 매대 뒤가 상인의 일터이자 쉼터인 시장 상점

남짓한 공간에 판매할 상품을 쌓아 놓고, 시장에 머물면서 필요한 잡다한 생필품을 상품 옆에 함께 포개 놓고 자리를 지키는 일은 결코 젊은 이들이 반길 일로는 보이지 않는다. 하지만 써니는 자신의 일을 좋아하고 시장에서 일하기로 선택한 것에 대해 누구보다도 긍정적인 태도를 보인다. 시장 일은 나름의 시간성을 가지고 있지만 그 안에서 자유로운 활동이 가능했기 때문이다. 써니처럼 사람 만나는 것을 좋아하고 말하는 것을 좋아하는 친구에게 시장 일은 즐거움이었다. 마찬가지로, 프아 씨에게 시장 일은 어머니, 며느리의 역할에서 잠깐만이라도 벗어나, 같은 일을 하는 사람들과 만나 이야기하고 일하고 정보를 주고받으면서 사회적 자아를 잃지 않도록 한다는 점에서 의미가 있었다.

6. 불안하지만 '꿈꿀 수 있는' 시장 노동

그렇다면 태국에서 비공식 노동의 영역인 시장에서 일한다는 것은 어떤 기회를 주는 것일까? 특히 시장 노동을 '여성'의 일로 바라볼 때, 이 노동은 여성들에게 어떠한 특별한 이점을 제공하는가?

시장은 비교적 적은 비용으로 자기 사업을 시작해 볼 수 있는 접근성 높은 공간이다. 시장 노점은 조그만 자리를 임대하는 비용을 지불하면 그 안에서 다양한 시도를 해 볼 수 있다. 권리금과 보증금이 있긴 하지만, 사업을 시작할 때 사업자 등록이나 신고를 해야 하는 절차에 비하면 시장은 쉽게 무언가를 시작해 볼 수 있는 곳임이 틀림없다. 특히 치앙라이 같이 재래시장이 많은 지방은 여전히 방문 및 유동 인구가 많기 때문에 더욱 그러하다. 아직 전통 시장의 비중이 전체 유통의 60%를 차지하는 태국에서 시장은 여전히 시작을 꿈꿔 볼 수 있는 가능성의 장소다.[7]

써니는 어머니의 가게 일을 도우며 시장 노동에 진입했지만, 점차 자신의 상품과 브랜드를 만들어 경제적으로 독립해야 할 필요성을 느꼈다. 어머니가 만들어 파는 제품 외에 자신의 브랜드를 내걸고 판매할 수 있는 제품을 찾아다녔다. 평소에 먹는 것에 관심이 많았던 써니는 돼지고기와 관련된 상품을 가져다가 직접 만든 캐릭터로 비공식적인 브랜드를 내세워 조그만 노점을 꾸렸다. 어머니 가게와는 멀리 떨어진 공간을 시장에서 임대해서 말린 돼지고기(무퍼이) 생산자에게 상품을 공급받아 자신의 브랜드로 재포장해 판매했다. 어머니 일을 돕고 있기

7 물론 이러한 상황은 코로나 이후로 급격히 변화하는 추세다. 온라인 배송과 배달 서비스가 가파르게 증가하면서 시장의 역할은 코로나 이전과는 다른 의미로 전환되는 중이다.

는 하지만, 스스로 조그만 좌판을 운영하게 되면서 어머니에게서 경제적으로 독립하여 매달 부족하지 않을 만큼의 돈을 벌 수 있었다. 써니처럼 재래시장의 노동환경에 거부감이 없고 자신의 사업을 하고 싶어 하는 젊은이들이 지속해서 시장 노동으로 유입되고 있다. 자본이 있는 경우에는 매장을 임대해서 가게를 차리고, 그렇지 못한 경우에는 시장의 좁은 좌판을 임대하여 소매업에 진입했다. 샐러드 가게 주인도, 저녁 노점이 펼쳐질 때 크레페를 팔던 주인도 모두 대학을 졸업하고 갓 시장에 진입한 20대 여성들이었다.

시장에서 실전으로 익히는 정보는 상인들이 다른 사업으로 새로운 길을 찾는 데 도움이 된다. 앞서 소개한 프아 씨의 경우에도 시장에서 누가 어떤 사업에 투자했다는 정보를 들으며 새로운 기회를 탐색하다가 청과물 중개를 맡아 보지 않겠냐고 의뢰하는 사람들을 만나 사업을 새롭게 구상해 보게 되었다. 시장 노동은 여성들이 온전한 시간을 쏟아 일할 필요가 없는 만큼 정기적인 임금을 받을 수 없지만, 지속해서 사람들과 접촉하고 정보를 수집하며 일을 이어 나갈 수 있는 접속지대였다. 이 지대에서 여성 상인들은 다음으로 나아갈 방향과 사업을 탐색하고 경력이 단절될 걱정 없이 꿈꿀 수 있었다.

하지만 이러한 꿈은 미래에 대한 구체적 계획이나 실천에 기반하지 않는다. 불안하게도 프아 씨와 써니 모두 미래의 선명한 계획을 갖고 있지 않았다. 경쟁자가 점점 많아지고 있는 국경 교역 시장에서 프아 씨는 자신의 중개 일을 확장하여 일을 도모해 보고 싶어 하지 않았고, 써니 역시 제품 가공과 유통을 인증받아 사업을 키워 보고 싶어 하지 않았다. 시간 운용과 노동 조건에 대한 선택이라는 측면에서 자유로움을 선택하는 반면, 시장 경제의 자유 경쟁 체제 속에서 이들은 기업가적 자아를 형성하거나 자기 계발에 매진하여 미래를 관리하려 하지 않았다. 사업을 확장하거나 공식화했을 때의 막중한 업무에 얽매이는 것을 두려워하거나 거부했고, 그래서 불안해 보이기도 했다.

개인 생활과 노동을 함께 향유하겠다는 유연한 태도는, 한국 사회의 비유연 노동 구조 속에서 불안정한 삶을 사는 여성들에게서 흔히 관찰할 수 있는 바처럼 자기 삶을 스스로 돌봐야 하는 개인주의를 공고화할 뿐 아니라 스스로의 돌봄을 취하는 과정을 통해 신자유주의적인 주체성을 생산해 내는 것(송제숙, 2016: 132-133)으로 보일 수 있다. 그러나 이들의 꿈은 성공을 지향하며 자기 계발을 요구하지 않는다는 점에서 신자유주의적이지 않다. 태국 여성 상인들은 불안정한 시장 노동을 택했지만 일 관리를 자기 지배와 연결하지는 않았다. 더욱이 시장 일이 공적 영역에서의 남녀 불평등에 대한 저항으로 선택된 것 역시 아니기에 여성 현실을 변화시킬 만한 동력으로 드러나지도 않았다. 오히려 태국 여성 상인들은 불안정한 조건 속에서도 여전히 자유의 주체로 자신의 삶을 만들어 간다. 이러한 불확실과 리스크를 "자신이 하고 싶은 일을 발견하고 자신의 욕망을 실현할 수 있는 기회로 가시화"(서동진, 2013: 200)한다는 점에서는 그들의 태도는 자유주의를 싹틔울 작은 가능성을 가지고 있다. 여성 상인의 노동은 유연하지만 강요된 유연이 아니기에 자유의 발현 가능성을 품는다. 태국 시장 여성이 보여 주는 노동의 유연성은 일을 선택하고 배우고 변경하는 감각과 기민함을 시장에서 체득하고, 생애주기에 따라 요구되는 젠더 역할과 일 사이에서 균형점을 찾는 것으로 이해할 수 있다.

7. 치윗 매카, 불안정과 유연함 속의 길 찾기

'치윗 매카', '(여성)상인의 삶'이라는 말은 상인들이 시장을 따라 이동하고 변화하는 불확실한 자신의 삶을 자조적으로 부각할 때 주로 사용된다. 상인의 숙명과도 같은 불안정성은 고된 삶의 조건이기도 하지만, 그들은 그것을 거부하거나 변화시켜야 할 것으로 받아들이지 않는다. 오히려 시장의 흐름과 변화에 자기 삶을 맡기고, 정처 없지만 상황에 따라 유연하게 움직이는 삶을 지향한다. 다른 지역이 더 유망하다면 가게를 옮기고, 판매하는 상품이나 서비스를 바꿔야 한다면 언제든 변화하겠다는 의지, 필요하다면 움직이겠다는 의지, 자조가 섞였지만 불분명한 미래와 가능성을 받아들이겠다는 자세가 함축된 것이다.

완벽한 대안을 제시하고 있는 것은 아니지만 태국 여성 상인들의 노동 경험이 보여 주는 의미는 분명하다. 이들은 불안정한 노동에 종사함에도 시장 일을 가치 없는 일의 형태라거나 벗어나야 할 임시적 형태로 대하지 않는다. 그들의 선택을 가정을 우선시하고 돌봄의 주체자가 되기를 자처하며 그것과 병존 가능한 일을 할 수밖에 없는 젠더화된 노동의 구조적 결과로만 바라본다면 여성 상인들의 활기와 에너지는 무력한 여성들의 가장(假裝)에 불과하게 된다. 하지만 그들의 삶에서는 처음 만났을 때부터 한결같이 활력이 느껴졌다. 이 활력은 변화하는 시장 환경에서 나름대로 새로운 시도를 하며 유연한 노동을 즐기기 때문에 발산될 수 있었다. 계산하지 않으면서도 체화된 유연함과 전략적 태도로 일과 가정, 일과 자아의 만족을 유지할 수 있는 삶을 일궈 나가는 이들의 모습에서 어떠한 가능성을 발견할 수 있다고 믿는다.

이들은 유연한 노동을 통해 끊임없이 일을 하며 자신과 사회의 관계를 유지했다. 이러한 측면에서 나는 이들의 선택을 "일과 노동, 취향과 살림살이와 경제력"을 자신의 기준에 따라 결합하고 "자존감 있는 노동자"로서 "활력 있는 일상"(김현미, 2021: 87)을 꾸려 나가는 본보기로 이해했다. 이들의 노동 유연성은 강요된 것이 아니다. 여성이 생애주기상의 성역할과 책임에 따라 일의 시간과 강도를 조율하고 시장의 시간성에 맞게 생활을 배치하며 밀도 있게 채워 나가는 주도적인 유연성이다.

하지만 이 글에서 시장 노동을 여성들이 일과 미래를 주도하는 긍정적인 경험으로 강조하는 것이 비공식적이고 불안정한 노동의 문제와 성 불평등을 덮거나 부인하는 것은 아니라는 점을 명시하고 싶다. 주변성, 결혼, 출산, 육아를 경험하며 가족 제도와 생애주기상의 문제로 여성이 불안정한 고용 상태에 더 많이 위치하게 되는 것에 대한 문제 제기에 동의하지 않는 것 역시 아니다. 이 글에서 강조하고 싶은 것은 그럼에도 여성들이 그러한 일의 경험 속에서 찾아내는 의미와 만족이다. 또한 태국의 사회적, 문화적, 경제적 맥락이 비슷한 종류의 일에 대해 우리와 다른 경험을 만들고 있다는 점을 강조하려 했다. 이 글에 등장한 사례가 처한 조건, 즉 태국 지방 도시의 공간과 경제 구조,[8] 가족관계와 가족 간의 지원, 개인의 경제적 자원과 같은 조건들은 여성의 시장 노동에 특수한 의미를 만들어 낸다. 그래서 이 글에서 보여 주는 시장에서의 삶과 의미는 어쩌면 충분한 자산과 자원을 가진 특정 계층 여성의 노동에서 추출된 것만을 보여 준 것일지 모른다. 하지만 그럼에도 이 글에서 여성 상인의 일의 경험을 소환한 것은 가족, 일, 삶의 균형을 위해 분투하는 여성들이 어떠한 자세로 시장에서의 노동에 임하고 있고, 완벽하지는 않지만 스스로 만족할 만한 의미 있는 삶을 살아내는 방식을 보여 주고 싶었기 때문이다.

8 비공식 노동의 지역 분포는 태국의 산업 분포의 지역 불균형을 잘 보여 준다. 농업이 주를 이루는 북동부 지역의 비공식 고용은 전체의 35.2%를 차지하지만, 방콕은 6.7%를 차지한다. 연구자가 시장 상인들을 만난 치앙라이는 북부로 비공식 고용의 21.1%를 차지하는 지역이다.

제3부

돌봄의 위기와 연쇄

제6장

K-할머니 서사의 이면과 그림자 돌봄의 위기

#아시아 여성의 오늘은 그림자 돌봄의 위기다

본 글은 자식과 손자녀를 위해서라면 무엇이든 내줄 수 있는 '사랑의 화신'으로 그려지는 'K-할머니' 서사 이면에 존재하는 한국형 가족주의의 욕망과 가부장적 젠더 규범을 비판적으로 살펴본다. 아울러, 노년기 여성이 손자녀를 돌보며 할머니가 되어 가는 과정을 깊이 들여다봄으로써 '그림자 돌봄'이라는 개념을 제시해 보고자 한다. 그림자 돌봄이라는 개념은 이반 일리치가 제시한 "그림자 노동"이라는 개념에서 출발한다. 즉, 그림자 노동은 노동자와 그 가족을 지탱하기 위해서 행해지지만 노동으로 인식되지 않는 형태의 노동을 말한다. 반면, 그림자 돌봄은 돌봄을 받는 사람과 주는 사람을 성스러운 대상으로 만들어 주는, 이른바 사람됨을 수행하는 행위이자 사랑을 실천하는 행위다. 본 글에서는 비대해지는 어머니 노릇으로 인해 노년기 여성들과 자식 및 손자녀와의 관계가 그림자 돌봄이 아닌 그림자 노동으로 왜곡되어 가고 있는 측면에 대해 함께 고민해 보고자 한다.

1. K-할머니 서사의 한계와 그림자 돌봄 개념의 필요성

2021년 4월 26일, 한국 배우로는 최초로 윤여정이 미국 아카데미 영화제에서 〈미나리〉(2020)로 여우조연상을 받았다. 언론에서는 이를 "K-할머니", "K-할머니 신드롬"의 결과로 해석하는 기사를 쏟아냈다.[1] 배우 윤여정의 쾌거 이전에도 2021년 1월, 한국인 외할머니를 둔 작가 태 켈러(Tae Keller)는 어렸을 때 외할머니에게 들었던 전래동화를 기반으로 『호랑이를 덫에 가두면(When You Trap a Tiger)』(2020)을 출간해, 미국의 아동문학상인 '뉴베리상'을 수상했다. 2019년 12월, 애니메이션 명가인 픽사(PIXAR)에서는 한국 할머니의 희생을 그린 9분짜리 단편 애니메이션 〈윈드(Wind)〉(2019)를 제작해, 940만 조회 수를 기록하며 호평을 받았다. 외신에서는 작품 속에 등장하는 한국의 할머니를 'grandma'라 쓰지 않고 'halmoni'라고 표기했다. 한국의 언론은 'K-할머니'는 서양의 할머니와 다른 특별한 무엇인가를 가지고 있다며 이를 집중 조명했다.[2]

특히 영화 〈미나리〉가 미국과 서구 사회에서 크게 인정받는 이유에 대해 한국 평단에서는 "자식을 위해서라면 고춧가루를 싸 들고 미

1 영화 〈미나리〉는 1980년대 미국 남부 아칸소주에 농장을 운영하기 위해 이주한 한인 가정의 이야기를 담고 있다. 한국계 이민자 가정에서 태어난 정이삭 감독은 자신의 할머니와 부모님 그리고 누나와 함께 미국에 정착하면서 겪었던 경험을 바탕으로 영화를 만들었다. 배우 윤여정은 낮에는 병아리 감별사로 일하면서 농장을 일구느라 애쓰는 딸 부부를 돕기 위해, 그리고 손주를 돌보기 위해 한국에서 미국으로 건너간 순자를 연기했다. 영화 〈미나리〉는 개봉 후 선댄스영화제, 영국 아카데미상, 골든글로브 등 유수의 영화제에서 수상했다.

2 안진용, 「"쿨하고 힙하다" …K-할머니 신드롬」, 『문화일보』, 2021. 5. 3, http://www.munhwa.com/news/view.html?no=2021050301031412069001 (접속일: 2022. 2. 8).

국까지도 가는 'K-할머니'가 통했다."라고 해석했다. 즉, "한국 할머니 또는 'K-할머니'는 영어를 잘 못 해도 가족이 필요하다면 한국 음식을 싸 들고 바다를 건너고, 바쁜 부모를 대신해 손주를 돌보며, 학교에서는 배우지 못하는 삶의 지혜를 전한다"고 강조한다. 할머니 서사가 미국뿐 아니라 유럽에서도 통한 이유에 대해 한 평론가는 "문화마다 조금씩 차이는 있겠지만 책임감 때문에 엄격한 부모에 비해, 손주에 대한 조부모의 조건 없는 사랑은 세계 어디서나 통하는 정서"라며 "특히 최근 코로나 등으로 '가족'에 대한 의미가 더욱 중요해진 것 같다. 결핍된 가족애와 같은 부분을 우리의 할머니 서사가 채워 주는 게 아닌가 싶다."라는 해석을 제시하기도 했다.[3] 이처럼 배우 윤여정의 쾌거는 여전히 'K-할머니'의 쾌거로 그려지고 있다.

조부모가 손자녀 양육을 지원하는 행위는 유독 한국 사회에서만 발견되는 것이 아니다. 미국인구조사국의 자료에 따르면, 경기침체의 영향과 집값 상승으로 어려움을 겪는 자녀 세대를 위해 손자녀를 돌보는 조부모의 수가 과거에 비해 급격하게 늘고 있다.[4] 그런데 미국의 손자녀 양육 지원의 성격을 보면, 조부모의 손자녀 양육 지원은 2차적 혹은 임시적 특징을 지니며, 유색인종이나 저소득층 가족에게서 주로 나타났다. 반면 한국의 경우는 미래의 경제적 전망이 좋은 할머니와 그렇지 않은 할머니 모두 손자녀 양육을 지원하는 것으로 나타났다(Lee and

3 남정미, 「자식 위해서라면 고춧가루 싸들고 미국도 가는 'K-할머니' 통했다」, 『조선일보』, 2021. 3. 6, https://www.chosun.com/national/weekend/2021/ 03/06/RCNSY5HBCNDPDEGMH3KKH2MDLQ/ (접속일: 2022. 2. 8).

4 J. Chamie, "Increasingly Indispensable Grandparents," *YaleGlobalOnline*, 2018. 9. 4, https://archive-yaleglobal.yale.edu/content/increasingly-indispensable-grandparents (접속일: 2022. 2. 8).

Bauer, 2010). 이처럼 "K-할머니 서사" 이면에는 할머니가 되어서도 손자녀에게 집중적 양육을 제공하는, 그리하여 자신의 삶을 사실상 포기하는 여성 노인들의 희생이 존재한다.

그렇다면 한국 할머니들은 왜 이렇게 손자 돌봄에 유독 열성적일까? 타고나기를 '할머니'로 태어난 것일까? 영화 〈미나리〉 속 순자는 '할머니'로서 역할보다 모니카의 '엄마'로서 역할에 더 익숙해 보인다. 손자 데이비드는 쿠키를 만들 줄도 모르고, '할머니 냄새(grandmother smell)'를 풍기며, 온종일 레슬링 프로그램만 보는 순자가 어색하고 불만스러워 "할머니는 할머니 같지 않아요."라고 외친다. 그러나 '할머니' 역할에 어색해하는 순자의 모습이 자연스러운 것이라 여겨진다. 아이를 출산한 여성들이 사회에서 기대하는 '엄마' 역할을 자연스럽게 수행하는 데까지는 시간이 걸린다. EBS 다큐멘터리 〈마더쇼크〉(2011)는 엄마 역할을 어색해하는 여성들의 이야기를 담고 있는데, '할머니' 역할도 마찬가지일 것이다. 손자녀에게 "할머니"라고 불리는 순간은, 그리고 '할머니' 역할에 익숙해지는 과정은 '엄마' 역할만큼이나 시간이 필요하다. 순자의 관점에서 영화 〈미나리〉를 보면, 어머니 역할에 익숙해져 있던 순자가 문화도 다르고 말도 잘 통하지 않는 이국땅에서 할머니가 되어 가는 과정을 그린 것이라고도 할 수 있다.

그럼에도 K-할머니 서사에서 할머니는 마치 태어날 때부터 자식과 손자녀를 위해서는 무엇이든 내줄 수 있는 '사랑의 화신'처럼 그려진다. 하지만 그녀는 자식에게 모든 것을 줄 수 있어 마냥 행복했을까? 이러한 질문에 답하기 위해 필자는 '그림자 돌봄(shadow care)'이라는 개념을 제시해 보고자 한다. 그림자 돌봄은 이반 일리치(Ivan Illich)가 제시한 '그림자 노동'이라는 개념에서 출발한다. 산업사회 이후 임금노동자가 등장하면서 노동자와 그 가족을 지탱하기 위한 노동이 필요해졌지만, 이는 임금이 지급되지 않고 노동으로서도 인식되지 않았다. 이와 같은 노동을 일리치는 '그림자 노동'이라 명명했다. 특히 여성학 분야에서는 이처럼 "모성 이데올로기에 의해 신비화되고 여성의 사명으로 축복되기에 노동으로서의 성격은 비가시화되는 돌봄"(정승화, 2015: 75-76)이 실상 그림자 노동임을 규명하는 작업이 진행되고 있다. 딸 부부를 대신해 손주를 돌보는 순자의 행동 역시 그림자 노동의 성격을 보여 준다.

다만 순자를 순전히 모성 이데올로기의 희생양으로서만 바라본다면 그 이상의 논의가 진전되기 어렵다. 그녀가 할머니가 되어 가는 과정은 분명, 노년기에 이른 여성에게까지 돌봄 책임을 부여하는 젠더 구조에 영향을 받고 있다. 하지만 돌봄이란 일방적 시혜가 아니다. 인류학자 서보경(Seo, 2020: 15)은 돌봄이라는 행위를 돌보는 측과 돌봄을 받는 측 모두가 "상호 간에 어떠한 존재가 되어 가는 과정(a process of mutual becoming)"으로 규정한다. 서보경이 시도했듯이 돌봄 논의를 존재론의 영역으로 확장하면, 돌봄은 전환의 잠재성을 내재한 실천으로 볼 수 있다.

순자가 할머니가 되어 가는 과정은 데이비드가 손자가 되어 가는 과정과 맞닿아 있다. 순자는 심장에 문제가 있어 항상 "뛰지 말라"는 이야기만 들으며 자라 온 데이비드를 한 걸음이라도 더 걷게 하려고 애쓴다. 심장에 문제가 있어 언제라도 잘못될 수 있다는 엄마의 말을 듣고 죽을까 봐 걱정하는 데이비드에게 "너는 강한 아이란다."라고 말해 주며 운명에 맞서 싸우라고 격려한다. 이러한 순자의 돌봄 덕분에 데이비드의 심장 판막에 나 있던 구멍이 저절로 작아져 수술 걱정에서 벗어날 수 있게 된다.

인류학자 김현경은 저서 『사람, 장소, 환대』(2015) 서두에서 '그림자'가 갖는 존재 의미를 다음과 같이 서술한다. "그림자의 상실은 일종의 스티그마로 작용한다. 그림자가 없는 모습은 어디서나 남들의 시선을 끌며, 이어서 외면하게 만든다. (…) 그림자는 사람의 수행(또는 사람

연기performing person)과 관련 있다. (…) 우리는 매일매일 다른 사람들로부터 받는 대접을 통해 사람이 되어 간다. 사람은 법적 주체일 뿐 아니라, 일상의 의례를 통해 재생산되는 성스러운 대상이기도 하다."(김현경, 2016: 16-26) 즉, 김현경의 논의를 돌봄 논의에 적용하면 돌봄은 돌봄을 받는 사람과 주는 사람을 성스러운 대상으로 만들어 주는, 이른바 사람됨을 수행하는 행위이자 사랑을 실천하는 행위라 할 수 있다.

이 글에서는 유독 나이 들어서도 손자녀 돌봄에서 자유로울 수 없는 한국 여성 노인들의 희생으로 구축된 K-할머니 서사가 어떠한 사회문화적 맥락에서 요구되고 있는지, 그리고 K-할머니 서사 속 '사랑의 화신'으로 그려진 할머니 모습과 현실 할머니 모습 사이에는 어떤 간극이 있는지 살펴보겠다. 또한 K-할머니 현상 이면에 한국의 가족주의와 가족의 계급 재생산을 위해 수행되는 할머니들의 돌봄 노동 현실을 '그림자 노동'과 '그림자 돌봄'이라는 개념을 통해 성찰해 보고자 한다. 이를 위해 본 글에서는 필자가 가장 가까이에서 지켜봤던 친할머니와 필자 자신의 관계를 우선 분석한다. 또한 필자가 어머니가 된 이후 만난 '할마'를 통해 그림자 돌봄을 실천하는 방식이 어떻게 변화하고 있는지 탐색한다.

2. K-할머니의 등장 맥락과 그림자 돌봄 경험

영화 〈미나리〉에서 순자나 내 친할머니의 삶에는 1960년대 이전 시기 한국 모성의 모습이 배어 있다. 한국 모성의 변화를 추적한 윤택림(2001: 48-49)의 연구에 따르면, "일제의 토지조사사업 이후 조선 농민은 소작농화 내지는 유민화되었다. 이러한 상황 속에서 농촌 여성들은 어머니 역할보다 '일꾼'으로서의 역할에 집중해야 했다. 자식은 시어머니나 큰 자식들이 키워 주는 것이었고, 여성들은 양식을 위해 밭 노동도 하고, 식모로 일하러 가야 했다. 특히, 대부분의 농촌 여성들은 가사노동과 출산, 육아 이외에도 낮에는 밭농사, 밤에는 길쌈으로 새벽에서 밤까지 하루 종일 쉬지 않고 노동해야 했으며, 어머니 노릇은 부차적인 것"이었다.

해방과 6·25라는 혼란 속에서 남편이 부재하거나 일찍 사망해, 어머니가 가족을 책임지는 가정이 나타났다. 여성은 실질적인 주관자로서 대외활동 반경을 넓혀, 가능한 모든 수단을 동원해 가족의 생계를 책임졌다. 그런데 어머니가 가정의 중심이 되었다고 여권이 신장한 것은 아니라고 윤택림은 지적한다. "모 중심 가족에서 가장 중요한 가족관계는 모자 관계로서 어머니는 남편 가계를 이을 아들, 자신이 시집온 집안의 가문을 일으킬 아들을 살려서 출세시키는 사람"으로 기대되었고, 어머니의 생활력은 "부계 혈통 중심의 남성 우월주의를 재생산하는 데 투자"됐다(윤택림, 2001: 49-50).

내 친할머니의 삶 역시 1950년대, 1960년대 여성의 삶과 매우 닮아 있었다. 일찍 돌아가신 할아버지를 대신해 할머니는 전라북도 정읍에서 농사도 짓고, 길쌈도 하고, 누에도 치면서 아들 둘, 딸 하나를 힘겹게 키웠다. 농사일을 지긋지긋해했던 둘째 아들은 시내에서 장사를 하다가 무작정 서울로 올라갔다. 둘째 아들을 따라 시골에 있는 집을 다 처분하고 첫째 아들도, 막내딸도 함께 서울로 왔다. 첫째 아들은 이불 장사를, 둘째 아들은 옷 장사를 했다. 막내딸은 시집을 보냈다. 첫째 아들은 5명, 둘째 아들은 3명, 막내딸은 1명의 손주를 낳았다. 그때부터 할머니는 김장을 할 때, 산후조리가 필요할 때, 누가 아플 때면 이 집 저 집 돌아다니며 '돌봄 예비군'으로 살기 시작했다. 사실상 가장 오랜 시간을 둘째 아들인 내 아버지 집에 살면서 빨래하고, 밥하고, 반찬하고, 청소하고, 손주 아프면 병원 데려가고, 약 챙겨 먹이고, 몸에 좋

[그림 6-1] 손자녀를 돌보는 할머니의 모습

다는 것 해 먹이느라 자기 인생이란 없는 삶을 살았다. 아는 사람 하나 없는 서울에 자리 잡느라 자식이 얼마나 고생하는지 알았기 때문에 차마 따로 살고 싶다는 말을 꺼내지도 못했다.

할머니에 대한 기억을 떠올려 보면, K-할머니 서사에서 묘사되는 것처럼 온화하고 항상 내 편이 되어 주는 그런 따뜻한 분은 아니셨다. 어렸을 때 내게 할머니는 무서운 집안의 어른이었기 때문에 할머니에게 정을 붙이기보다는 엄마를 기다리며 울던 날이 더 많았다. 막내였기 때문에 내 방을 갖는 호사를 누릴 수 없었고, 아빠와 엄마 옆에서 자야만 했다. 당시에 나는 엄마를 주 양육자로 생각했던 것 같다.

하지만 어린 마음에도 하루 종일 집에 계시고, 밥도 차려 주는 할머니가 뭔가 '어버이' 같다고 생각했던 것 같다. 초등학교 때, 학교에서 어버이날 부모님께 편지를 쓰라고 하면, 어린 마음에 할머니도 '어버이'이니 할머니께 따로 편지를 써야겠다고 생각했다. 할머니를 '어버이'와 동급이라고 생각했지만, 마냥 편하고 살가운 존재는 아니었다.

할머니는 무서웠고 다소 먼 존재였다. 나를 감싸 주는 존재라기보다는 낮 동안 내가 저지른 잘못을 엄마에게 보고하는 존재였다. 하지만 내가 아픈지, 배고픈지, 행동이 왜 평소와 다른지 귀신같이 아셨다. 그러니 내가 살기 위해서는 붙잡아야 할 그런 존재였다.

할머니와 엄마 사이도 마냥 좋지는 않았다. 할머니한테는 큰아버지, 우리 아버지 그리고 고모 이렇게 3명의 자식이 있었는데, 큰어머니랑은 사이가 더 좋지 않았는지 우리 집에 계셨다. 물론 큰집에서 김장을 하거나 일이 생기면 큰집의 언니, 오빠를 돌보러 며칠간 다녀오셨다. 고모 집에도 가끔 가셨지만, 남편을 여의고 혼자 아들을 키우는 고모 집에 오래 있지는 못했다. 가끔 엄마랑 싸우고 나면, 소주를 마시며 속상한 마음을 추스르셨다. "내가 이 꼴 저 꼴 안 보고 나가면 되니까, 돈이나 내놔라. 돈 주면 그 돈 가지고 집 하나 마련해서 나 혼자 살 테니까." "어머니, 무슨 말씀을 그리하셔요. 어떻게 그래요?" 할머니와 어머니의 대거리는 항상 그렇게 끝났다. 왜냐하면 할머니는 갈 곳도 돈도 없었기 때문이다. 큰아들 집에도, 딸 집에도 갈 수가 없었다. 평생 할머니 혼자 쓰실 방 한 칸 없이 그렇게 사셨다. 자식들의 삶을 지탱하느라 자기 방 한 칸 없이 뿌리 뽑힌 삶을 사셨던 할머니는 속상한 마음을 술로 달래곤 하셨다. 새벽마다 맑은 물을 떠 놓고 부처님께 드리는 기도 내용은 온통 자식과 손주에 대한 이야기로 가득 채워졌다. 당신 자신을 위한 기도는 오직 하나, 잠자다 가게 해달라는 것뿐이었다. 영화 〈미나리〉의 순자처럼 중풍에라도 걸려 반신불수의 몸이 되는 것이 할머니께서 가장 두려워하는 일이 아니었을까 싶다.

할머니께서는 결국 2004년에 돌아가셨다. 추석 연휴가 시작되는 날이었다. 그날따라 할머니는 추석 전전날인 언니의 생일을 착각해 미리 생일상을 차리셨다. 콩나물을 넣고 대충 밥을 비벼 먹던 구부정한 할머니의 옆모습이 내가 기억하는 살아 계셨을 적 마지막 모습이 될 거라고는 전혀 예상할 수 없었던 평온한 오후였다. 할머니께서는 피곤하다며 방에 들어가 낮잠을 주무셨다. 언니와 텔레비전 앞에 가로로 누워 추석 특선 영화를 보고 있을 때, 방에서 할머니의 외마디 비명이 들렸다. 황급히 방문을 열어젖히고 들어갔을 때 할머니께서는 이미 의식을 잃은 상태였다. 119를 불러 할머니를 병원으로 옮겼다. 뇌간에 문제가 생겨 다시는 의식을 찾지 못하실 거라는 이야기를 들었다. 그리고 며칠 뒤 돌아가셨다. 그렇게 언니 생일 다음 날 할머니의 발인을 치렀다.

사실은 할머니께서 수십 년 준비한 마지막이었다. 제일 먼저 일을 시작한 큰집 첫째 언니에게 명절마다 받은 용돈을 모은 게 그나마 할머니께서 마음껏 쓸 수 있는 자기 돈이었을 것이다. 그런 자잘한 수입을 모아 할머니는 돌아가시기 20년도 더 전에 영정 사진도 찍고, 수의도 맞춰 놓았다. 장례식장에 놓여 있던 영정 사진 속 할머니가 너무 젊은 얼굴이어서 '정말 우리 할머니가 맞나?' 낯선 기분에 사로잡히기도 했다. 그렇게 오랜 시간 준비한 죽음 프로젝트는 할머니께서 원하시는 방식으로 마무리됐다.

할머니께서 돌아가신 뒤에도 가끔 꿈속에서 할머니를 만난다. 꿈속에서 할머니는 조금씩 나이를 먹어 가고 있다. 어떤 날 꿈에는 영정 사진 속 그 젊은 얼굴을 하고 재혼을 하셨다. 어떤 날 꿈에는 이가 아프다고 하셔서 치과에 모시고 갔다. 어떤 날 꿈에는 할머니에게 치매가 왔다고 했다. 어떤 날 꿈에는 할머니 몸이 점토처럼 조금씩 부서졌다. 그런 할머니를 지켜보며 울다가 눈을 뜨면 꿈이었다. 올 2월에도 할머니 꿈을 꿨다. 꿈에서 나는 사실 할머니께서 돌아가신 게 아니라 어떤 외딴집에 혼자 계신다는 것을 알게 됐다. '내가 어쩌다가 할머니를 이렇게 잊고 살았을까, 우리 할머니는 이렇게 살아 있는데 내가 제대로 보살펴 드리지 못했구나'라며 할머니를 붙잡고 울다가 눈을 떠보니 꿈이었다. 내 옆에는 이제 초등학교 4학년이 된 딸아이가 곤히 자고 있었다.

여전히 현실에서처럼 나이 들어 가는 할머니의 꿈을 꾸며 많이 울기도 했지만, 다른 한편으로 꿈속에서나마 할머니를 모시고 병원에도 가고, 죽도 쑤어 드렸다. 이렇게 할머니를 위해서 내가 뭔가 할 수 있는 게 그나마 다행이라는 생각도 했던 것 같다. 돌봄이 상호 간에 어떤 것이 되어 가는 실천이라는 개념에 비추어 보면 할머니를 기억하는 것은 곧 나를 기억하는 행위이기도 하다. 할머니께서 나라는 존재에 불어넣은 숨 자락을 기억하는 것이자 그 숨 자락을 통해 그림자를 가진 인간이 된 나를 깨닫는 과정이기 때문이다. 하지만 K-할머니 신화와 다르게 자식을 돌보고 손주를 돌보는 것으로 점철되었던 할머니의 삶은 마냥 행복해 보이지만은 않았다. 또한 할머니 스스로 선택한 삶도 아니었다.

3. '할마'가 되어 가는 요즈음 K-할머니[5]

2000년대 들어서면서 '할마(할머니 엄마)', '할빠(할아버지 아빠)', '시니어 엄마', '황혼 육아'와 같은 용어가 본격 등장했다. 특히 '할마'란 할머니와 엄마의 합성어로, 엄마 대신 손자녀의 양육을 도맡아 하며 아이를 위해 소비를 아끼지 않는 할머니를 가리킨다. 또한 조부모 양육 지원에 대해 다룬 연구 역시 1990년대 5편에서 2000년대에는 80편으로 급증했다(김원경·전제아, 2010). 본 절에서는 이전 시대에도 할머니의 돌봄이 손주 돌봄에 매우 핵심적 자원이었음에도, 2000년대 들어 관심을 받는 이유와 이전 시대 그림자 돌봄과 무엇이 달라졌는지 고찰해 보겠다.

매스컴에서 영화 〈미나리〉 속 K-할머니를 극찬하는 시점에 한국

5 본 절에서는 필자가 이전에 발표한 논문(김희경, 2019)의 주요 사례를 본서의 취지에 맞게 수정, 보완했음을 밝힌다.

[그림 6-2] 그래픽노블『좀비 마더』 속 혜미 할머니의 모습

출처: 박소림(2020: 152).

에서는 박소림 작가의 그래픽노블『좀비 마더』(2020)가 출판됐다. 18개월 난 해진이를 키우던 해진 엄마는 어느 날 화장실 거울에 비친 자신의 창백하고 거칠어진 피부, 뻣뻣하게 굳어 버린 몸을 바라보면서 '나'의 죽음을 자각한다. 사랑하는 아이가 끊임없이 엄마를 찾을수록 엄마 역할을 수행해야 하는 '나'는 사라질 수밖에 없는 현실을 드러내기 위해 작가는 육아에 지친 엄마들이 '좀비'가 된다는 설정을 활용했다. 박소림 작가는 첫아이를 낳고 먹이고 재우느라 좀비처럼 생활하던 시절, 뉴스에서 산후우울증으로 아파트 베란다에서 뛰어내린 여성들의 소식을 접하며, 거대한 고독을 끌어안고 자기를 버릴 수밖에 없었던 여성들을 위로하고 싶어서 책을 쓰게 됐다고 술회한다.

그런데 이 작품에서는 엄마가 된 여성뿐 아니라 할머니가 돼서도 육아에서 자유로울 수 없는 노년 여성 역시 좀비가 된다. 그래픽노블 속 혜미 할머니가 그 주인공이다. 맞벌이하는 아들 내외와 함께 살면서 준범이와 혜미의 육아를 담당하는 혜미 할머니는 다른 엄마들만 만나면 하루가 멀다 하고 택배를 시켜 대는 며느리를 욕한다. 또한 외동은 버릇도 없고 외로워서 안 된다며 참견을 입에 달고 산다. 이런 혜미 할머니를 다른 젊은 엄마들은 점점 불편해하며 은근히 따돌린다. 손주들도 클수록 할머니를 부끄러워하고 엄마를 더 따른다. 며느리가 벗어 던진 속옷을 세탁기에 집어넣고, 식당인 양 먹기만 하고 치우지도 않고 가버리는 아들과 며느리의 행동에 울화통이 치밀어 오르기도 하지만, 그래도 이제 애들이 컸으니 조금만 견디면 이 생활에서 벗어날 수 있으리라 믿는다. 그런데 며느리가 셋째를 임신한다. 어느 날 밤 할머니가 곰국을 끓였는데, 그 옆에서 놀던 혜미가 곰국을 엎어 화상을 입는다. "어머니 때문이에요. 만지지 마세요."라고 소리치며 며느리는 혜미를 안고 밖으로 뛰어나간다.

> 난 아무 말도 할 수 없었어. 곰국도 실은 입덧하는 며느리 주려고 끓인 건데……. 손주 녀석들 보느라 너무 힘든데, 셋째까지 가진 며느리 년이 너무 밉고 꼴도 보기 싫었지만 시에미로서 그래도 한다고 한 건데……. 애 본 공은 없다고 나만 죽일 년 됐네……. 이렇게 셋째까지 떠안아 키우고 나면 금방 나 죽을 때겠지…….

이렇게 괴로워하던 혜미 할머니도 결국 좀비가 되고 만다. 박소림 작가는 일과 육아를 한꺼번에 해내며 버티고 있는 여성을 도와주는 친정어머니, 시어머니 역시 육아우울증을 겪는 경우가 많은 현실을 이렇게 작품으로 표현했다. 실제로 2015년 전국보육실태조사에 따르면, 자녀 양육을 조부모에게 맡기는 비율(어린이집 등 보육 기관 병행)은 2009년 23.2%에서 2015년 65.6%로 증가했다.[6] 현재 한국에서 이루어지는 조부모의 손자녀 양육 지원은 공식적 돌봄을 보완하는 것이 아닌 그것을

6 박재홍, 「"손주니까 키우지" 할마·할빠 공짜 육아 61%」, 『서울신문』, 2017. 7. 25, http://www.seoul.co.kr/news/newsView.php?id=20170726010007&wlog_tag3=naver (접속일: 2018. 11. 9).

대체하는 수준이다. 육아정책연구소의 실태 조사에 따르면 조부모의 양육 시간은 평균 42.53시간으로 근로자의 법정 근로시간인 주당 40시간을 초과한다. 또한 우유/식사와 간식 먹이기, 목욕시키기, 놀아 주기, 동화책 읽어 주기, 동요 불러 주기 등 다양한 양육 활동을 담당할 뿐 아니라 성인 자녀의 식사 준비, 집 안 청소, 빨래 등 가사까지 보조한다 (이윤진·권미경·김승진, 2015).

자본주의적 경쟁 체제가 가속화되는 과정에서 "가족 전체가 목표(계급 재생산과 상향 이동성)를 달성하기 위해 가족을 도구화하는 도구적 가족주의(instrumental familism)"는 더욱 확대되고 있다(안경주, 2013: 236). 특히 경제위기 이후 한국에서 나타나는 계급 양극화와 중산층의 위기는 교육을 통한 계급 재생산 또는 사회이동을 절박한 가족 사업의 목표로 설정하게 추동했다(박소진, 2007). 사교육 시장이 급격하게 확장됨에 따라 정보력, 기동력, 부지런함 같은 '자질'을 갖춘 매니저 엄마가 등장(박소진, 2007: 44)하는 등 어머니의 책임과 역할은 훨씬 커졌다. 이 세대 어머니는 매질을 통해 규율하는 것을 당연시하던 이전 세대 어머니와 달리 "지속적으로 돌봄을 제공하고, 아이의 욕구에 부응하기 위해 시간과 에너지를 헌신하는 등 아이의 웰빙을 최우선으로 하는 집중적인 어머니 노릇(intensive mothering)"을 '좋은 엄마'로 생각한다(Hays, 1996: 6-9). 아이의 정서를 중시하려는 이러한 경향 역시 "아이와의 정서적 관계를 유지하는 것 자체에 의미를 두기보다는 아이의 정서를 잘 다스려야 아무 탈 없이 공부해서 대학에 성공적으로 진학할 수 있다는 점을 의도하고 있다는 점"(윤택림, 2001: 113)에서 도구적 속성을 띠고 있다.

아이의 자아와 정서 관리가 어머니 노릇의 핵심 과업이 되면서 할머니 노릇(grandmothering) 역시 변하고 있다. 내가 만났던 할머니 중 보연이 할머니는 가장 열심히 '할마' 노릇을 수행했다. 보연이는 내 딸과 같은 유치원에 다녔다. 보연이 할머니는 항공사 기장이었던 남편이 벌어다 준 수입에 의존해 전업주부로 살며 세 아이를 키워 냈다. 보연이 할머니에게 단연 중요한 것은 자녀 교육이었다. 따라서 학부모회, 기성회에 참여하는 등 자녀 교육에 적극 관여했고, 셋 다 나름 번듯한 대학에 보냈으며, 제법 괜찮은 직장을 다니고 있다. 보연이는 공무원으로 일하는 둘째 딸의 외동딸이자 첫 손녀였다. 자녀들이 대학에 가면서 다양한 취미 활동을 하며 노후를 즐기고 있었지만, "엄마 말고는 믿을 사람이 없어."라며 보연이를 봐달라는 딸의 부탁을 차마 거절하지 못했다. 보연이 엄마가 육아휴직 이후 회사에 복귀하면서 보연이의 육아를 담당하게 됐다.

보연이 할머니는 딸을 대신해 "집중적인 어머니 노릇"을 수행했다. 유치원을 마친 후, 보연이가 놀이터에서 친구와 놀면 몇 시간이고 앉아 기다려 주었다. 5세 전후 아이의 관계망은 엄마의 사회관계망과 일치하곤 했다. 그 때문에 친구와 놀고 싶어 하는 보연이를 위해서는 할머니 역시 다른 젊은 엄마와 관계를 유지하기 위한 네트워크 노동에 참여해야 했다. 아이가 놀이터에서 노는 동안 엄마들은 요즘 유치원에서 수업이 어떻게 진행되는지, 사교육은 어떻게 시키는지, 선생님은 어떤지 등에 대한 정보를 주고받았다. 보연이를 위해서 보연이 할머니 역시 젊은 엄마들 틈에 어색하게 끼여 앉았다.

무엇보다 보연이 할머니는 사교육에 관심이 많았다. 집 근처에 영어를 잘 가르치는 학원이 있다는 이야기를 듣고 무작정 학원에 찾아가 수업을 참관하기도 했다. 알고 보니 그 학원에서는 외국에 살다 온 중학생 이상 아이만 받았다. 하지만 선생님이 마음에 들었던 보연이 할머니는 선생님을 매일 찾아갔고, 보연이 엄마에게도 선생님을 찾아뵈러 가라고 등을 떠밀었다. 결국 학원 선생님은 "할머니께서 어쩌면 이렇게 모성애가 강하셔요?" 하고 감탄하며 보연이를 받아들였다. 그렇게 보연이 할머니는 일하느라 사교육에 관심 가지기 어려운 딸을 대신하는 등 열심히 할마 역할을 했다.

하지만 보연이 할머니의 역할은 거기에서 끝나지 않았다. 사위와 딸은 회식이 있다는 이유로, 허리가 아파서 치료받는다는 이유로, 그냥 너무 일이 힘들어 쉬고 싶다는 이유로 퇴근한 뒤에도 보연이 할머니에게 보연이를 맡기곤 했다. 주말에도 상갓집에 가야 한다는 이유로, 미용실에 가야 한다는 이유로, 남편이 골프장에 가서 혼자 보연이를 보기 힘들다는 이유로 보연이 엄마는 할머니를 찾았다. 어려서 할머니를 '엄마'로 생각할 만큼 보연이는 할머니를 따랐다. 그래서 보연이 할머니가 쉴 수 있는 날은 며칠 되지 않았다. 이런 사정은 보연이 엄마보다 주변의 젊은 엄마들이 더 잘 알았다. 그래서 젊은 엄마들은 보연이 엄마를 만나면 "보연이 할머니한테 주말에는 좀 연락하지 마. 어머니도 좀 쉬셔야지."라며 보연이 엄마를 타박하기도 했다.

그나마 아직 결혼하지 않아 보연이 할머니와 함께 살고 있는 셋째 딸은 보연이를 아끼고, 보연이와 자주 놀아 줬다. 하지만 손자녀를 돌보는 일을 마뜩잖아하는 미혼 자녀의 눈치를 보는 할마도 많다. 놀이터에서 만난 은우, 시우 할머니는 의사인 첫째 딸의 쌍둥이 손녀를 돌보고 있다. 그런데 아직 결혼하지 않은 셋째 딸이 엄마는 큰언니만 예뻐하고 자신에게는 신경도 쓰지 않는다며 서운해하고, 큰딸 집에 갈 때도 눈치를 줘 자주 마찰이 생긴다고 토로했다. 또한 보연이 할머니나 은우, 시우 할머니가 하루 종일 손녀를 돌보느라 녹초가 되어 온몸에 파스를 붙이고 앓고 있으면, 남편은 "그러게 집에 빨리 오지 왜 그렇게 오래 있었어?"라며 오히려 할마를 탓했다. 할마 노릇을 하느라 아내이자 엄마 역할에 소홀해진 것 아니냐는 다른 가족의 비난 역시 할마가 감당해야 할 몫이다.

무엇보다 자녀는 할마에게 자신이 생각하는 육아 방식을 따라 줄 것을 요구한다. 자녀 세대는 부모와 자녀 간 정서 관계를 중시하지 않았던 할머니의 모성을 '구닥다리' 모성으로 취급한다. 자녀는 육아와 살림을 동시에 하느라 아이에게 텔레비전을 틀어 주거나 스마트폰을 쥐여 주는 할마에게 불만을 표한다. 사탕을 쥐여 주고, 뭐든지 잘 먹으면 된다고 수시로 간식을 주는 할머니의 '뭐라도 퍼주고 싶어 하는' 행동을 '아이를 오히려 망치는 행동'으로 간주하고 그런 모성을 폄하한다. 이처럼 할마는 할머니로서 손주들과 관계를 맺는 것이 아니라 어머니의 빈자리를 잠시 채워 주는 존재에 불과하다.

이전 세대 모성이 경험하지 못했던 엄마 역할을 요구받으면서 할마는 손자녀와의 관계에서 자신의 존재감을 최대한 지우기 위해 애쓴다. 어려서는 할머니를 엄마처럼 따르던 아이들도 나이가 들수록 엄마의 자리에 있는 할머니를 부끄러워하기 시작한다. 이처럼 '할마'에게 기대하는 돌봄 요구는 높아 가지만, 할머니를 통해 자신을 기억하는 아이는 점점 줄어들고 있다. 할머니를 '엄마의 공백을 메워 주는 짝퉁 엄마'로 인식하는 아이가 늘고 있기 때문이다. 그런 점에서 현대 사회에서 할머니의 그림자 돌봄은 그야말로 '그림자 노동'으로 전락하는 실정이다.

그렇지만 할마가 행하는 그림자 돌봄은 돌봄 노동자, 애 보기, 식모살이, 가사노동자가 하는 돌봄과 분명 차이가 있다. 돈을 벌기 위해 모성을 보조하고 분담하는 그림자 노동자와 달리 할마는 자녀 세대의 빈자리를 최대한 빈틈없이 메워 모성을 실현하고자 한다. 그림자 돌봄을 그림자 노동으로 환원할 수 없는 이유 역시 여기에 있다. 할마는 가족이 기대하는 중층적 돌봄 요구로 인해 심리적, 육체적 소진을 경험하지만 이러한 상황을 회피하지 않는다. 극렬한 경쟁체제에서 살아남기 위해 가족이 팀을 이루어 현재의 계급을 유지하거나 더 높은 계급에 도달할 수 있도록 자녀와 손자녀를 돕는 것이 그녀들이 체화해 온 '사랑의 방식'이기 때문이다.

할마들 간의 연대가 불가능한 이유 역시 그림자 돌봄 이면에 도사리고 있는 경쟁적 가족주의 때문이다. 젊은 엄마가 중심이 되어 구성된 네트워크에서 소외되고, 자신의 육아 방식을 '퇴물' 취급하는 자식 세대에 서운함을 느끼는 할마에게 또래 할마는 굳이 말하지 않아도 서로 이해할 수 있고 공감을 주는 존재다. 하지만 손주끼리 다툼이라도 생기면 이러한 유대는 쉽게 어그러진다.

자기 손자녀가 다른 아이들에 비해 뒤떨어지는 것 같으면, 보연이 할머니처럼 직접 학원을 찾아내 자녀들에게 독촉하는 할마도 있다. 심지어 일부 할마는 "안 가기 시작하면 계속 안 가 버릇한다."며 학원에 가기 싫어서 문을 붙잡고 늘어지는 아이를 어르고, 혼내고, 때려서까지 무조건 학원에 보내기도 한다. 그래서 젊은 엄마들 사이에서는 "너무 빡세고 엄한 학원"으로 소문난 학원이 할마들 사이에서는 "아이를 확실하게 붙잡고 가르치는 학원"이라며 호평을 받기도 한다. 물론 모든 할마가 교육 네트워크에 접속하지는 못한다. 그런 할마들은 자신의 무능으로 손자녀까지 뒤처지는 것 아닌지 불안해하고 미안해한다. 이처럼 경쟁적 가족주의에서 추동한 할마의 '사랑'은 또래 여성들 간의 연대를 불가능하게 만들며, 손자녀와의 관계 역시 도구적인 것으로 만든다.

4. K-할머니 신화 너머, 그림자 돌봄의 위기

여전히 K-할머니의 신화를 예찬하는 한편 최근 할머니 돌봄의 고됨이 조금씩 화제가 되고 있다. 2019년 한 주간지 기자에게 전화를 받았다. 기자는 2019년에 내가 쓴 「할마쇼크: 한국 가족주의의 그림자와 할머니-모성의 사회문화적 구성」(2019)이라는 논문을 기사에 인용해도 되는지 물었다. 기사에서는 '할마'의 보육 실태를 다루고 할머니들을 돕기 위해 조모돌봄수당 같은 지원이나 조부모 교육 프로그램의 필요성을 강조하려 한다고 했다.

이후 발표된 기사에는 할마의 고충을 다각도로 조명한 내용이 실렸다.[7] "할머니들은 자녀들이 안심하고 직장 생활을 할 수 있게 돕기 위해 그리고 손자녀를 안심하고 맡길 수 없는 상황 때문에 마지못해 돌봄에 참여하게 된다는 것"이다. 또 "할머니들은 '체력적' 한계뿐 아니라 혼자 아이를 돌보는 것에 심리적 부담을 느끼고, 노년에도 자신의 삶을 찾지 못해 우울감을 느낄 뿐 아니라 역할을 마친 후에는 '박탈감'을 느끼게 된다"고 지적하면서 "조모돌봄수당뿐 아니라 할마들이 역할을 제대로 할 수 있도록 조부모 교육을 통해 소통하는 방식을 익히게 해야 한다"고 주장했다.

물론 기사 내용처럼 내가 만난 할머니들은 그야말로 가족의 돌봄 요구를 만족시키느라 '쇼크 상태'에 놓여 있었다. 하지만 내 논문의 핵심 주장은 할머니들 스스로 자신을 '쇼크 상태'로 몰고 있다는 것이다. 할머니들은 단순히 돈을 벌기 위해 그림자 돌봄을 하는 것이 아니다. 또한 그림자 돌봄의 위기는 단순히 그림자 돌봄이 '노동'으로 인정받지 못해서 발생하는 것이 아니다. 그게 문제였다면 돌봄수당을 지급하는 것으로 문제를 일부나마 해결할 수 있을 것이다. 하지만 문제는 거기에만 있지 않다. 근본에 깔려 있는 문제는 '가족주의의 욕망과 가부장 젠더 규범이 사랑을 표현하고 실천하는 방식을 어떻게 일그러지게 만들고 있는가?'일 것이다.

조선 시대부터 일제 강점기, 해방과 한국전쟁, 산업화 그리고 신자

7 김효정, 「아이 5명 중 1명은 '할마' 육아 '할마 쇼크'가 온다」, 『주간조선』, 2019. 8. 26, http://weekly.chosun.com/client/news/viw.asp?nNewsNumb=002572100013&ctcd=C02 (접속일: 2020. 2. 8).

유주의가 확산하는 한국 사회에서 어머니 노릇은 자녀 교육에 과도하게 집착하는 출세 지향적 형태로 자리 잡았다(윤택림, 2001: 191-192). 어머니 노릇의 비대화는 어머니와 자식의 관계만 짓누르는 게 아니라 할머니와 손자녀의 관계 그리고 할머니와 자녀의 관계까지 짓누르고 있다. 평소에는 인자하지만 손주에게 갑자기 화를 내거나 손찌검하는 분도 있다. 억척스럽게 자식을 키워 결혼까지 시킨 뒤 비로소 숙제를 다 한 것 같아 홀가분한 것도 잠시, 자식의 요청을 외면할 수 없어 살림을 대신 해 주고 손주까지 봐줘야 하니 몸도 마음도 지칠 수밖에 없다. 손주가 더 좋은 교육 환경에서, 자식이 직장에서 더 안정된 위치를 유지할 수 있게 돕는 것을 우선하다 보니 아무 연고도 없는 새로운 동네에 갑자기 와서 하루 종일 손주와 씨름하는 경우도 많다. 할마의 막막함과 고단함은 손주에게 정제되지 않은 감정 분출과 예기치 못한 손찌검으로 표출되곤 한다.

무엇보다 나는 주변에서 자기 아이를 키우면서 새삼 어머니와 갈등을 겪는 많은 여성을 발견할 수 있었다. 할머니와 자식 세대, 특히 딸과의 갈등은 언뜻 보면 육아 방식을 둘러싼 세대 간 갈등 같지만 그 이면에는 어린 시절의 상처가 자리 잡고 있다. 가족 내에서 며느리와 어머니 역할을 수행하느라 혹은 자식의 교육에 몰입하느라 자식과 감정적·정서적 교감을 나눌 겨를이 없었던 어머니의 모성으로 인해 상처받았던 것이 아이를 키우면서 자꾸 떠오르게 된다. 하지만 어린 시절 엄마 때문에 상처받았다고 토로하는 자식의 일갈로 인해 할마는 자신의 '사랑'과 일생이 통째로 부정당하는 느낌을 받곤 한다. 자신을 공격하면서도 여전히 자신에게 의존하는 자식을 할마는 괘씸하게 여긴다.

자녀 세대가 할마에게 손자녀 양육을 부탁하는 이유는 여러 가지다. 한국의 경우 장시간 노동이 일상화되어 있음에도 안전한 공보육 체제가 구축되어 있지 않다. 무엇보다 혈연관계에 기초해 가족 간 결속을 강조하고, 친족 외 타인을 믿지 못하는 배타적 가족주의가 보편적이다. 이러한 상황에서 할마는 아이를 안심하고 맡길 '최선책'으로 여겨지고 있다. 게다가 부모 세대의 희생에 익숙한 자녀 세대는 손자녀 양육을 도맡아 주는 할마의 행동을 자신에 대한 '사랑'으로 인식한다. 손자녀 양육만 부탁했지만 살림까지 신경 써주고, 하루 종일 아이와 씨름하고도 저녁에 사위 먹을 국 하나 끓여 놓지 못했다고 미안해하는 할마의 모습 역시 '어머니의 사랑은 원래 그런 것'이라며 당연하게 받아들인다. 이러한 상황에서 손자녀 돌봄을 거부하면 부모에게서 응당 받아야 할 '사랑'을 받지 못했다고 느끼는 자녀 세대가 격렬한 저항과 분노를 표출하기도 한다. 이에 여러 가지 이유로 손자녀 돌봄을 거부한 혹은 행하지 못하는 할머니 역시 자식에 대한 죄책감과 미안함에서 벗어날 수 없다.

그림자 돌봄이 내포하는 노동의 속성을 규명하는 것은 분명 중요한 의제다. 또한 그림자 돌봄을 '사랑'이라는 언어로 낭만적으로 표현하는 것은 자칫 여성 노동의 착취 구조를 은폐할 수 있다. 하지만 그림자 돌봄을 논할 때 사랑을 이야기하지 않을 수 없다. 한국 사회에서 사랑의 모습은 가족 단위 경쟁에서 살아남기 위해 노년기 여성에게 희생과 헌신을 강요하는 것으로 나타나고 있다. 이들에게 약간의 돌봄수당을 쥐여 주고 조부모 교육 프로그램을 실행한다고 해서 우리 시대 그림자 돌봄이 직면한 문제를 해결할 수는 없을 것이다. 우리가 지향해야 할 그림자 돌봄의 모습은 돌보는 측과 돌봄을 받는 측이 새로운 존재가 되어 갈 가능성을 제시해 주는 실천으로 채워져야 한다. 따라서 그림자 돌봄 실천 양식이 어떠한 모습으로 변해야 할 것인지에 대한 논의는 그림자 돌봄을 수행하는 혹은 수행해 온 여성들의 삶을 깊이 들여다봄으로써 '그림자 돌봄을 통해 어떤 존재가 될 것인지' 고찰하고 준비하는 방향으로 나아가야 한다.

제7장

국경을 넘는 여성 노동자와 정부의 역할

말레이시아의 인도네시아 가사도우미

#아시아 여성의 오늘은 저평가된 경제적 주체성이다

가사와 돌봄은 우리가 일상을 유지해 나가기 위해 누군가 반드시 해야만 하는 일인 동시에, 가정 바깥으로 나가서 일하고자 하는 사람의 발목을 잡는 무거운 부담으로 여겨진다. 한국 사회에서는 지금까지 가사와 돌봄에 대한 이중적 태도에서 발생하는 어려움을 주로 여성 가족 구성원의 노고에 의존해 왔다. 그러나 최근 인구분포 및 가족구조의 급격한 변화로 인해 가사와 돌봄을 담당할 사람이 부족해지자, 한국에서도 외국인 가사노동자를 허용해야 한다는 주장이 대두하고 있다. 가사와 돌봄을 가정과 사회가 책임지는 대신 저개발 국가 여성에게 낮은 비용으로 이전하는 것은 현실에서 구체적으로 어떠한 결과를 초래하는가? 여성의 사회참여 기회 확대와 국민의 삶의 질 개선이라는 명분은 과연 인권과 노동권을 박탈당한 가사와 돌봄 '인력'의 국제적 이동을 정당화할 수 있는지, 동남아시아 국가의 사례를 통해 질문하고자 한다.

1. 가사와 돌봄 노동의 국제적 분업

> 네가 돈을 벌면 나한테 염소를 사주렴, 염소는 돌보기가 쉬워, 그럼 강에 자주 가지 않아도 되지. 이제는 좀 쉬고 싶다. 우리 집은 금이 가고 무너지고 있는데, 고칠 수가 없어. 나중에 고치지. 네가 돈을 벌면 말이야. 집 안에 물이 들어와. 물이 새서 너무 속상해. 빗속에 사는 셈이지. 안전하고 평화롭게 살고 싶다.
>
> -해외 취업훈련생인 21세 메리에게 어머니와 아버지가 건네는 말

다큐멘터리 영화 〈도움이 필요하세요(Help is on the Way)〉(2020)에는 해외에서 가사노동자로 일하기 위해 취업소개소에서 교육받는 인도네시아 농촌의 20대 여성들이 주인공으로 등장한다. 이들은 이층 침대가 다닥다닥 붙어 있는 누추한 기숙사에 머무르면서, 아기를 씻기거나 거동이 불편한 노인의 배변과 이동을 돕는 연습을 하고, 중국어와 영어로 간단하게 의사소통하는 방법도 배운다. 또한 취업에 필요한 사진과 서류를 준비하고, 바람직한 가사노동자로서 갖춰야 할 마음가짐과 몸가짐에 대해서도 교육을 받는다. 고된 하루가 끝난 뒤에는 기숙사 침대에 누워 그날 배운 외국어 단어 맞추기를 하거나 남자 친구 이야기를 하며 떠들썩하게 웃는다. 처지가 비슷한 동료들과 함께하는 동안에는 앞으로 감당해야 현실에 대한 걱정을 잠시나마 내려놓는 듯하다.

그러나 주말에 집으로 돌아가면, 어서 빨리 취업해 가계에 보탬이 되기를 바라는 가족의 노골적인 시선이 마음 한구석을 무겁게 한다. 교육이 끝나면 그들은 자카르타와 같은 인도네시아의 대도시나 말레이시아, 싱가포르, 대만, 홍콩과 같이 낯선 땅에서 낯선 사람과 살며 가사와 돌봄을 담당하는 고된 삶을 견뎌 내야 한다. 계약 기간이 끝날 때까지 이러한 생활을 무사히 버텨 낼 수 있을지, 그리고 고향으로 돌아왔

을 때 자신이 번 수입으로 가족들과 '안전하고 평화로운' 삶을 누릴 수 있을지 누구도 확신할 수 없다. 합법적 노동이주의 시작점에 놓인 이들은 거주지 인근에 있는 취업소개소의 교실과 기숙사 공간을 거치면서 가사노동자라는 경제 주체가 되어 성별에 따라 특화된 국제적 노동분업 체제에 진입한다.

최근 한국에서도 외국인 가사노동자를 합법화해야 한다는 주장이 제기되었다. 지금까지 한국 정부는 재외동포, 결혼이주자, 영주권자 등을 제외하고는 외국인의 가사노동자 취업을 허용하지 않았다. 합법화를 주장하는 이들은 가사와 돌봄 분야의 노동력 수요가 늘어나고 있는 반면에, 이 분야에서 일하려는 내국인은 점점 줄어들어 임금이 높아지거나 아예 구하기 어려운 데다가, 한국으로 유입되는 조선족 노동자의 숫자도 수요와 비교해 매우 부족하다는 점을 강조한다. 이들은 인력 부족이 가사도우미 비용 상승을 초래하며 이는 "출산 기피와 여성 경력 단절 등에도 영향"을 미치기 때문에, "정부가 외국인 가사도우미를 도입하면 여성의 사회활동과 출산율 제고 등에서 어느 정도 기대효과를 달성할 수 있을 것"이라고 주장한다.[1] 한편, 일부 언론은 국내 가사노동자의 권리를 법으로 보호하려는 움직임에 대해 "가사도우미에 퇴직금도 주라"고 하면 맞벌이 부부의 "등골(이) 휜다"며 강하게 반발한다.[2] 이러한 주장에 따르면 맞벌이 가정에서 월급을 받고 가사와 육아를 담당하는 여성들은 노동자가 아니라 다른 여성이 아이도 낳고 일도 하도록 돕는 '도우미'이며, 이러한 '인력'의 공급량과 임금 수준은 맞벌이

1 김희래 · 박동환, 「500만 맞벌이 비명에 … '외국인 가사도우미' 검토 나섰다」, 『매일경제』, 2021. 5. 10.

2 조미현 · 백승현, 「가사도우미에 퇴직금도 주라는 法 … 맞벌이·노부부 등골 휜다」, 『한국경제』, 2021. 1. 14.

[그림 7-1] 영화 〈도움이 필요하세요(Help is on the Way)〉의 포스터

출처: Two Islands Digital.

가정의 수요와 형편에 부합해야 한다.

일부의 반발에도 2021년 5월 국회에서는 가사와 돌봄 노동 시장을 공식화하는 법률이 통과되었다. 그러나 이에 앞서 2021년 3월에 이미 외국인 가사노동자 허용 여부와 관련된 연구 용역이 개시되었다. 고용노동부는 "인구 감소로 인해 가사 돌봄 시장의 인력 수급이 어려워질 가능성에 대비"하기 위해 "추가적인 외국인력 허용이 필요한지" 조사하고 그 결과를 참고해 "외국인 가사도우미 허용 확대 여부를 검토"할 것이라고 밝혔다.[3] 그러나 싱가포르나 홍콩처럼 외국인 가사노동자를 쉽게 고용할 수 있다면 한국의 맞벌이 가정 여성들이 겪는 어려움이 줄어들거나 해소될 거라고 기대하기 이전에, '인력'으로 불리는 외

3 고용노동부 외국인력담당관실, 2021. 5. 10, 보도설명자료.

국인 여성들이 타국에서 가사노동자로 일하면서 겪는 상황을 매우 현실적으로 이해할 필요가 있다. 가정과 사회가 감당해야 할 돌봄 영역을 가족 구성원이나 사회복지제도가 아니라 저임금의 여성 '가사도우미'에게 이전하고, 수요의 변화에 따라 외국에서 더 저렴한 '가사도우미 인력'이 공급되도록 정부가 나서는 것은 현재 국제 노동이주 체제에서 구체적으로 어떤 결과를 초래할 것인가? 이 글에서는 아시아의 대표적 가사노동자 수입국인 말레이시아에서 외국인 가사노동자에게 부여하는 역할과 가치, 그리고 인도네시아 여성들이 말레이시아 가정의 '도우미' 역할을 담당할 '인력'이 되어 국경을 넘으면서 경험하는 구조적 착취와 억압 양상을 살펴본다. 특히 선행 연구와 정부 및 비정부기구의 보고서 그리고 언론 자료를 통해, 양국 정부의 노동이주 정책 및 관련 제도가 불평등하고 불공정한 구조와 관행을 개선하는 대신 오히려 이를 재생산하고 강화한다는 점을 드러낼 것이다.

전 지구화된 자본주의 체제에서는 가사와 돌봄 노동이 선진국 중산층 여성에게서 저개발국 빈곤층 여성에게 이전되는 현상이 나타난다(파레냐스, 2009). 여기에는 가사노동자 수입국과 수출국 간 경제 격차와 더불어, 고용주 가정과 가사노동자 사이 계급 격차가 작동한다. 가사노동자에게 지급되는 임금은 원래 가사와 돌봄을 담당하던 가족이 버는 것보다 적어야 하며 보통 내국인 구직자가 수용하기 어려운 수준에 머무른다. 가사노동의 국제적 분업은 흔히 이러한 문제를 해결하는 가장 현실적이고 합리적인 방법으로 여겨진다. 임금과 생활수준이 자국보다 낮은 국가에서 온 사람이라면, 적은 임금을 받고도 중산층 가정에 필요한 가사와 돌봄을 제공할 수 있다는 것이다. 이러한 노동분업이 때로는 호혜의 관점에서, 때로는 착취와 폭력의 관점에서 조명된다. 가사노동의 국제적 분업이 제대로 작동할 경우, 선진국의 중산층 여성은 저개발국 여성의 노동을 구매함으로써 비로소 경제적 주체성과 생산성을 실현하는 것으로 간주된다. 반면, 언론에서 종종 보도되는 가사노동자 학대 사례는 가사와 돌봄 노동이 여성에게서 다른 여성으로 이전되면서 일어나는 착취와 폭력을 극적으로 묘사한다.

하지만 가사노동자와 고용주 사이에 형성되는 관계가 호혜의 관계든 착취의 관계든, 변하지 않는 것은 가사와 돌봄 책임이 여성에게 집중되며 그에 수반되는 노동은 경제적 가치가 없는 것으로 취급된다는 것이다. 심지어 가사와 돌봄이 임노동 형태로 상품화되는 경우에도, 이는 온전한 노동이 아니라 상품 구매자가 사회경제적으로 '더 가치 있는' 일을 하기 위해 최소 비용으로 해결해야 할 '허드렛일'로 여겨진다. 따라서 인도네시아, 말레이시아, 한국을 포함하는 여러 나라 정부는 가사노동자가 외국인이 아니라 내국인인 경우에도 이들의 노동과 그 경제적 가치를 법으로 보호하지 않는다.[4] 게다가 가사노동자가 외국인인 경우, 내국인 중산층 고용주의 이익과 편의를 우선시하는 노동 수입국의 '인력수급' 정책은 가사노동자의 권리와 주체성을 철저히 무시하는 경향을 띤다. 그렇다면 가사노동자를 보내는 나라의 정부는 이러한 상황을 어떻게 바라보는가? 인도네시아를 비롯한 저개발 국가 정부는 일단 '노동력 수출'을 통해서라도 개인과 가족 그리고 국가가 먹고사는 문제를 해결하는 것이 우선이라며 자국민 여성이 해외에서 보호받지 못하는 저임금 노동에 종사하는 것을 권장해 왔다.

가사와 돌봄의 국제적 노동분업이 한쪽으로는 여성의 사회활동에 도움이 되고 다른 한쪽으로는 여성의 경제 상황 개선에 도움이 된다는 주장은 과연 양쪽 여성이 경험하는 현실과 일치하는가? 오히려 직장을

4 한국에서는 '가사근로자의 고용개선 등에 관한 법률'이 2022년 6월 16일 시행되어, 고용노동부 장관의 인증을 받은 가사서비스 제공기관과 근로계약을 체결한 노동자의 권리가 법의 보호를 받게 되었다.

포기하지 않기 위해 소득 대부분을 가사노동자 고용에 지출하거나, 고향의 가족을 먹여 살리겠다고 해외 취업에 나섰다가 자기 손에는 얼마 쥐어 보지도 못하고 곤욕을 겪는 여성들의 이야기가 더 익숙하게 느껴지는 이유는 무엇인가? 고용주가 가사노동자를 인간적으로 대한다든가, 외국인 가사노동자의 이주와 관련된 국내 제도를 개선하는 것은 가사와 돌봄 노동 분업을 호혜의 방향으로 이끌어 가기 위해 꼭 필요하다. 그러나 여성과 여성이 국경을 넘어 합리적이고 자율적인 계약관계를 맺도록 국가가 중재한다는 접근 방식으로는 가사와 돌봄의 국제적 분업이 수반하는 착취와 폭력을 해소할 수 없다. 대부분 정부가 '국가경제' 발전을 정책의 최우선 과제로 상정하면서, 여성 이주노동자를 권리를 지닌 개인이 아니라 계급화되고 성별화된 국가경제 체제의 소모품으로 취급하기 때문이다.

한국의 고용허가제는 외국인 노동자 규제와 관련된 국내 제도인 동시에, 아시아의 국제적 노동분업을 규정하는 순환이주 체제의 일부다. 이주노동자가 필요할 때만 싼값에 임시로 빌려 오는 '인력'으로 취급되는 상황에 더해, 여성 이주 가사노동자가 담당하는 일이 온전한 노동으로 인정되지 않는다면, 말레이시아로 이주하는 인도네시아 가사노동자들의 이야기는 어쩌면 곧 한국으로 향할 외국인 가사노동자들의 미래와 크게 다르지 않을지도 모른다.

2. 정부 간 양해각서와 순환이주 체제

해외에서 일하는 자국민 노동자 관리는 상대국과의 협의가 없으면 불가능하다. 이 협의 내용을 담은 문서가 양해각서(Memorandum of Understanding, MOU)다. 정부는 합법적 노동이주의 자격과 절차를 규정하고, 이들이 취업할 수 있는 국가와 그렇지 않은 국가를 특정하며, 자국에 들어오는 외국인 노동자의 취업 조건과 분야를 규제하고, 심지어 이들의 임금 기준을 정할 권한을 가진다. 또한 2000년대 이후 아시아의 국제적 노동이주가 정부 간 협약에 따른 순환이주(circular migration) 원칙을 따르는 상황에서, 양해각서는 취업 이주자가 일정 기간이 지나면 본국으로 귀환하도록 보장한다. 즉, 노동 수입국의 국내 구직자들에게 부담이 되지 않도록, 외국인 노동자는 필요할 때만 입국해서 일하고 정해진 기간이 지나면 자국으로 돌아가야 한다(Wickramasekara, 2014).

인도네시아는 아시아 및 중동 여러 국가와 자국민의 해외 취업에 대한 양해각서를 체결했다. 특히 말레이시아와의 관계에서 가사노동자는 다른 분야 노동자와 구분되는 별개의 양해각서에 따라 이주한다. 양국 정부는 2006년에 '인도네시아 가사노동자 채용과 취업에 관한 양해각서'에 서명했다. 이 문서는 가사노동자의 의미를 규정하는 한편, 말레이시아에 가사노동자로 취업할 수 있는 인도네시아 국민의 요건과 합법적 이주 절차를 명시했다. 별도의 양해각서 체결은 가사노동 영역의 특성을 고려한 것으로 볼 수도 있지만, 사실상 가사노동을 보호 영역에서 제외하는 효과를 지닌 것이다(ILO, 2018: 16). 여기에는 최저임금은 물론 노동자 보호를 위한 구체적인 내용도 포함되지 않았고, 휴식 시간과 휴무일 보장 등 언급된 내용을 강제할 방안도 제시되지 않았다. 즉, 가사노동자에 대한 양해각서는 양국 노동법의 보호 대상에서 이미 제외된 가사노동자가 국제노동분업에서도 낮은 가치를 부여받는 것을 정부 문서로 공식화하는 효과를 지닌다.

이 양해각서에서 오히려 중요한 부분은 가사노동자들이 취업이주를 위해 양국의 허가를 받아야 할 뿐만 아니라 반드시 양국 취업소개소를 거쳐야 한다고 명시한 것이다. 취업소개소의 역할은 노동자 모집과 직업교육, 고용주와의 중개와 취업 후 분쟁 해결까지 거의 모든 영역에 걸쳐 있다. 사실상 정부가 노동이주와 관련된 구체적인 업무를 취업소개소에 대부분 위임하는 것이다. 취업소개소는 이주의 합법성을 구성하는 핵심적 주체이자 정부의 관리와 감독이 미치지 못하는 부분을 현장에서 통제하는 역할을 한다. 물론 정부 내에서도 여러 기관이 자국민의 해외 취업이주와 관련된 업무를 담당하고 있지만, 구직자들은 사실상 취업소개소를 통해야만 정부가 요구하는 취업이주 요건을 충족시킬 수 있다.

정부 간 양해각서가 있음에도 말레이시아에서 인도네시아 출신 가정부 학대 사례가 반복되자, 이를 방지하지 못한 정부를 비판하는 목소리가 높아졌다. 결국 양국 정부는 2011년 새로운 양해각서를 체결했다. 이 문서는 가사노동자가 자기 여권을 소지할 권리, 가족들과 연락을 주고받을 권리를 추가하고 월급은 반드시 은행 통장으로 입금하고 일주일에 하루 쉬거나 휴일 업무수당을 주는 규정을 포함했다. 그러나 최저임금에 대한 합의에 도달하지 못한 데다가 효과적인 집행도 이루어지지 않아 실효성이 없다는 비판을 받았다. 결국 2011년 양해각서의 시효는 2016년에 소멸되고, 오랜 협상 끝에 2022년 4월 후속 양해각서가 체결되었으나 실제 적용에 어려움을 겪고 있다. 가사와 돌봄 노동이 여성에서 여성으로 이전되는 현상은 이렇게 국제노동이주의 패턴과 개별 국가 사이 협약이라는 큰 맥락에서 이루어진다. 그렇다면 왜 말레이시아 가정에 인도네시아 가사노동자가 필요하며, 말레이시아 정부는 왜 이들의 대규모 유입을 허용하는가?

3. 말레이시아 도시를 떠받치고 인도네시아 농촌을 먹여 살리다

말레이시아는 아세안(ASEAN) 국가 중 도시국가인 싱가포르와 산유국인 브루나이 다음으로 경제 수준이 높은, 대표적인 인도네시아 노동자 수입국이다. 1980년대까지 낮은 경제 수준에서 답보 상태를 보이던 인도네시아와 달리, 말레이시아는 1970년대 도시화와 산업화를 통해 빠른 경제성장을 이루었다. 농촌의 수많은 젊은 여성이 생산직 노동자로 취업하자, 상당한 부유층이 아니라면 내국인 가정부를 구하기가 거의 불가능해졌다. 반면 경제발전과 함께 성장한 중산층 가정은 임금수준이 낮은 주변국 여성을 고용해 가사와 돌봄을 맡기는 것을 생활 수준 향상의 지표로 여기게 되었다. 이렇게 중산층의 일상을 떠받치는 외국인 가사노동자는 인도네시아 여성이 압도적 다수를 차지한다. 여기에는 양국이 지리적으로 인접해 인적 교류가 쉬운 데다가, 기본적으로 같은 공용어(말레이어)를 사용하고, 음식도 비슷하며, 이슬람 문화를 공유한다는 점이 작용했다. 그러나 결정적인 것은 두 나라의 분명한 임금과 소득수준 격차다. 말레이시아 중산층 가정 관점에서 인도네시아는 가사노동자를 적당한 비용에 원활하게 공급해 주는 인력 창고 역할을 한다. 인구 약 3,000만 명인 말레이시아에서 일하는 인도네시아 가사노동자는 2015년 기준 약 23만 명에 달한다.

말레이시아에서 가사노동자로 취업한 인도네시아 여성들은 주로 개인 가정에 입주해 2~3년 머무르면서 육아, 청소, 요리, 노인 돌봄 등의 일을 한다. 이들을 지칭하는 표현이 말레이어로는 '뻠반뚜 루마(pembantu rumah, 집안일을 돕는 사람)', 영어로는 '헬퍼(helper, 도우미)'인 것에서 확인할 수 있듯이, 이들은 임금노동에 종사하면서도 노동자가 아닌 가족의 '도우미'로 여겨진다. 이들은 개별 가정에 입주해 가족구

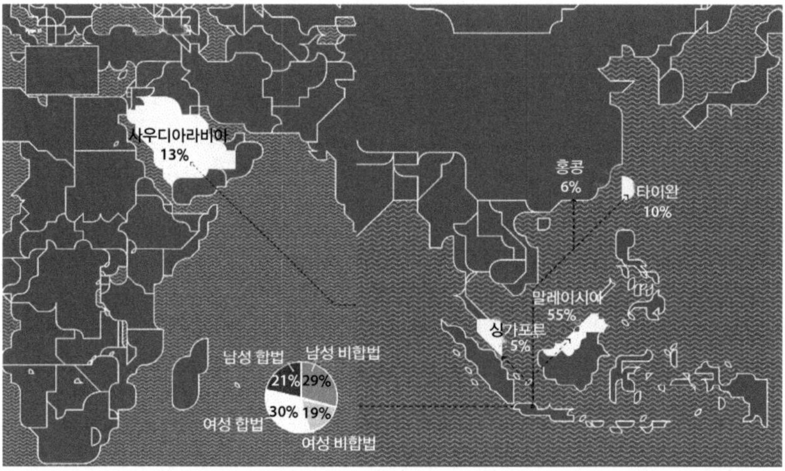

[그림 7-2] 인도네시아 출신 이주노동자의 국가별 분포 및 법적 지위와 성별에 따른 구성비

출처: World Bank. 2017. *Indonesia's Global Workers: Juggling Opportunities and Risks*. pp.13-14, World Bank, Jakarta. © World Bank. https://openknowledge.worldbank.org/handle/10986/28937 License: CC BY 3.0 IGO.

성원이 담당하던 가사와 돌봄을 수행하기 때문에, 구체적인 노동조건이 외부에 드러나지 않을 뿐만 아니라 근무 시간과 휴식 시간의 구분도 모호하다. 그러나 다른 여러 국가와 마찬가지로, 말레이시아의 고용법은 가사노동자를 노동법 적용 대상에서 제외한다. 예를 들어 휴일과 휴식 보장, 명시된 근무 시간과 근무 조건 준수, 유급 휴가와 병가, 모성 보호 등은 가사노동자에게 적용되지 않는다.

말레이시아에서 가사노동자와 관련된 정책은 노동자 자신이 아닌 고용주, 그중에서도 경제활동에 종사하는 어머니가 어떻게 노동자로서 생산성을 유지하면서 가정을 통한 재생산을 이어 갈 수 있느냐의 관점에서 접근한다. 최근 중국계 주요 정당인 MCA(Malaysian Chinese Association)의 여성위원장은 코로나로 중단된 인도네시아 가정부의 "수입"이 즉시 재개되어야 한다면서, 가정이 짊어진 과중한 가사와 돌봄

부담이 코로나 상황으로 악화됐음을 강조했다. 그는 이러한 상황이 일하는 부모 중에서 특히 엄마에게 타격을 주며, 능력 있는 여성들이 직장에서 일에 집중할 수 없는 것은 큰 “국가적 손실”이기 때문에, 정부가 신속히 가사와 돌봄을 대신할 “인력”을 확보해야 한다고 주장했다.[5] 가사와 돌봄이 상품화되어 선진국 도시 중산층 여성에게서 저개발국 농촌의 가난한 여성으로 이전되는 과정에서, 경제적 주체성은 외국인 가사노동자가 아니라 이들의 노동에 기대어 경제활동에 참여하는 국내 여성들에게만 부여된다. 그러나 문제는 사회복지가 미비한 상황에서 가사와 돌봄 노동 이전 비용을 국가가 아닌 여성 개인이 감당한다는 것이다. 경제적 주체성을 획득하는 대가로 이들은 소득의 상당 부분을 가사노동자에게 지급하기 때문에, 가사노동자의 임금이 오르면 여성 고용주가 직장을 포기해야 하는 경우가 생겨난다. 개별 가정이 가사노동자의 임금을 최대한 낮은 수준으로 유지해야 한다는 경제적 압박은 노동 착취의 개별화라는 위험을 내포하지만, 국가 또는 개인 사이에 존재하는 경제 격차는 위험성에 대한 우려를 무마하려는 주장의 근거로 활용된다.

말레이시아 언론에는 인도네시아 가사도우미의 낮은 임금도 이들이 고용주의 가정에 입주해 숙식을 해결한다는 것을 고려하면 그렇게 나쁜 것도 아니라는 내용이 실리곤 한다. 또한 그들이 제공하는 노동에 대한 경제적 보상이 정당한지와 관계없이, 외국인 가사노동자는 어쨌든 돈 벌 기회가 주어진 것만으로도 고마워해야 한다는 목소리도 있다. 예를 들어 말레이시아의 가사노동자 소개업 관계자는 자신들이 “임금 수준을 낮춰 수요자들이 가사노동자를 고용할 수 있게 함으로써 결

5 R. Rahim, “Govt urged to reopen domestic worker sector,” *The Star*, 2021. 3. 15, https://www.thestar.com.my/news/nation/2021/03/15/govt-urged-to-reopen-domestic-worker-sector#openShareModal (접속일: 2021. 5. 11).

국 가사노동자들에게도 도움이 되는 일"을 하고 있다고 주장한다(ILO, 2019: 22). 이러한 논리가 성립하기 위해서는 실효성 있는 법적 강제가 없어도 고용주들이 가사노동자를 주체성을 가진 인간으로서 존중하며, 고용주 가정에서 지출한 돈이 온전히 가사노동자의 주머니로 들어간다는 최소한의 전제가 필요하다. 그러나 실제로 말레이시아 사람들은 언론 보도와 주변 이야기를 통해 외국인 가사노동자에 대한 임금체불, 강제노동, 학대 사례를 흔하게 접한다. 게다가 가사노동자가 차별과 착취를 감수하고 벌어들인 돈은 종종 노동자 자신이 아닌 가족의 손으로 흘러 들어간다.

> 부모님의 욕심을 좇지 마라. 부모님은 네가 해외에 가는 걸 원하실 거다. 돈을 많이 벌 거란 걸 아니까. 너 자신을 위해 돈을 모아야 해. 꼭 네 계좌로 돈을 입금해라. 집에 돌아오면 넌 그걸 쓰면 돼. 절대 부모에게 모두 주지 마라. 네 미래를 위해서 저축해.
>
> -취업소개소에서 일하는 한 중년 여성이 내내 어두운 표정으로 멍하니 있던 취업훈련생 메리에게

인도네시아 여성들은 주로 중동과 아시아 지역에 가사노동자로 취업하는데, 그중에서도 인접국인 말레이시아로 향하는 경우가 가장 많다. 1983년에서 1993년 사이 인도네시아 여성 노동자의 해외 취업은 약 10배 증가한 13만 명에 이르렀다. 2013년에는 합법적으로 해외에 취업한 약 600만의 노동자 가운데 여성이 약 75%를 차지했다(Platt, 2018). 비합법 이주가 전체 여성 이주노동자의 40~60%를 차지한다는 점을 고려하면 전체 숫자는 훨씬 더 늘어난다. 국제적 노동분업 체제에서 저숙련 고용시장은 성별에 따라 직종이 뚜렷하게 분화되어 있다. 인도네시아 출신 이주노동자의 경우 남성은 주로 플랜테이션, 건설, 운수

[표 7-1] 인도네시아 이주노동자의 이주 전 취업 활동 (단위: %)

이주 전 취업 활동	남성	여성
유급 노동자	67	21
무급 노동자	14	9
재학	6	4
가사	3	63

출처: World Bank. 2017. *Indonesia's Global Workers: Juggling Opportunities and Risks*. p.31, World Bank, Jakarta. © World Bank. https://openknowledge.worldbank.org/handle/10986/28937 License: CC BY 3.0 IGO.

업에 종사하고, 여성은 주로 노동집약적 생산직에 취업하거나 요양 시설 근무자와 가사노동자로 일하게 된다. 특히 가사노동자가 고국에 송금하는 금액은 이주노동자의 연간 송금 총액의 51%를 차지하며, 금액으로 환산하면 약 46억 달러(5조 4천억 원)에 해당한다. 여성 이주 가사노동자는 이렇게 인도네시아 저소득층의 소비와 복지를 떠받치는 역할을 담당한다(World Bank, 2017: 36).

해외에 가사노동자로 취업하는 인도네시아 여성은 주로 가난한 농촌 지역의 저소득층 가정 출신이다. 이들 대부분은 이주 이전에 임금노동을 경험한 적이 없으며, 취업 경험이 있는 약 20%의 여성도 이주 이전 평균임금이 월 6만 원 정도에 불과했다. 인도네시아의 여성 실업률은 매우 높으며 특히 농촌은 50%에 이른다(World Bank, 2017). 여성의 해외 가사노동자 취업은 빈곤 문제가 심각한 일부 농촌 지역에서 집중적으로 이루어진다. 국내에서는 취업 자체가 어렵지만 외국에 나가면 국내에서보다 5~6배 많은 임금을 받기 때문에, 빈곤한 농촌 여성에게 해외 가사노동자 취업은 외면하거나 포기할 수 없는 경제적 기회로 여겨진다. 따라서 이주 가사노동자로 일한 여성이 고향으로 돌아왔다가 해외로 나가기를 반복하기도 하고, 심지어 정부가 가사노동자 송출을 금지해도 불법노동자가 되는 것을 감수하면서 국경을 넘기도 한다.

그러나 해외의 낯선 가정에서 고되게 일한 대가로 벌어들이는 돈이 온전히 자기 수중에 들어오는 것은 아니다. 이주 가사노동자는 월급의 상당 부분을 고향의 가족, 즉 부모, 형제자매, 남편, 자녀 등에게 송금한다. 이 돈은 가족의 기본적인 생계유지뿐 아니라, 가족이 살아갈 집을 짓거나, 자녀 또는 형제자매의 교육비로 사용되기도 한다. 돈을 벌어 고향의 가족에게 보내느라, 정작 이들은 소득을 자기 뜻대로 사용하지 못한다. 심지어 미리 자기 몫을 따로 떼어놓지 않으면 가족이 다 써버려 막상 고향에 돌아갔을 때 설 자리가 없어지기도 한다.

가사노동자로 국경을 넘는 여성들은 고생을 무릅쓰더라도 돈을 벌어 목돈도 마련하고, 가족도 조금이나마 경제적 압박에서 벗어나게 하겠다는 계획을 안고 집을 떠난다. 모든 일이 차질 없이 잘 풀리면, 이러한 계획은 몇 년 후 실현될 수 있을 것이다. 하지만 집으로 돌아오는 과정에는 계획 실현을 가로막는 온갖 장애물이 놓여 있다. 다음에서는 인도네시아 농촌 여성이 가사와 돌봄 '인력'이 되어 해외 노동시장에 '수급'되기까지 어떠한 과정을 거치는지 살펴볼 것이다.

4. 인도네시아 취업소개소와 정부: 가사노동 인력의 수급과 규제

> 어머님이 대출계약서에 서명하셔야 합니다. 숙마의 의료비용과 비행기표까지 포함해 총 1,200달러입니다. 이자까지 포함하면 1,450달러가 될 겁니다. 9개월 동안 급여에서 공제될 예정입니다. 매달 160달러씩입니다. 가족을 경제적으로 돕는다는 것만 기억하세요. 숙마가 무모하게 도망간다면 가족들이 힘들어집니다. 항상 목표를 기억하세요.
>
> -취업훈련소의 사무 담당 직원이 구직자인 숙마와 그의 어머니에게

구직자가 합법적으로 해외에 취업하려면 반드시 인도네시아 정부의 허가를 받은 취업소개소를 거쳐야 한다. 정부가 자국민의 해외 취업 과정을 직접 관리하고 감독하는 것이 현실적으로 어려운 상황에서, 취업소개소는 이주의 절차적 정당성과 제도적 안정성을 보장하는 수단이다. 가사노동자 취업소개소는 지역과 도시, 그리고 마을 단위로 연결된 내부 조직망을 통해 해외 취업을 원하는 사람을 모집하고, 이들에게 가사와 돌봄 관련 일을 하는 요령과 간단한 영어 및 중국어를 가르친다. 또한 구직자에 대한 정보를 취합해 잠재적 고용주에게 제공하고 계약이 성사되면 취업 이주 관련 서류와 교통편을 마련해 준다.

취업소개소는 주로 해외에서 일한 경험이 없는 20대 초반 여성 구직자를 대상으로 교육 과정을 운영한다. 교육받는 저소득층 여성들은 임금노동을 하는 경제적 주체가 되어 가족의 근근한 살림살이에 보탬이 되거나 자신의 미래를 준비하고자 한다. 그러나 합숙 형태로 이루어지는 교육 과정은 취업에 앞서 구직자들이 잠재적 고용주의 수요에 적합한 '인력' 자격을 갖춰야 한다고 강조한다. 즉, 국제화된 노동시장이 인도네시아 농촌 저소득층 여성에게 기대하고 요구하는 것이 무엇인지 파악하고 이에 순응하도록 훈련하는 것이다.

이들이 취업 교육에서 배우는 것은 아기 돌보기, 거동이 불편한 노인의 일상생활 보조, 요리와 청소, 빨래 같은 집안일 등이다. 또한 교육 담당자는 구직자들에게 신체, 표정, 태도 등을 고용주의 요청을 수행하기에 적합한 상태로 유지하라고 요구한다. 예를 들어 몸에 노인의 용변이 묻더라도 불쾌해하지 않아야 하고, 짐을 나르거나 거동이 불편한 노인을 들어 올리려면 너무 마르지 않아야 하며, 절대 임신하는 일이 없도록 입주 가정 안팎에서 몸가짐을 조심해야 한다고 가르친다. 또한 상호 의사소통이 아니라 고용주의 지시를 이해하고 수행하기 위해 영어나 중국어 같은 낯선 언어를 단기간에 습득해야 한다. 구직자들은 누추한 기숙사에서 부실한 음식으로 끼니를 해결하며 이런 것을 '교육받는' 대가로 취업소개소에 3개월에 약 1,500달러(180만 원)를 내야 한다.

취업소개소는 공적 서비스를 대행하는 기관이 아니라, 사적 이윤 추구를 목적으로 하는 영리 회사다. 즉, 소개소는 취업 준비의 진행 단계에 따라 구직자에게 비용을 청구하는데, 그 금액이 취업을 위한 '투자'라고 할 수 있을 정도로 크다. 미래 수익이 보장되지 않는다면 이러한 비용 부담이 구직자의 가족 전체를 경제적 벼랑 끝으로 몰아갈 수도 있다. 이런 이유로 국제노동기구(ILO)는 노동자에게 수수료 등의 비용 청구를 엄격히 금지하지만, 여러 동남아 국가는 수수료 상한선을 정하는 절충안을 택하는 데에서 그친다. 인도네시아의 경우 해외 취업 행정 절차가 여러 단계로 복잡하고 취업 대행사도 다단계로 조직되어, 취업이 성사될 때까지 청구 비용이 점점 불어난다.

교육을 마친 구직자가 해외 고용주와 계약을 맺으면 비로소 이주를 위한 행정 절차가 시작된다. 취업에 실패하면 없는 형편에 어렵게 투자한 거액의 교육비를 '날리기' 때문에, 대기 기간이 길어질수록 고용주의 무리한 요구도 수용해야 한다는 압박감을 느낀다. 고용계약이 성사되면 취업소개소는 해외 입국을 위한 건강검진 및 교통비 등의 명목으로 구직자에게 비용을 청구하는데, 그 금액이 약 1,200달러(150만 원)에 달한다. 이미 상당한 교육비를 지출한 구직자가 추가로 목돈을 구할 수 없으면, 취업소개소는 '취업 대출'을 제공한다. 대출 이자율은 최고 연 33%에 이르며, 앞으로 일하고 받게 될 월급에서 분할 상환하는 조건이다. 보통 부모가 대출 보증인이 되기 때문에, 중간에 일을 그만두면 고향에 있는 부모는 남은 대출금을 갚고 취업소개소가 청구하는 위약금까지 물어야 한다. 취업소개소는 이들에게 계약 기간을 채우는 데 실패한 사람이 치를 대가에 대해 반복적으로 경고한다. 견디기 힘든 상황에서 벗어나려고 몸부림치는 순간, 자신과 가족이 경제적으로 벼랑 끝에 몰릴 수 있음을 각인시키는 것이다.

이주노동자가 대출금을 취업소개소에 직접 갚는 것이 아니라 고용주에게 상환해야 하는 데서 더욱 심각한 문제가 발생한다. 고용주는 초기비용 명목으로 취업소개소에 목돈을 내면서 사실상 채권의 일부를 넘겨받고 수개월에 걸쳐 가사노동자의 임금을 일부 공제하는 방식으로 이를 회수한다. 초기비용을 돌려받을 때까지 노동자의 여권을 보관하는 것이 관행이기 때문에, 학대와 착취 등의 문제가 생겨도 가사노동자는 고용주 가정을 떠나기 어렵다. 즉, 대출금 분할 상환이 끝날 때까지 사실상 고용주의 채무노예 신분이 된다. 고용계약과 더불어 유사 가족관계를 맺은 고용주와 가사노동자는 무거운 경제적 부담을 사이에 두고 서로 긴장의 끈을 놓지 못한 채 생활한다. 이들에게 선택지는 고용계약이 끝날 때까지 버텨 목표했던 소득을 획득하거나, 버틸 수 없다면 모든 대가를 감수하고 '무모하게' 도망치는 것뿐이다. 어떤 이들은 처음부터 위험부담을 무릅쓰고 소개소를 거치지 않는 비합법 경로를 통해 해외 취업 길에 오르기도 한다.

저개발국 여성이 취업소개소를 통해 잘사는 나라 중산층 가정에 가사와 돌봄 '인력'으로 공급되는 과정은, 재생산노동의 국제적 분업이 고용주와 노동자 양쪽 모두에게 도움이 되는 자발적 계약 관계라는 주장의 맹점을 드러낸다. 인도네시아에서 노동이주의 실질적 관리자 역할을 하는 취업소개소는 이윤 추구를 위해 고용주와 노동자 사이에 긴장 관계를 조성한다. 각국 일간지에 보도되는 가사노동자의 학대 사례는 종종 난폭하고 탐욕스러운 고용주(주로 여성)와 폭력에 참혹하게 희생된 여성의 신체를 부각한다. 그러나 국제화된 노동시장에 합법적으로 진입하는 과정에서 가사노동자의 경제적 주체성은 이미 구조적·제도적으로 억압되거나 박탈된다. 상식적인 고용주를 만나는 것은 노동자가 인간으로서 존엄성을 잃지 않을 최소한의 조건일 뿐이다. 이러한 상황에 대해 노동이주의 궁극적 관리자이자 자국민의 '보호자'를 자임하는 정부는 어떠한 태도를 보이는가?

1965년 수하르토(Suharto) 대통령 집권과 더불어 수립된 인도네시아의 신질서(New Order) 정부는 국가 주도의 강력한 자본주의 경제발전 정책을 추진했다. 그러나 산유국인 인도네시아가 1970년대 고유가 시대에 누렸던 높은 경제성장률이 1980년대에 둔화하면서, 정부의 경제 정책에서 '노동력 수출'은 중요한 성장동력이자 농촌 빈곤 문제의 해결 방안으로 떠올랐다. 세계에서 네 번째로 많은 인구를 국내 산업을 통해서는 먹여 살릴 수 없지만, 이들의 노동력을 상품화하여 인력이 부족한 나라에 보내고 그 임금이 국내로 유입되게 한다면 빈곤 문제가 완화될 것이라는 계산이었다. 따라서 초기에 노동이주를 관장한 정부 부처는 인력자원부(Ministry of Manpower)가 아닌 무역통상부(Ministry of Trade)였다. 당시 중동과 일부 아시아 국가의 빠른 경제성장과 노동력 수요 증가는 인도네시아 노동력 수출정책의 성공을 뒷받침해 주었다. 인도네시아 국민의 해외 취업이 본격적으로 이루어지면서 인권침해와 관련된 문제가 계속해서 발생했지만, 정부는 이러한 문제가 노동력 수출정책에 지장을 주거나 정부를 비판하는 여론으로 발전하는 것을 원치 않았다. 따라서 상대 국가 정부에 문제 해결과 노동조건 개선을 요구하는 대신, 인도네시아 노동자에 대한 취업 전 정신교육을 강화하고 해외 취업의 부정적 경험에 대해 침묵할 것을 서약하도록 강요했다(Dewanto, 2020).

인도네시아가 1997년 아시아 경제위기에 휩쓸린 이후 더딘 회복세를 보이면서, 비교적 경제 상황이 좋은 홍콩, 말레이시아, 싱가포르 등 주변국으로 취업하려는 사람이 늘어났다. 그 결과 주변국에서는 늘어난 인도네시아 출신 불법노동자가 심각한 사회문제로 떠올랐고, 인도네시아에서는 해외에서 자주 보도되는 자국민 가사노동자 학대 사건이 정부에 대한 여론을 악화시켰다. 정부는 국민의 신뢰를 확보하는 동시에 이주 가사노동자를 보호하기 위해 다양한 정책을 제안했다. 그러나 정부가 실효성 있는 정책을 수립하고 추진하는 일은 쉽지 않았다. 국내 행정체계의 미비와 더불어 국가 통치권이 다른 국가에까지 미치지 못한다는 것이 가장 큰 문제였다. 따라서 해외에서 가사노동자와 관련된 문제가 발생할 때마다 정부는 국내의 관리 감독 체계를 강화하는 데 치중했다. 결과적으로, 노동이주 관련 정부 행정조직과 사설 취업소개소 조직이 더욱 비대해지면서, 오히려 노동자가 부담해야 하는 이주비용이 증가하는 부작용이 나타났다(Dewanto, 2020).

한편 해외에서 인도네시아 가사노동자 학대 사건이 반복되고 정부의 책임을 묻는 비판적 여론이 형성될 때마다, 인도네시아 정부는 일시적 혹은 영구적으로 자국민 여성의 해외 가사노동자 취업을 중단하는 정책을 꺼내 들었다. 2009년 6월에는 말레이시아에서 인도네시아 가정부를 학대하거나, 임금을 체불하고, 강제노동을 시키는 사례가 자주 발생한다는 이유를 들어 여성 가사노동자의 신규 이주를 중단했다. 이 조치는 2011년에 새로운 양해각서가 체결되면서 일단 철회되었지만, 정부는 장기적으로 가사노동자의 수출을 전면 중단하는 계획을 구상했다.[6] 2011년에 발표한 '2017년까지 가사노동자 수출 전면 중단 추진계획'은 인도네시아 여성들이 앞으로 비공식 가사노동자, 즉 개인 고용주를 위해 일하는 가정부, 보모, 요양사 등으로 해외에 취업하지 않는 것을 목표로 했다(World Bank, 2017). 이러한 정책은 2014년 조코 위도도(Joko Widodo, 이하 조코위) 대통령 취임 이후에도 이어져, 2015년

6 같은 해 정부는 사우디아라비아에 가사노동자가 새로 취업하는 것을 금지했으며, 이 조치는 2015년 5월 중동과 북동아프리카 지역 21개국으로 확대되었다.

2월에는 인도네시아 여성의 해외 가사노동자 취업을 궁극적으로 중단시키려는 정부 계획이 발표되었다.

정부가 공식적으로 내세운 정책의 명분은 자국민의 인권 보호, 즉 인도네시아 국민이 해외에서 부당한 대우를 받거나 위험에 처하는 일이 없게 하겠다는 것이었다. 그러나 전·현직 대통령인 수실로 밤방 유도요노(Susilo Bambang Yudhoyono)와 조코위의 발언은 정책 구상에 저소득층 가사노동자가 아닌 고위층 엘리트 남성의 입장이 담겨 있음을 보여 준다. 2011년 대통령이었던 유도요노는 '가사노동자 수출중단계획'이 "애국심(nationalism)과 국민단결(solidarity)의 문제"이며, 해외에 취업하는 인도네시아 국민은 이제 비공식 영역의 저숙련 인력이 아닌 공식 영역의 전문 직업인으로 일해야 한다고 주장했다.[7] 그의 주장은 인도네시아 국민의 취업이주가 저숙련 직종에 집중되어 있으며, 비공식 영역의 여성 가사노동자가 큰 비중을 차지하는 현실을 철저히 외면한 것이었다.

한편 2015년 조코위는 국가의 자신감(pride)과 자존심(dignity)을 지키기 위해 자국민 여성의 해외 가사노동자 취업 중단 정책을 예고했다. 말레이시아와의 정상회담에서 상대측이 120만 명에 달하는 인도네시아 출신 불법노동자 문제와 가사노동자의 처우 문제를 연계해 언급한 것이 직접적 계기였다. 조코위는 공식 석상에서 인도네시아가 불법이주노동자와 가사노동자의 나라로 언급된 것을, 대통령 개인의 자존심과 국가 전체의 위신에 대한 위협으로 받아들였다. 조코위에 따르면 "이것은 자존심의 문제이며, 말레이시아 정부와의 양자 회담에서 이에

7 "Stop export of domestic workers: SBY," *The Jakarta Post*, 2011. 4. 14, https://www.thejakartapost.com/news/2011/04/14/stop-export-domestic-workers-sby.html (접속일: 2021. 4. 20).

대해 언급하는 것은 매우 수치스러운(shameful) 일이었다."[8]

이후에도 말레이시아에서 가사노동자 학대 문제가 발생할 때마다, 인도네시아 정부는 상대국 정부와 '자존심을 건' 외교 공방에 열을 올리거나, 여성 이주 가사노동자의 '보호'를 내세운 다양한 정책을 발표했다. 그러나 2009년 가사노동자 송출 금지 조치 직전까지도 정부는 적극적인 인력수출 정책을 폈으며, 취업소개소를 통한 착취적 노동이주를 제도적으로 보장해 주었다. 여론이 악화하자 뒤늦게야 가사노동자의 가부장적 보호자이자 국가 자존심의 수호자를 자임하고 나섰지만, 정부는 이들의 권익을 실질적으로 보호하는 장치를 마련할 의지도 능력도 없었다. 실효성 없는 외교 논쟁과 현실성 없는 정책이 난무하는 가운데, 이미 많은 문제점을 드러낸 정부의 이주 감독 시스템은 더욱 무력해졌다. 부실한 제도조차 힘을 잃으면서, 가사노동자의 해외 취업은 경제적 궁핍에서 조금이라도 벗어나려는 구직자들과 영리 활동을 이어 가려는 취업소개소의 필요에 따라 '관행적으로' 계속되었다.

국제적 경제 불평등의 지형, 엘리트 관료가 주도한 경제정책의 실패로 국내 저소득층이 심각한 빈곤을 겪고 있을 때, 수많은 인도네시아 여성은 해외에서 가사노동자로 일하면서 가족뿐만 아니라 가난한 농촌의 생계를 책임졌다. 그러나 대통령을 비롯한 남성 엘리트 정부는 이들을 국가경제에 보탬을 준 공로자가 아니라, 불법으로 해외에 나가 낮은 임금을 받고 하찮은 일을 하며 국가에 수치를 안기거나, 학대와 착취 상황에 쉽게 노출되어 국가의 보호가 필요한 나약한 존재로 취급한

8 Z. Nazeer, "Indonesia will stop sending its women to work as maids overseas, says Jokowi," *The Straits Times*, 2015. 2. 14, https://www.straitstimes.com/asia/se-asia/indonesia-will-stop-sending-its-women-to-work-as-maids-overseas-says-jokowi (접속일: 2021. 4. 21).

다. 앞에서 살펴보았듯이, 여성 이주 가사노동자의 경제 주체성은 이미 국내에서부터 제도적으로 억압하고 박탈당한다. 여기에는 정부가 만든 '인력수출' 정책의 실질적 수행자인 취업소개소가 적극적으로 개입한다. 정부는 비난을 회피하기 위해 가사노동자의 취업 이주 자체를 중단시키는 방식으로 발을 빼지만, 이러한 선택이 초래한 결과는 다시 저소득층 여성이 떠안게 된다.

실제로 2009년 인도네시아 정부가 가사노동자의 말레이시아 취업을 금지한 이후, 해외 가사노동자 취업이 활발하던 빈곤 지역을 중심으로 여성 실업률이 급격히 높아졌다. 결국 여성들은 비합법 경로를 통해 해외에 가사노동자로 취업하는 길을 택했다. 금지 조치 이후에도 전체 여성 이주노동자 숫자는 뚜렷한 감소세가 나타나지 않는 가운데, 2010년과 2011년 사이 말레이시아에 비합법적으로 취업한 가사노동자는 이전보다 58% 증가했다(World Bank, 2017). 어떻게든 나가서 돈을 벌어야만 하는 여성들은 이제 합법성이 제공하는 최소한의 안전장치도 없이 국경을 넘어 가사노동자 인력시장에 뛰어들고 있다. 그리고 말레이시아 정부는 이러한 상황을 적극적으로 자국에 유리하게 활용하려 한다.

5. 말레이시아 정부: 양해각서의 무력화와 '메이드 온라인'

말레이시아 정부는 합법 이주 경로를 통해 외국인 가사노동자가 원활하게 수급되도록 하는 한편, 현실적 필요에 따라 비합법 이주자의 취업에 탄력적으로 대응해 왔다. 말레이시아와 인도네시아 사이 합법 노동이주의 경우, 2000년대 이후 상호양해각서에 기반해 일정 기간이 지나면 귀국을 보장하는 조건으로 취업 허가를 내주는 순환이주 제도가 자리 잡았다. 특히 외국인 가사노동자 관련 정책은 이주의 합법성 보장이나 노동자의 인권보호보다 고용주가 감당하기 어려운 가사와 돌봄 또는 부실한 사회복지 서비스를 대신해 줄 값싼 인력을 원활하게 공급하는 데 초점을 둔다. 합법이든 비합법이든, 중산층 가정이 가사노동자를 쉽게 구할 수 있고 고용주와 노동자의 관계가 통상적으로 유지되는 한, 개별 가정에 고립된 인도네시아 가사노동자의 보이지 않는 노동은 그저 당연한 일상으로 여겨진다.

순환이주 제도의 핵심은 이주노동자가 계약 기간을 어떻게든 버텨 내다가 계약이 종료하면 반드시 떠나야 하며, 그들이 떠난 자리는 곧 다른 사람들이 채우게 된다는 것이다. 즉, 부당한 대우를 받거나 일을 계속하기 어려운 상황에서도 이직하거나 그만둘 수 없고, 오래 남아 일하기를 원하더라도 체류를 연장하기가 쉽지 않다. 가사노동자의 경우 일반적인 노동 보호 대상에서도 제외되기 때문에 더욱 취약한 상황에 놓인다. 이주의 합법성이 요구하는 복잡한 행정 절차와 인도네시아에서부터 짊어지고 온 채무 관계가 이들을 옭아맨다. 이런 상황에서 이들이 바랄 수 있는 것은 무난한 고용주를 만나거나 견딜 만한 일자리를 구해 제대로 임금을 받고 무사히 귀국하는 것이다. 그러나 취업이주 제도는 이들의 '무사 귀환'을 보장해 주지 않는다.

말레이시아 중산층이 일상을 유지하는 데는 수많은 인도네시아 여성의 노동이 필수적이지만, 평소 이들은 눈에 잘 보이지 않는 당연한 존재로 여겨진다. 인도네시아 가사노동자에 대한 극단적 학대가 발생하거나 가사노동 인력이 '적절한 가격에 원활하게 수급'되지 않을 때 비로소 이들은 세간의 주목을 받는다. 인도네시아 정부의 가사노동자 송출 금지 조치의 경우, 학대 사건은 외교 분쟁으로 이어져 결국 가사노동자 수급에 차질을 초래했다. 집안일을 하고 아이와 노인을 돌봐 줄 인도네시아 여성을 구하기 어려워지자, 이들의 노동에 의존해 오던 말레이시아 중산층 가정은 비합법적 방법으로 가정부를 구하거나 인도네시아보다 더 빈곤한 동남아시아 국가 출신 가정부를 물색하기도 했다. 그러나 비합법적 고용은 노동자뿐만 아니라 고용주에게도 위험부담을 안겨 주었다. 또한 언어와 문화를 공유하는 인도네시아 가사노동자는 다른 동남아시아 국가 여성들로 쉽게 대체될 수 없었다.

말레이시아 정부는 이러한 상황에 대처하기 위해 특단의 대책을 내놓았다. 2017년에 정부는 2006년부터 2016년까지 유지되었던 말레이시아-인도네시아 가사노동자 양해각서 체제를 갱신하는 대신, 말레이시아 이주국(Immigration Department)을 통해 외국인 가사노동자를 직접 고용하는 온라인 시스템을 구축했다. 인도네시아 정부가 정한 합법적 이주 절차와 비용 구조를 우회해 가사노동자를 구할 수 있도록 하는 조치였다. 당연히 인도네시아 정부는 이 시스템 도입에 강력하게 반대했지만, 말레이시아 정부는 계획대로 새로운 제도를 도입했다. '메이드 온라인(Maid Online)'이라는 가정부 고용 시스템은 말레이시아 가정이 이전보다 더 "빠르고 저렴하고 편리하게" 외국인 가사노동자를 구할 수 있다는 점을 강조했다.[9]

인도네시아 정부는 온라인 직접 고용 시스템이 말레이시아 고용주와 인도네시아 가사노동자 양측 모두에게 불이익을 안겨 줄 거라고 주장하며 양해각서 체제로의 복귀를 요구했다. 2020년 말레이시아에 부임한 인도네시아 대사는 양해각서가 없으면 자국민이 제대로 보호받지 못할 것이며, 취업소개소 없이는 고용관계에 문제가 생겨도 해결하기 어렵고, 취업소개소 경유를 의무화한 인도네시아 법을 무시하면

9 J. KAOS Jr, "Hiring of foreign maid online takes eight days," *The Star*, 2017. 12. 30, https://www.thestar.com.my/news/nation/2017/12/30/hiring-of-foreign-maid-online-takes-eight-days/ (접속일: 2021. 5. 18).

이미 (270만 명 중) 200만 명에 달하는 불법노동자의 수가 더욱 증가할 거라고 주장했다. 또한 일도 못 하는 시골뜨기 가사노동자 때문에 짜증 난 고용주가 폭력을 쓰는 일이라도 생기면 인도네시아 사람들이 말레이시아에 반감을 느낄 수 있다고 경고했다.[10] 그러나 양해각서와 취업 소개소는 자국민 보호와 고용분쟁 조정 역할을 충실히 수행하기보다, 오히려 고용주가 폭력을 행사해도 가사노동자가 대응할 수 없는 취업 이주 관행을 만들어 냈다. 말레이시아 정부가 인도네시아 측의 외교적 압박에 별 반응을 보이지 않는 가운데, 인도네시아 농촌의 저소득층 여성들은 여전히 자신과 가족을 위해 타국에서 가사노동자가 되는 길을 택한다. 자존심 상한 인도네시아 정부도, 가사노동자 인력 수급에 비상이 걸린 말레이시아 정부도, 이 여성들을 권리와 주체성을 지닌 인간이자 노동자로 대우해 주지 않는다.

6. 저평가된 경제 주체의 고단한 삶

물론 가사노동자로 해외에 취업한 인도네시아 여성 가운데 계약 기간을 무사히 마치고 고향에 돌아와 자신이 번 목돈으로 이전보다 "안전하고 평화롭게" 살아가는 사람도 있을 것이다. 그러나 취업이주의 목표를 달성하기까지, 여성들은 임금노동을 하는 경제적 주체이자 인격을 가진 개인으로서 누려야 할 권리의 많은 부분을 포기하도록 제도적으로 강요당한다. 게다가 공개된 작업장이 아닌 개인의 가정에 고립

10 P. Gabriel, "Indonesia: no deal, no maids," *The Star*, 2020. 12. 29, https://www.thestar.com.my/news/nation/2020/12/19/indonesia-no-deal-no-maids (접속일: 2021. 5. 11).

되어, 정해지지 않은 업무시간에 정해지지 않은 범위의 일을, 노동자가 아닌 가족의 '도우미'로서 수행하는 고단한 삶에 대한 경제적 보상의 상당 부분은 이주의 합법성을 획득하기 위한 비용으로 소진된다. 이들은 자신의 노동으로 빈곤한 인도네시아 농촌과 풍요로운 말레이시아 도시의 일상을 동시에 떠받치고 있다. 그러나 여성 이주 가사노동자의 경제적 기여는 양국 정부와 사회에서 인정받지 못하고, 오히려 기본적 인권과 노동권마저 위협당하는 현실이다. 노동의 국제이주와 관련된 권한을 독점하는 정부가 이주노동자의 권리에 무관심한 태도를 보이는 가운데, 인도네시아의 여성연대(Solidaritas Perempuan), 말레이시아의 여성의힘(Tenaganita)과 같은 비정부기구(NGO)가 여성 이주노동자의 권리를 위해 활동하고 있다.

이러한 상황은 단지 말레이시아에 취업하는 인도네시아 출신 가사노동자에게 국한되지 않는다. 경제적으로 발전한 나라의 중산층 가정에서 가족의 '도우미' 역할을 하는 외국인 여성 노동자는 고용주의 '등골이 휘지' 않는 수준의 임금을 받으면서 노동 보호가 적용되지 않는 가사와 돌봄을 담당하다가 계약 기간이 끝나면 본국으로 돌아가야 한다. 순환이주 체제에서 이주노동자가 감당하는 직간접적 비용은 증가하지만, 가사와 돌봄 노동의 이전이 필요한 대다수 여성 고용주의 지갑은 아무리 일해도 좀처럼 두꺼워지지 않는다. 각국 정부가 탈인격화된 가사노동 '인력'의 '수요와 공급'을 이야기하며 자국의 이익을 저울질하는 상황에서, 국경을 넘는 가사와 돌봄의 이전을 통해 만난 노동자와 고용주는 과연 '호혜' 관계를 맺을 수 있을까? 그러한 관계의 모색은 저임금 노동을 담당할 외국인 여성 '인력 공급'이 과중한 역할 부담에 시달리는 선진국 여성들을 자유롭게 할 것이라는 주장의 허구성을 깨닫고 가사노동자 이주 제도의 현실을 직시하는 데서 시작되어야 할 것이다.

제8장

국가와 가족의 경계를 넘는 필리피나 '내니'이자 '엄마'의 삶

#아시아 여성의 오늘은 국민국가와 정상가족의 모순을 드러내고 넘어선다

아이를 돌보는 일은 사회를 재생산하는 중요한 일이다. 그러나 누가 하는지에 따라 죄책감을 느끼는 일이 되기도 한다. 이주노동자 필리피나 내니들처럼 더 잘사는 나라에서 다른 가정의 아이를 돌보느라 자기 아이를 돌볼 수 없는 엄마들의 경우가 그렇다. 이 글은 한국에서 일하는 아이린과 아이린의 가족 인터뷰 그리고 필리핀 사회가 주목했던 플로르와 욜리에 관한 언론 보도 내용을 통해, 필리피나 내니 담론의 모순과 변화에 주목한다. 아이린의 삶은 '엄마'라는 자아와 '엄마의 일'을 하는 이주노동자라는 자아 그리고 '자유로운 사람'이 되어야 한다는 신자유주의 시대의 자아를 조율해 나가야 하는 압박 아래 놓여 있다. 필리피나 내니의 '엄마 역할'은 돈을 벌기 위한 노동과 원거리에서 (초국적으로) 가족을 돌보는 활동으로 나뉘지만, 이 두 영역의 경계는 동전의 양면과 같이 앞뒤가 서로 맞붙은 관계다. 국제적 '돌봄의 연쇄' 속에서 이러한 삶이 증가하고 누적되는 과정은 결국 여성의 '가내성'으로 접착된 국민국가와 가족 간 관계, 즉 일국적 가족의 '정상성'에 내재한 모순을 드러내고 균열을 내는 변화를 가져온다.

1. '필리피나 내니', 아이린의 이야기

> 재민이를 보면서 필리핀에 있는 내 아기에게 죄책감을 느끼기도 해요. 우리 애는 놔두고 다른 사람 아이를 돌보고 있으니. 한번은, 그런 생각에서 빠져나오기가 너무 힘들어, 남편에게 전화해서는 "더 이상 이런 일은 못 하겠어. 우리 아기가 생각나서 더는 못 하겠어."라며 한참 운 적도 있어요. 항상 내 아기가 생각났어요. 처음에 일할 때는 정말이지, 언제나 속으로 계속, 미안해 미안해, 되뇌며 울었어요. 이제는 마음을 강하게 먹고 살아요. 괜찮다고, 난 언제나 자유로운 사람이라고. 생각을 너무 많이 하지 않으려고 해요. 생각이 스트레스를 주니까. 그냥 내 일에 집중하자, 돈을 벌기 위한 것이다, 그렇게 생각해요. 이런 일을 구한 것이니 계속 해야 한다, 부자로 태어나지 않았으니 삶이 어려운 거다.
>
> -2010년 1월 2일, 경기도 마석 숙소에서 아이린과의 인터뷰

필리피나 내니 아이린과 고용주 재민이 엄마는 둘 다 일하느라 자기 아이를 직접 충분히 돌보지 못한다. 아이린이 느끼는 감정을 재민이 엄마도 비슷하게 느낄 수 있겠지만, 아이린의 경우는 자기 아이는 돌보지 못하고 대신 다른 아이를 돌본다는 점에 죄책감의 방점이 찍힌다. 보모 일에는 아이 엄마가 가장 적합하다는 관념 때문에 이주노동자 '내니(nanny)'는 엄마의 일로 돈을 벌기 위해 자기 아이와 떨어져 지내야 하는 모순에 직면한다. 아이린이 스스로를 "자유로운 사람"이라고 생각하려는 것은 엄마로서 집을 떠나 엄마의 일을 노동으로 해야 하는 모순적 상황을 극복하려는 노력이다. 이렇게 해외 이주노동자 여성이 가족과 모성의 이상을 실천하기 위해서는 가족과 모성의 정상성이라는 통념을 어떤 식으로든 벗어나야 한다. 이 글에서는 원래 가정과 국가를 떠나 생활하는 필리핀 여성들의 이주노동 경험이 여성의 '가내성

(domesticity)'으로 접착된 국민국가와 가족의 관계에, 즉 일국적 가족의 정상성에 어떤 식으로든 변화를 가져온다는 점을 논의하고자 한다. 아이린의 한국 생활과 이주 배경에 대해 좀 더 소개하면 다음과 같다.

아이린은 2010년 인터뷰 당시 서울의 한 중상층 가정에서 7개월 된 재민이를 돌보는 입주 베이비시터로 일하고 있었다.[1] 고용주 부부 중 남편은 세계적 IT 기업에서, 아내는 한국에서 가장 큰 IT 기업에서 일했다. 30대 후반인 이들에게는 재민이 외에도 5세 여자아이가 있었는데, 근처에 사는 재민이 할머니가 집안일과 큰 손녀 유치원 등교를 봐주었다. 남편은 출장도 많았고 일주일에 한두 번만 집에 오는 등 무척 바빴다. 아내도 밤늦게 퇴근하는 경우가 많았는데, 회사에서 전화로 아이 상태를 확인하곤 했다. 아이린보다 한 살 어린 재민이 엄마는 아이린을 '언니'라고 불렀고, 5세 재민이 누나는 아이린을 '이모'라고 불렀다. 아이린은 이들과 밥도 같이 먹고, 진짜 가족처럼 대우받았다. 무엇보다 재민이는 엄마나 할머니보다 아이린을 더 좋아했다. 아이린도 재민이를 무척 사랑해 잠든 모습을 보면서 손발에 키스를 해주곤 했다. 일주일 동안 설날 휴가를 떠나면서 아이린은 재민이를 꼭 껴안아 주었고, 재민이도 아이린과 헤어지기 싫어 엘리베이터까지 따라 나오면서 울었다.

아이린의 숙소는 경기도 마석공단 내 노후한 건물 이층의 방 두 개와 거실이 있는 허름한 공간이었다.[2] 아이린과 남편 레이가 방을 하나 쓰고, 다른 방은 다른 필리핀 노동자가 썼다. 내가 방문한 날은 설

1 이 글의 인터뷰 내용에 등장하는 사람들의 이름은 모두 가명이다.

2 마석공단은 당시 미등록 체류자들의 게토와 같은 곳이었다. 마석공단의 역사와 당시 현황, 그리고 그곳에서 일하던 필리핀 여성 이주노동자의 전반적인 생활 양상에 대해서는 김민정(2011)을 참고하기 바란다.

연휴였지만 드라이클리닝 공장에서 일하는 남편은 출근해 집에 없었다. 겨울은 매우 바쁜 시기라 거의 종일 기계를 돌려야 하는데, 밤에는 유일한 외국인 노동자 레이가 혼자 기계를 돌려야 했다. 설 휴가 동안 아이린은 다른 필리핀 여성들과 함께 설 요리를 해 먹었다. 마석의 필리핀 이주노동자들은 거실 있는 집에서 사는 경우가 드물었기 때문에 아이린의 집은 종종 필리핀 친구들의 회합 장소가 되었다. 한국에 온 지 10년이 되었지만, 아이린은 그동안 고향을 단 한 번도 방문하지 못했다. 한국에서 낳은 두 아이는 출생신고 기한을 지키기 위해 태어난 지 한 달이 되기 전에 아는 사람에게 부탁해 필리핀의 가족에게 보냈다. 그러니까 아이린은 생후 한 달 이후 두 아이를 실제로 만나 접촉한 적이 없는 것이다. 한편 미등록 체류자 신분이지만 남양주이주노동자여성센터에 소속된 아이린은 '외국인노동자 의료공제회'에 매달 만 원을 내고 산부인과 진료 등을 받고 있었다.

한국으로 오기 전 아이린은 대학에서 조산원 교육을 받았고 병원에서도 일했다. 그러나 곧 주변의 다른 필리핀 여성들처럼, 싱가포르로 가서 입주 가내노동자(domestic helper)로 일했다. 22세에 경험한 첫 이주노동자 생활은 무척 힘들었다. 고향에 돌아오니 초등학교 때부터 알던 레이가 사우디아라비아에서 일하고 돌아온 참이었다. 당시 레이의 아버지가 한국의 마석에서 일하고 있었기 때문에 레이는 다시 한국으로 나갈 계획을 세웠다. 아이린과는 출국하기 3일 전에 결혼했으나 신고 절차를 마치지 못했다. 1997년 말 한국에 도착한 레이는 IMF 경제위기가 발생하는 바람에 돈을 제대로 벌지도 못하고 필리핀으로 돌아오지도 못해, 2년 후 아이린이 한국으로 합류했다. 당시 남편과 시아버지는 생활비를 줄이기 위해 마석에서 10여 명의 다른 친척들과 함께 살며 일했다. 입국 초기에 아이린은 이들 공동주택의 집안일을 도맡아 하면서 두 아이를 낳았고, 주변 공장에서 아르바이트식으로만 일했다. 둘째까지 필리핀으로 보내고 나서야 본격적으로 일을 찾아 나섰다. 외국인들이 입주 도우미를 구하는 사이트를 알게 되어 싱가포르에서의 경력을 살려 입주 간병이나 보육 일을 했다. 재민이네 일자리는 고용주였던 한 미국인이 필리피나 내니를 찾고 있던 재민이 아빠와 아는 사이여서 소개해 준 곳이었다.

가정 내 여성의 일을 다른 여성에게 전가하는 젠더화된 노동시장이 세계화되면서, '필리피나 내니' 일은 오늘날 경제 선진국의 가정을 유지하는 데 크게 기여하고 있다. 한편으로 이는 근대 자본주의 아래 개인은 성적 구성에서 자유로운 노동자가 될 수 없다는 점에서, 근대 사회가 기반한 "성적 계약(sexual contract)"의 일면을 드러낸다(페이트만, 2001; 틸리·스콧, 2021). 다른 한편으로 글로벌 노동시장의 수요에 맞춰 고국과 가정을 떠나 일하는 여성들은 이주노동자라는 글로벌 자아를 새로이 경험하면서 엄마라는 성적 자아를 재규정해야 할 상황에 맞닥뜨린다. 이주여성들이 수행하는 해외 가정에서의 가내노동은 과거 미국의 흑인 보모들이 받아들여야 했던 "(제자리를) 벗어난 엄마 역할(diverted mothering)"에 비유되기도 한다(Wong, 1994). 여기에 더해 오늘날의 여성 해외이주노동자들은 모바일 통신기술과 송금이나 택배 서비스 등을 이용해 원거리에서 고국의 가족 운영을 책임지는 "초국적 엄마 역할(transnational mothering)"을 수행한다는 점도 제시된다(Parreñas, 2001). 이렇게 필리피나 내니의 엄마 역할은 돈을 벌기 위한 노동과 원거리에서 가족을 돌보는 활동으로 나뉘지만, 두 영역의 경계가 완전히 구분되지 않으며 동전의 양면과도 같이 앞뒤가 연결되어 있다. 여기서는 이러한 엄마 역할의 분기와 변형이 여성과 결부된 가내성에 기반을 둔 일국적 가족의 정상성에 균열을 내는 과정이라는 점을 논의하고자 한다.

이주노동자로서 아이린의 삶은 세 종류의 가정 영역(domestic

sphere)에 걸쳐 있다. 남편과는 주말에만 마석에서 함께 생활하고, 필리핀에 있는 아이들과 친정 식구와는 물리적으로 떨어져 있지만 거의 매일 통화하면서 일상을 파악하며, 일터인 재민이네 가정에서는 숙식을 비롯해 대부분의 생활을 함께한다. 이렇게 아이린의 삶이 걸쳐 있는 필리핀과 마석, 서울의 상황은 벡(Beck)과 벡 게른스하임(Beck-Gernsheim)이 "세계가족(world family)"이라고 이름 붙인, "지구화된 세계의 차이들이 반영"되고 "사랑의 지구적 혼란"을 특징으로 하는, 글로벌 이주 시대 가족의 장면 중 일부다(벡·벡 게른스하임, 2012: 12). 세계가족이라는 용어는 분석적이기보다는 진단적이다. 근대를 떠받쳐 온 두 유형의 공동체인 국민국가와 가족의 정상성이 더 이상 순조롭게 작동하지 않으며, 젠더와 이동성의 결합으로 발생하는 이 두 공동체의 변화는 서로 밀접하게 얽혀 있음을 제시한다.

그렇다면 가족과 모성에 대한 장황하고 복잡한 설명이 필요한 필리피나 내니 아이린의 삶은 어떻게 세계화된 불평등과 결부되며 국민국가와 가족 정상성의 모순을 드러내는가? 아이린의 삶과 경험에서 '엄마'라는 자아와 '엄마의 일'을 하는 이주노동자라는 자아, 그리고 '자유로운 사람'이 되어야 한다는 신자유주의 시대의 언명에 따른 자아는 어떻게 조율되거나 통합될 수 있을까? 아래에서는 먼저 세계화된 불평등을 배경으로 하는 필리핀 국가의 노동력 해외 송출이 여성화되어 온 맥락을 국가정책과 가족의 대응 방식을 통해 살펴본다. 이어 필리핀 해외 이주노동자를 영웅시하는 담론과 그 변화를 검토하면서 세계화된 불평등이 젠더화된 가내성을 통해 가족의 정상성 관념에 균열을 가져오는 논리를 탐색한다.

이러한 논의를 위해 필자는 2010년에 인터뷰한 아이린과 가족들의 이야기를 출발점으로 삼아, 20년의 시차를 두고 필리핀 사회에 널리 알려졌던 두 필리피나 내니의 이야기를 소개하고 해석한다. 이 글에서는 이 이야기 그 자체를 대표성을 가지거나 직접적인 내용 분석 요소를 담은 대상으로 다루려는 것은 아니다. 필리핀 여성의 해외 이주노동을 둘러싼 가족과 국가, 글로벌 이동, 불평등 간 연결성이 실현된 하나의 "전형(epitome)"을 보여 주는 것으로 제시할 것이다(Geertz, 1973: 231). 그리고 필리핀 해외 이주노동의 역사와 문화, 국가정책과 통계 무엇보다 가내노동자로 일하는 필리핀 여성의 이동성과 젠더에 대한 기존 연구 내용들을 해석의 맥락적 배경으로 동원하려 한다.

2. 해외 이주노동자에게 기댄 국가와 가족

"그럼 아이린은 이주노동자가 되었기에 성공한 것인가요?"
"그럼요. 싱가포르에도 갔었고, 거기서 저금도 할 수 있었고, 레이를 만나 지금처럼 집이며 논이며, 트랙터, 도요타 밴까지 사놓았으니 성공했죠."

-2010년 1월 31일, 루손 팡가시난에서 아이린 이모와의 인터뷰

"아이린이 언제 돌아온다고 이야기하던가요?"
"(눈을 크게 뜨고 단호한 표정으로) 그런 말은 안 했어요."
"약간 향수병에 걸린 것 같던데……."
"아니에요. (우린) 항상 통화해요."
"이주노동의 문제는 없을까요?"
"일이 힘들지요. 또 거기(해외)에서도 일이 없으면 저금한 돈을 다 날리더라고요. 그래도 아이들 공부 가르치고 좋은 직업 가지라고 나가서 일하는 거예요. 여기서 공장 다녀서는 돈을 못 벌어요. 그렇다고 은행이나 뭐 그런 데서 일하기는 힘들고요. (해외로) 나가야 돈을 많이 벌 수 있어요."
"아이들에게는 부모가 없는 것이 힘들지 않을까요?"

"아이들이 아직 어려서 괜찮아요. 아이 할머니, 할아버지도 있고 나도 있고."

"부모도 해외에서 아이들이 보고 싶지 않을까요?"

"아마 그렇겠죠. 그래도 사정이 이러니 할 수 없죠. 매일 전화하니 괜찮을 거예요."

-2010년 1월 31일, 루손 팡가시난에서 아이린 여동생과의 인터뷰

필리핀 중부 루손(Luzon)의 농촌 마을에 있는 아이린의 집은 마석의 집과 비교도 안 되게 좋았다. 마을 안쪽 시야가 확 트인 산 아래 반듯하고 크게 지은 콘크리트 주택 내부는 반질거리는 대리석 바닥과 깔끔하게 페인트칠 된 벽으로 꾸며져 있고 마호가니 가구와 대형 TV, 냉장고와 아이들 장난감이 가득했다. 한국에서 태어난 후 한 달도 되기 전에 필리핀으로 와 벌써 열 살이 된 딸 조이와 네 살이 된 아들 마트는 이 집에서 외조부모와 함께 지냈고, 아이들의 이모도 가까이 살면서 아이들을 돌봐 주었다. 아이린 부부는 10여 년간 한국에서 일한 돈으로 고향에 집과 1헥타르의 논, 트랙터, 도요타 밴 등을 마련했다. 이렇게 가족을 위한 삶의 터전을 일구어 놓은 아이린 부부는 고향에서, 한국에서 미등록 이주노동자로서 받는 대우와 정반대로, 성공한 사람들로 여겨졌다. 한국에서 아이린은 내게 이주노동 생활의 고됨과 아이를 보지 못하는 고통, 그럼에도 일을 계속 해야 하는 무거운 책임감 등을 토로했지만, 필리핀의 아이린 어머니와 여동생은 내게 "여기는 괜찮으니" 아이린이 "아무 걱정 없이" 한국에서 일을 계속해도 된다는 점을 강조했다. 그러나 지난 10년 동안 아이들은 엄마가 필요할 때면 할머니나 이모를 찾아야 했다. 특히 아직 어린 마트는 외할머니를 "나나이(nanay, 엄마)"라고 불렀고, 한국에서 온 나를 사람들에게 엄마라고 말하기도 했다. 이 필리핀 가정은 아이들이 한국의 부부 사이를, 그리고 이

들 부부와 필리핀의 확대가족 관계망을 연결해 주는 중심이 된다. 아이린의 부모와 여동생 가족 등 확대가족 관계망에 포함된 사람들이 살아가는 방식은 아이린의 해외 이주노동 지속 여부와도 밀접하게 관련된다.

해외 이주노동자에 대한 필리핀 정부의 공식 명칭은 OFWs (Overseas Filipino Workers)다.[3] 공식 통계가 집계되기 시작한 1975년에 3만 6천여 명이던 OFWs의 수는 10년 만에 10배 이상으로 증가했고, 2006년에는 100만 명을 넘을 정도로 증가 추세가 지속되었다.[4] 2019년 4월부터 9월 사이 해외에 체류 중인 필리핀 출신 이주노동자는 220만여 명, 이들의 총송금액은 약 2,118억 페소(한화 4조 8,734억여 원)에 달했다.[5] 인구수와 송금액 규모가 보여 주듯이 해외 이주노동자는 필리핀 사회의 교육과 노동시장, 가족과 국가경제 전반에 크게 영향을 미치는 중요한 사회집단이다.

OFWs 중 여성의 비율은 1975년에 30% 정도였으나 1992년에 50%를 넘어선 뒤 1990년대 말부터 더욱 증가해 2004년에 74%로 정점을 찍었다. 2004년 이후 일본의 엔터테이너 비자 발급 법규가 바뀌면서 다시 하락했지만, 2010년 이후로는 55% 이상을 유지하고 있다.[6]

3 필리핀 해외 이주노동자(OFWs)에 대한 통계는 해외 필리핀인(Overseas Filipinos)의 하위 범주로 집계되며, 노동계약을 한 경우(OCWs: Overseas Contract Workers)와 아닌 경우를 다 포함하는데, 2019년의 경우 노동계약을 한 비율이 96.8%에 달했다(PSA, 2020).

4 IOM(International Organization for Migration), 2013, *Country Migration Report 2013: The Philippines*.

5 PSA(Philippine Statistics Authority), 2020, "Total Number of OFWs Estimated at 2.2 Million," https://psa.gov.ph/content/total-number-ofws-estimated-22-million (접속일: 2023. 2. 15).

6 POEA(Philippine Overseas Employment Administration), Each year, "Deployment Statistics," 김민정(2020: 37)에서 재인용.

필리피나 해외 이주노동자 대부분은 가사와 간병, 청소 등의 일을 한다. 2010년의 경우 (육지 근무) 신규 계약 출국자(new-hire deployments) 중 여성이 절대다수인 직종은 가사서비스노동자(98%)와 간병인 및 경비(94%), 가사일 및 관련 서비스 노동자(85%)로, 이 세 직종에 취업한 사람은 전체 여성의 58%였다.[7] 해외 이주노동에서 여성의 참여가 높고 여성들이 주로 가사나 간병 직종에서 일하는 상황은 이주노동에 대한 경제 선진국의 수요가 젠더화되어 있기 때문이다. 또한 필리핀이 이러한 해외의 여성 노동 수요에 맞춰 이주노동력을 공급할 수 있는 국가 중 하나라는 점을 말해준다.

아이린 이야기는 필리피나 내니라는 해외 여성 이주노동에 대한 수요가 경제 선진국에서 여성들의 취업이 증가하면서 생겨난 가정 내 "돌봄의 결핍(care deficit)"을 잘 보여 준다(Hochschild, 1995; 2000; Parreñas, 2001). 임금 수준이 국내보다 몇 배 높은 해외 임금노동 수요에 부응해 필리핀 여성이 필리핀을 떠나면, 이들의 가정은 돌봄의 결핍 상태가 된다. 이럴 경우에는 대부분 아이린의 엄마나 여동생처럼, 이주노동자 여성과 가까운 여성 친족원이 송금액의 일부를 받으면서 자녀를 대신 돌봐 준다. 이렇게 필리핀 여성의 해외 이주노동은 전 지구적 차원에서 "돌봄의 연쇄(care chain)"를 형성하며, 이는 세계화된 불평등을 반영한다(Hochschild, 1995; 2000; Parreñas, 2001). 그렇다면 필리핀 사회에서는 어떻게 돌봄의 연쇄가 현실화되면서 이주노동의 여성화가 지속되는 것일까? 오이시(Oishi, 2005)는 "사회적 적법성(social legitimacy)"이라는 개념으로 개인의 이주 동기와 선택에 직접 영향을 미치는 국가의 이주 정책에 사회문화적 요인들이 크게 작용한다는 점을 설명했다. 여성의

7 POEA(Philippine Overseas Employment Administration), 2010, "Deployment Statistics," 김민정(2020: 39)에서 재인용.

해외 이주노동을 수용하는 필리핀의 사회문화적 맥락으로 스페인과 미국의 식민지배로 인한 오랜 해외 이주 역사, 해외 이주노동을 경제 발전의 일환으로 적극 추진해 온 국가정책, 전통적인 양변 친족 인식을 통해 형성되는 확대가족 관계망이라는 세 가지를 들 수 있다.

첫째, 필리핀의 오랜 식민지 경험을 통해 일찍이 해외 이주 역사가 시작되고 재외 필리핀인이 증가했다는 점은 1970년대 이후 필리핀 사회에서 해외 이주노동이 급증하는 배경이 된다. 스페인의 식민지배가 시작된 1500년대 말부터 필리핀인은 마닐라와 멕시코의 아카풀코를 왕래하는 교역과 항해에 필요한 노동력으로 동원되었다. 그리고 미국의 지배가 시작되면서 하와이와 캘리포니아의 플랜테이션 계약 노동자로, 또 1903년에 시작된 펜시오나도스(Pensionados, 연금을 받는 사람들이라는 뜻) 프로그램을 통해 교사와 간호사 교육을 받는 유학생으로 미국에 갔다(Gonzales, 1998; Rodriguez, 2010). 이렇게 일찍부터 해외로 나갔던 필리핀인의 선행 경험과 개인 연결망이 있었기 때문에 필리핀 정부의 해외 이주노동 정책은 곧바로 적극적인 사회적 반응을 가져올 수 있었다.

둘째, 국가가 주도하는 해외 노동력 파견 정책이 1974년의 노동법으로 불리는 대통령령 제447호(PD442)를 출발점으로 하여 본격화되었다.[8] 당시 석유파동으로 국제수지 적자가 악화되고 실업이 늘어나는 상황에서 페르디난드 마르코스(Ferdinand Marcos) 정부는 해외 취업을 주요 노동정책 중 하나로 채택했다. 1982년에는 해외 이주노동과 관련된 제반 활동을 관장하는 필리핀해외고용청(Philippine Overseas Employment Administration, POEA)이 설립되었다. 코라손 아키노(Corazon

8 Presidential Decree No. 442, s. 1974.

Aquino) 정부는 POEA의 업무 영역을 해외 취업의 계약 조건을 규제하고 감독하는 것에서 나아가 이주노동자에 대한 복지활동으로까지 확장했고, 1986년에는 해외노동자복지청(OWWA: Overseas Workers Welfare Administration)을 따로 설립했다. 피델 라모스(Fidel Ramos) 정부는 1995년에 이주노동자들의 인권헌장과도 같은 이주노동자와 재외필리핀인법안(RA8042)을 제정했고, 1997년에는 해외 각 지역에 필리핀노동자지원센터(FWRC: Filipino Workers Resource Center)를 설립했다. 글로리아 마카파갈 아로요(Gloria Macapagal Arroyo) 정부에서는 2003년 UN의 '이주노동자와 그 가족의 권리 보호에 관한 국제협약'을 비준했다. 필리핀 국가의 법안 제정과 정책 운영, 국제협약 비준의 진행 방향은 해외 이주노동자가 증가하면서 해외 근무지와 필리핀 모두에서 심각한 문제가 되고 있으며 해결도 쉽지 않다는 것을 보여 준다. 해외에서는 인신매매나 착취적인 노동 상황에 처한 이주노동자 보호가 시급하고 중대한 문제였다면, 국내에서는 가족 간 이별이 오래되면서 생기는 가족 해체와 귀환자들의 부적응 문제에 대응해 나가야 했다.

셋째, 필리핀 특유의 가족과 친족 인식은 여성의 해외 이주에 수용적이면서 엄마의 부재로 인해 생기는 가족 문제를 확대가족 관계망을 통해 대처할 수 있는 문화적 토양을 제공했다. 필리핀의 토착 사회는 자녀가 아버지나 어머니 혈통 중 한쪽에만 속해 부계나 모계 혈통(출계) 집단을 구성하지 않는, 양변 친족(bilateral kinship) 사회였다(Jocano, 1989). 조상을 중심으로 뿌리가 뻗어 내려오면서 수직으로 확장되는 혈통 집단의 구성원을 인식하는 것과 달리, 양변 친족 사회에서는 나를 중심으로 부변(父邊)과 모변(母邊) 양쪽이 다 포함되는 동심원 모양으로 친척 관계를 폭넓게 인식한다. 스페인의 식민지배로 가부장적 가톨릭 규범과 법체계가 도입되었지만 양변 친족 전통의 영향으로 필리핀의 친족 용어나 상속, 거주지 규정 등의 관행은 성차별적이지 않다. 여성들은 결혼 후에도 여전히 친정과 긴밀한 관계를 유지하며 마음 맞는 시누이와는 친구처럼 지낸다. 여성의 사회 참여나 공적 활동에 대한 인식도 부정적이지 않으며, 부모 양쪽과 배우자의 친척들까지 포괄하는 폭넓은 양변 친척 관계를 이용해, 사람들은 실제로 도움을 주고받을 수 있는 확대가족 관계망을 만든다. 이런 점에서 양변 친족 전통은 결혼한 여성들이 해외 이주노동에 참여하는 것이나, 이 여성들의 빈자리를 가까운 친척 여성들이 대신하는 것을 필리핀 사회가 수용하도록 영향을 미쳤다.

이러한 상황에서 지난 40여 년간 필리핀 국가는 산업전환이나 고용증진을 통해 경제성장을 달성하지 못한 경제정책의 실책을 해외 이주노동으로 메워 왔다. 이주노동자들의 노고와 희생을 치하하는 수사와 담론을 내세우면서 해외 이주노동의 확대에 따르는 위험과 부담은 개별 이주노동자와 가족들에게 떠넘겼다. 여성들이 수행하는 돌봄의 연쇄를 통해 해외 이주노동의 여성화가 진행되었고, 부모와 자녀가 같은 국가에서 함께 살지 않는 가정이 증가하고, 그러한 가족관계는 더욱 복잡한 방식으로 세계적으로 확장되고 있다. 이렇게 필리핀 이주노동의 여성화는 여성의 '가내성'을 매개로 일국적 가족관계를 벗어나는 가족들이 계속 증가하는 과정이기도 하다(Cheng and Choo, 2015). 가정을 지키는 사람은 여성이라는 관념 때문에 해외 이주노동 남성은 가족관계에서 감정적으로나 도덕적으로 크게 상처 입지 않는다. 그러나 여성은, 가내성을 여성과 연결 짓는 바로 그 관념으로 이중 부담을 지면서 더욱 미묘한 모순적 위치에 놓인다. 우선 필리핀 여성들은 선진국의 가내 돌봄 부족 현상으로 더 많은 해외 이주노동 기회를 가진다. 그렇지만 아이를 직접 양육하지 못하는 것에 죄책감을 느끼고 원거리 엄마 역할을 하기 위해 더욱 노력해야 하는 상황에 직면한다. 아이린처럼 자녀 양육에서 다른 여성 친족원의 도움을 쉽게 받을 수 있는 것은 필리핀 사회에 마땅한 여성 일자리가 없는 것과도 밀접하게 관련된다.

여성의 역할을 가내 영역으로 규정하는 관념을 따르면 필리핀 정부는 여성 가내노동자의 해외 송출을 제도화하면서도 엄마의 부재에 따르는 자녀 양육 문제를 가족 내 성평등이나 정부가 해결해야 할 가족복지와 관련된 것으로 다루면서 정면 대응하지 않아도 된다. 가족 내 엄마의 부재로 발생하는 필리핀 사회의 여러 문제는 확대가족 관계망에서 가내성을 매개로 하는 여성들 간 교환을 통해 봉합되기 때문에, 가족의 정상성은 여전히 힘을 발휘하는 것처럼 보인다. 그렇지만 해외 이주노동자의 가족 영역은 중산층의 생활수준을 누리려는 개인들의 기대가 생겨나고 충족되는 곳이기도 하다. 둘 이상의 국가에 걸쳐 있어야 유지되는 가족의 문제에 근대 가족의 정상성을 지키려는 국가와 개인의 노력으로 대응할 때, 현실의 가족관계와 상황 전개는 일국적 가족의 정상성에 균열을 가져온다.

3. 올림픽 금메달리스트의 '두 번째 엄마'

욜리: 이 아이를 알고 지낸 지 19년이에요. 마냥 사랑스럽고 사려 깊고 다정한 아이죠.

조지프: 욜리 이모(auntie)는 내게 두 번째 엄마예요. 어렸을 때 난 다루기 힘든 아이였는데, 집에서 항상 돌봐 준 사람이죠. 날 위해 요리하고, 숙제하라고 다그치고, 그런 사소한 모든 것이 진짜로 힘을 발휘했어요.

욜리: 조지프가 (훈련하러) 미국으로 떠났을 때 정말 많이 울었어요. 우린 항상 함께였거든요.

조지프: (욜리 이모는) 수영장에도 따라와 지켜봐 주었죠. 정말 무조건 날

지지했어요.

[화면 설명문: 우리(싱텔)는 욜리 이모가 19년간 보여 준 사랑 담긴 지지에 대해 조지프가 특별한 방식으로 감사 인사를 할 수 있도록 도와주고 싶었습니다.]

-2015년 6월 3일, 싱텔 유튜브 영상

싱가포르의 수영선수 조지프 스쿨링(Joseph Schooling)은 2016년 리우 올림픽에 참가하기 1년 전, 필리피나 내니 욜리(Yolly)와 함께 이동통신회사 싱텔(Singtel)의 광고를 찍었다.[9] 조지프가 싱가포르 역사상 처음으로 남자 접영 100미터에서 금메달을 따자 이 1분짜리 유튜브 영상의 조회 수는 급속히 올라갔다. 이 영상에서 조지프는 욜리를 '두 번째 엄마'라고 소개하면서, 수영장의 훈련 모습이나 집에서의 일상을 함께한 지난 19년간의 시간을 회고했다. 이 영상 때문에 필리핀 사람들도 조지프의 금메달 소식을 크게 반겼으며, 필리핀의 주요 방송국에서는 저녁 9시 뉴스 시간에 조지프와 욜리를 함께 영상통화로 연결해 긴 인터뷰를 진행하기도 했다.[10] 필리피나 내니가 싱가포르의 첫 금메달리스트 영웅을 길러 낸 '두 번째 엄마'로 싱가포르 사회에 소개되고, 그로 인해 필리핀 TV와 인터뷰하리라고는 아마 아무도 기대하지 못했을 것이다. 그래서인지 이 유튜브 영상에는 필리핀 사람들이 단 것으로 보이는 댓글이 많았다. 여기서는 필리핀 사회가 해외 이주노동자를 '바공 바야니

9 Singtel, 2015. 6. 3, "Joseph Schooling & Auntie Yolly: 19 Years of Unwavering Support"(유튜브 영상). https://www.youtube.com/watch?v=ArOsviTgcdM&ab_channel=Singtel

10 GMA News, 2016. 8. 17, "SONA: Panayam Kay Olympic Champion Swimmer Joseph Schooling at Kay Auntie Yolly Pascual"(유튜브 영상). https://www.youtube.com/watch?v=afoJjeZNpv0&ab_channel=GMANews

(bagong bayani, 오늘의 영웅)'로 대우해 온 기존 사회 담론이 재확인되면서도 그 정형성을 비트는 반응이 함께 나타났다.

1988년 홍콩을 방문한 코라손 아키노 대통령이 가내노동자들 앞에서 "우리 모두는 오늘의 국민 영웅입니다(kayo ang mga bagong bayani)."라고 연설한 이후, 바공 바야니는 해외 이주노동자를 대하는 필리핀 사회담론의 핵심어가 되었다(Encinas-Franco, 2015: 60). 필리핀 역사에서 '바야니'의 대표 인물은 스페인으로부터 필리핀의 독립을 추구하다 형장의 이슬로 사라진 호세 리살(Jose Rizal, 1861~1896)이다. 필리핀 사회에서 그의 일생과 죽음은 예수의 수난사를 연상시키는 방식으로 묘사되었고, 그는 학자나 정치가나 혁명가가 아닌 '고난과 희생'을 자처한 종교적 순교자로 재현되었다(Ileto, 1998: 12-13; Encinas-Franco, 2015: 60). 바야니라는 말에는 세계무역과 수출 농업의 전초기지인 식민지로서 세계 경제 체제에 일찍이 편입된 필리핀 사회가, 종교적 개종이라는 방지턱으로 스페인의 지배라는 충격을 흡수해 낸, 복잡한 역사 문화의 심성과 에토스가 담겨 있다. 코라손 아키노 대통령이 특별히 홍콩에서 일하는 여성 해외 이주노동자들에게 바공 바야니라는 호칭을 사용한 맥락도 단순하지 않다. 첫째 해외에서 가내노동자로 일하는 필리핀 여성들의 체류와 고용 조건이 특히 더 열악하다는 점을 잘 알고 있지만, 둘째 이들의 가족과 필리핀 국가의 경제 모두 그들의 송금에 크게 의존한다는 점을 고려할 때, 셋째 이들의 해외 노동은 지속되어야 한다는 입장을 취하지 않을 수 없으니, 넷째 '바공 바야니'라는 호칭으로나마 감사와 위로의 뜻을 전하려는 것이다. 이후 바공 바야니는 OFWs를 사회적으로 특정하게 자리매김하는 특별한 어감의 칭호로 필리핀 사회에서 두루 사용되었다. 필리핀해외고용청(POEA)에서는 1989년부터 OFWs를 대상으로 한 '바공 바야니상'을 제정했고, 해외 이주노동자들을 위한 영화나 단체, 활동 등에서도 이 표현은 OFWs의 열악한 처지와 그것을 상쇄할 고귀한 의도를 추켜세우고 보듬는 전형적 어법으로 사용되었다.

필리핀의 이주노동 역사에서 바공 바야니의 대표적 인물이 된 사람은 싱가포르에서 일하다 살아 돌아오지 못한 플로르 콘템플라시온(Flor Contemplacion, 당시 42세)이다(김민정, 2020: 65-67). 플로르는 함께 일하던 필리핀 여성과 돌보던 아이를 살해했다는 혐의를 받고 1995년 3월 17일 싱가포르에서 교수형을 당해 시신으로 귀국했다.[11] 당시 상황과 주변 필리핀 사람들의 증언을 종합하면, 사고로 아이가 익사한 뒤 이를 발견한 아버지가 격분해 플로르의 동료 필리핀 여성을 목 졸라 살해한 것으로 보이는 정황이었다. 하지만 플로르는 제대로 변호를 받지 못했고, 필리핀 대사관의 적절한 도움마저 받지 못한 채 처형되었다. 1990년대는 필리핀 여성의 해외 이주노동이 급격하게 증가하던 시기였다. 이 사건은 필리핀 사회에서 크게 문제가 되었다. 당시 필리핀의 라모스 대통령은 플로르를 '바야니'라고 불렀고, 영부인이 공항으로 직접 나가 플로르의 관을 영접했다. 필리핀 곳곳에서 싱가포르의 사건 처리 과정에 항의하는 시위가 발생했다. 이 사건은 필리핀 사회가 국가적 차원에서 해외 이주노동자들을 보호하고 처우와 복지를 개선하는 정책과 프로그램을 도입하도록 촉구하는 계기가 되었다.

플로르의 인생은 가내노동자의 이주 생활이 얼마나 불확실하고 위험한지 보여 주었고, 가족과 국가의 열악한 처지와 탈출구 없는 고난을 해외 이주노동자 여성이 대신 짊어지고 견뎌 온 상징적 사례가 되었다. 플로피의 이야기는 영화로 제작되었다. 필리핀의 국민배우 노라 아노르(Nora Aunor)가 주연을 맡아 순교자로서 바공 바야니의 이미지

11 "The Furor Over Flor," *Asiaweek*, 1995. 3. 31; "Beyond the Rage: Lessons from the Case of Flor Contemplacion," *Asiaweek*, 1995. 4. 7.

를 만들어 냈다. 고향의 플로라 가족에게는 곳곳에서 성금이 들어왔고, 영화 줄거리 저작권료로 200만 페소(약 5천만 원)가 지급되었다. 그러나 얼마 지나지 않아 돈은 바닥이 났고, 세 아들은 마약사범으로 체포되었다.[12] 엇나간 아버지와 남동생들의 삶을 바로잡으려 고군분투해 온 큰딸만 가족과 고국을 위해 희생한 순교자 엄마의 이미지를 이어 나갔다.[13]

21년 후, 욜리의 유명세는 플로르의 순교 이미지와 정반대 편에 있다. 욜리는 자신의 직업을 가장 잘 수행한 필리피나 내니로서 세계에, 최소한 싱가포르와 필리핀에 널리 이름을 알렸다. 당시 55세였던 욜리에게는 필리핀에 34세와 29세 딸이 있었다. 욜리의 해외 이주노동은 아이들을 잘 키우기 위한 어쩔 수 없는 선택이었다.[14] 자신이 19년 동안 돌본 아기가 금메달리스트가 되어 자신을 '두 번째 엄마'라고 불러 준 것은 분명, 자기 아이들과 떨어져 힘들게 일하며 살아온 '고난'에 대한 영예로운 '보상'으로 받아들여질 법하다. 하지만 싱텔 유튜브 영상에 달린 댓글들은 바공 바야니의 고난과 보상에 대한 기존 담론이 이견 없이 적용될 수 없음을 보여 준다. 이 영상은 (2021년 6월까지 모두) 59만 회의 조회 수를 기록했고 105개의 댓글이 달렸는데, 이름이나 사용 언어로 보아 필리핀인으로 추정되는 사람이 대다수였다. '싫어요'를

12 M. Cinco, "3 Contemplacion Sons Get Life for Selling Drugs," *Philippine Daily Inquirer*, 2011. 3. 9, https://newsinfo.inquirer.net/534/3-contemplacion-sons-getlife-for-selling-drugs (접속일: 2022. 2. 20).

13 GMANetwork, 2013. 4. 13, "Magpakailanman: Life after the Death of Flor Contemplacion" (유튜브 영상). https://www.youtube.com/watch?v=4Q5RtpzEkG8&ab_channel=GMANetwork (접속일: 2022. 2. 20).

14 P. Avis, "Interview with Singapore Olympic Gold Medalist Joseph Schooling's Auntie Yolly Pascual," *Random Republika*, 2016. 8. 22, https://randomrepublika.com/interview-with-singapore-olympic-gold-medalist-joseph-schoolings-auntie-yolly-pascual/ (접속일: 2022. 2. 20).

누른 사람은 전혀 없이 1만 2천 명이 모두 '좋아요'를 눌렀고, 댓글도 대체로 긍정적이고 우호적인 편이었지만 일부 부정적인 내용도 눈에 띄었다.

댓글에 나타난 욜리와 조지프의 관계를 보는 관점은 다음 세 가지로 구분할 수 있다. 첫째, 국가나 젠더에 대한 언급 없이 휴머니즘이 구현된 감동 사례이거나 성공적인 윈윈(win-win)의 인간관계라고 보는 관점이다. 둘째, 필리피나 내니라는 해외 이주노동자의 직업적 성공에 대한 논평으로 가내노동자와 엄마 역할에 대한 고정관념을 재확인하거나 반대로 고정관념을 뒷받침하는 정상성이 지켜지지 않았음을 언급한다. 예를 들어 "우리(필리핀) 문화에서 보모들은 친부모보다 더 아이들을 위한다. 이들은 지구상에서 가장 사려 깊고 사랑을 주고 충실하며 이타적인 사람들이다."라며 필리피나 내니에 대한 종족화·젠더화된 고정관념을 재확인하면서 찬사를 보내는 내용이 있었다. 하지만 "공격할 마음은 없지만 조지프의 보모가 실제 엄마보다 더 엄마처럼 보인다(웃음 이모티콘)."라며 모자관계의 진정성이 위협받는 상황으로 받아들이기도 했다. 셋째, 출신국과 거주국의 국익 사이에 끼인 OFWs의 위치로 인해 필리피나 내니의 직업적 성공은 제대로 평가받기 힘들다는 점을 보여 주는 것이다. "싱가포르의 경사를 피노이(Pinoy, 필리핀인에 대한 애칭)의 자랑거리로 여기는 것은 우스꽝스러운 언론의 선정주의"라고 냉소하거나, (자신을 혼혈 필리핀인으로 밝히면서) "이게 다 거지 같은 부패 정권 때문이다. 필리핀에 천연자원이 풍부하다는 점을 고려하면 (해외의) 필리핀 가사도우미는 없어져야 마땅하다."라며 해외 가내노동자라는 직종 자체를 부정하는 태도가 여기에 해당한다.

두 번째와 세 번째 유형의 댓글에서 주목할 점은 '필리피나 내니의 직업적 성공'과 '재외 필리핀인의 성공'에 대한 관점과 기준에 대한 인식이 다양하며, 무엇보다 이 둘은 함께 성취될 수 없는 일로 여겨지기도 한다는 것이다. 그러나 이러한 사람들의 왈가왈부에 대해 욜리는, 자신의 이야기는 "필리핀인의 자부심(Pinoy pride)에 대한 것도 아니고 조지프의 성공에 무임승차한 사례도 아니며, 그저 친자식처럼 돌본 타인의 성공에 행복해하는 내니의 이야기"라고 항변했다.[15] 욜리는 19년을 한 가지 일에 매진한 직업인으로서 자신을 자리매김하고, 그 성과에 행복해하는 사람으로서 자신이 받아들여지기를 바라는 것이다.

욜리의 유명세와 이에 대한 다양한 반응, 그리고 거기에 동원된 서로 다른 논리와 해석 방식들은 바공 바야니 담론 변화의 근본적 원인이 되는 국가와 가족에 대한 소속감과 젠더화된 결합 방식에 나타난 균열에 있음을 암시한다. 바공 바야니 담론의 변화는 여성 이주노동과 관련된 엄마 역할과 필리핀인됨의 진정성에 대한 인정과 평가가 서로 엇갈리는 혼란스러운 담론의 영역으로 이동했음을 보여 준다. 필리피나 내니가 직업으로 성공하는 것은 자신이 돌보는 다른 국가와 다른 가족에 속한 아이가 훌륭하게 자라나는 것일 텐데, 이러한 성공은 필리피나 내니의 엄마 정체성과 국민 정체성을 혼란에 빠뜨리거나 위협하는 결과를 가져올 수 있다. 언제든 교체 가능한 고용 관계를 넘어 '진짜 가족처럼' 느끼는 관계를 만들어 내는 가내 이주노동의 성공적 수행은 진짜 가족관계, 특히 엄마 역할의 고유성과 진정성을 모호하게 만든다는 점에서, 성역할에 기반한 일국적 가족 정상성의 모순을 드러낸다.

15 J. Reyes-Dogma, "Schooling's Filipino nanny 'Auntie Yolly' addresses bashers," *ABS-CBN News*, 2016. 8. 17. https://news.abs-cbn.com/overseas/08/17/16/schoolings-filipino-nanny-auntie-yolly-addresses-bashers (접속일: 2022. 2. 20).

4. 세계의 차이와 불평등이 반영된 가족들

> 큰 세계에서는 실패한 것도 새로운 사랑의 형태 및 가족 형태 안에서는, 즉 경우에 따라 성공을 거두는 일이 가능할 수 있을까? 경계와 더불어, 경계를 넘어 함께 살아가는 기술이?
>
> -벡과 벡 게른스하임(2012: 14-15)

아이린의 이야기로 돌아가 보자. 한국에서 아이린은 미등록 체류자로 남의집살이를 하는 '고달픈' 생활을 해왔다. 하지만 필리핀 고향에서는 한국에서 일하며 꼬박꼬박 돈을 보내고 모으는 '성공한' 이주노동자로 이야기된다. 아이린의 삶이 불행한 것인지, 성공적인 것인지 헷갈리는 현실은 해외 이주노동의 수요와 공급의 교점을 만들어 내는 세계 경제의 불평등 구조가 빚어 낸 것이다. 불평등한 세계를 가로지르면서 이주노동자들은 파레냐스가 언급한 "모순적 계급이동(contradictory class mobility)"을 경험한다(Parreñas, 2001: 150). 그러나 계급이동 관점에서는 세 종류의 가정에 '항시 걸쳐 있는' 아이린의 삶에 대한 의미를 설명하기 힘들다.

아이린 부부는 둘 다 미등록 체류자 신분이어서 한국에서 '있어도 없는' 존재로 숨죽여 지내며, 그나마도 주말부부로 생활한다. 이 부부의 가정은 한국에서 일을 계속하기 위해 최소한의 조건만 충족시키는 임시 생활방식이지만, 자녀들이 있는 필리핀의 가정을 유지하기 위해서는 그렇게 살 수밖에 없다. 부부가 한국에서 돈을 벌어야만 필리핀 가정에서 집과 논과 자동차와 가전제품 등을 마련하고 아이들도 남부럽지 않게 교육하면서 중산층 생활수준의 외양을 갖출 수 있기 때문이다. 그러나 물질적으로 풍족해 보이는 필리핀 가정에는 가장 중요한 부모의 자리가 비어 있다. 이 빈자리는 아이들과 함께 사는 외조부모와 가까이 사는 이모 가족이 채워 주며 아이들은 매일 전화나 영상통화, 정기적인 송금과 특별한 날 배달되는 선물 박스 등을 통해 부모와 만나고 부모의 존재감을 느낀다. 한국에서 아이린이 물리적으로 소속되고 일상적인 감정 교류도 많은 재민이 가정은 그녀의 일터다. 아이린의 일은 IT 기업의 전문직인 재민이 엄마를 대신하는 것이지만 저임금의 여성 일이며, 고용주가 아이린에게 보내는 신뢰와 친절의 상당 부분은 미등록 외국인으로서 아이를 돌보는 입주 노동을 오래도록 안정되게 해주기를 바라는 마음에서 비롯된다. 아이린의 삶에서 세 가정은 각기, 가족의 출발점이 되는 부부관계를 구성하고, 부부가 만든 가족의 중심을 차지하는 아이들에게 생활의 근거를 마련해 주며, 개인의 실존에 필수적인 임금노동을 하기 위한 일터라는 점에서 모두가 중요하고 필수적이다. 그렇게 이주노동자 필리피나 내니로서 아이린의 삶은 이 세 가정에 '항시 걸쳐 있는' 상태로 진행된다.

벡과 벡 게른스하임(2012)은 지리적·문화적·정치적 경계를 넘어선 사랑과 결혼 이주, 장거리 모성애, 불임시술 관광, 지구적 짜깁기 가족 등의 현상을 사랑의 지구화를 보여 주는 다양한 스펙트럼으로 포괄하면서, 일국적 '정상가족'과 구별되는 '세계가족'이라는 개념을 제시한다(pp. 14-15). 세계가족의 특징은 가족은 무엇이며 누가 속해야 하는지, 또 어떠해야 하는지와 같은 '좋은 가족'에 대한 신념 전쟁이 그 안에서 진행되는 것이라고 본다(p. 13). 신념 전쟁이 일어나고, 변화하는 현실에서 이주노동자와 가족들이 전통 가치와 도덕의 일면을 내세워 임기응변으로 대응해 나갈 때, 세계가족은 '전통가족'의 의미를 띤다. 가족에 아빠가 남아 있어도 이주노동자 엄마의 빈자리는 원거리 엄마 역할과 확대가족 내 여성들의 도움으로 메워져야 한다고 내세우는 경우가 그렇다. 마찬가지로, 고용주 가족 내에서 일하는 엄마의 빈자리가 이주여성의 노동력으로 메워지는 것은 이주 시대의 새로운 현상이지만, 근대 핵가족의 성역할이 유지된다는 점에서 전통적 방식이다.

그렇게 필리피나 내니가 속하는 고용주 국가의 가정은 엄마가 부재하는 필리핀의 가정과 직접적이고 실존적으로 연결된다. 동시에 한 공간 안에서 수행되는 동일한 활동은 엄마 일과 보모 일로, 한 가정 안에서 함께 사는 동거인들은 고용주와 미등록 체류 이주노동자로 철저하게 분리된다. 싱가포르의 욜리 사례는 필리피나 내니가 자신이 돌보는 아이의 필요와 상황에 대해 고용주 엄마보다 더 즉각적이고 적극적으로 공감하고 개입하면서 일할 경우, 자신이 돌본 아이가 이 분리선을 넘어오는 상황이 연출될 수도 있음을 보여 준다. 경계와 더불어 살아가면서 간혹 성공을 거두기도 하는 그런 상황을 욜리는 경험한 것 같다.

아이린이 자신의 상황에서 경계와 더불어 살아가거나 경계를 넘어 살아가는 기술을 어떻게 발휘할지는 확실히 말할 수 없다. 다만, 아이린이 한국과 필리핀에서 다르게 점하는 이중적 지위가 자신의 삶이 걸쳐 있는 세 가정 안에서 행위하는 준거가 된다고 말할 수는 있을 것이다. "나는 자유로운 사람"이라는 내면의 선언이 그녀의 이중적 지위가 만들어 낸 제3의 준거가 아닐까 생각해 본다.

제4부

여성 시민이 만드는 새로운 공론장

제9장

#카메라는나의무기

이란 여성들의 반격 그리고 연대*

#아시아 여성의 오늘은 반격이다

2014년 '나의 은밀한 자유' 사이트가 큰 논란을 수면 위로 떠오르게 하면서, 이 여성들의 연대에 대한 이란 정부와 보수적이고 종교적인 사람들의 가혹한 백래시가 시작되었다. 이 장에서는 '#카메라는나의무기'라는 해시태그 운동을 중심으로 이란 여성들이 사회적 혐오 발언, 때로는 성희롱과 폭력으로 이어지는 현장을 어떻게 자신의 카메라에 담고 이를 고발하는지 살펴보고자 한다. 그리고 이것이 어떻게 시민불복종 운동으로 발전하고, 또한 여성들은 어떻게 연대하는지를 살펴본다. 이와 같은 이란 여성들의 연대가 보여 준 느슨하면서도 강력한 힘을 지닌 저항의 모습은 이란 여성들의 반격이 시작되었음을 의미한다. 이러한 이란 여성사의 흐름은 마흐사 아미니의 죽음으로 촉발된 2022년 이란 히잡 시위의 사회문화적 배경을 설명하는 역사가 되고 있다.

* 이 글은 구기연의 논문 「"혁명 거리의 소녀들(#GirlsofRevolutionStreet)": 해시태그 정치를 통한 이란 여성의 사회 운동」(2019, 『비교문화연구』 25(1))과 「이란 히잡 관행의 역사적 의미 변화와 수행성 연구」(2020, 『중동문제연구』 19(3)) 일부를 수정 보완한 것이다.

1. 여성들의 반격이 시작되다

한 친정부 성향의 남성이 여성의 히잡을 문제 삼아 여성을 괴롭히고 있다. 위험 속에서 이 여성은 용감하게 자신을 괴롭히는 남성을 찍었다. 이 두려움 없는 이란 여성처럼 용감하라!
#MYCAMERAISMYWEAPON

여성: "왜 나를 괴롭히는 거예요? 나는 이 비디오를 마시 알리네자드에게 보내 모두가 보게 할 거예요!"
남자: (과격하게 여성의 차를 걷어차며, 차 문을 열려고 한다.)
여성: 이 부끄러움을 모르는 인간아! 그만 괴롭혀! (동영상으로 자신을 괴롭히는 남성을 카메라로 찍으며) 바로 이 남자가 날 괴롭히는 사람이에요. (그 남성에게) 마시 알리네자드에게 인사나 해요! 이란의 모든 사람이 당신을 보게 될 거예요.

-2021년 4월 12일, 페이스북 게시글
'나의 은밀한 자유(My Stealthy Freedom)'[1]

2014년 영국으로 이주했다가 지금은 미국에 거주하고 있는 이란 출신 저널리스트 마시 알리네자드는 페이스북 페이지 '나의 은밀한 자유'를 개설하고, 이란의 여성들에게 공적인 장소에서 히잡을 '은밀하게' 벗은 모습을 찍어 보내 달라고 했다. 처음에는 조심스럽게 한적한 호숫가나 바다, 산에서 히잡을 벗은 뒷모습을 보내던 여성들이, 격렬한 메시지와 함께 점차 과감하게 자기 얼굴을 드러낸 사진을 보

1 나의 은밀한 자유 페이스북 게시글, 2021. 4. 12, https://www.facebook.com/StealthyFreedom/videos/157239116327117/ (접속일: 2022. 5. 15).

내기 시작했다. 사진과 메시지를 통해 40년 넘게 억눌려 있던 울림들이 쏟아져 나오기 시작했다. '나의 은밀한 자유' 사이트가 국내외적으로 뜨거운 반향을 일으키면서, 이 여성들의 연대에 대한 이란 정부와 보수적인 종교주의자들의 가혹한 백래시가 시작되었다. #나의은밀한자유(#MystealthyFreedom)에서 시작된 해시태그 운동을 통한 이란의 여성 연대는 이후 #하얀수요일(#WhiteWendesdays), #카메라는나의무기(#MYCAMERAISMYWEAPON) 해시태그 운동으로 이어졌다. 이란 내 의무적인 히잡 정책과 단속에 맞서는 여성들은 그 안에서 파생된 다양한 해시태그 운동을 실제 삶에서 실천하기 시작했다.

1979년 이란 이슬람 혁명 이래, 히잡 관행을 어기는 여성에 대한 혐오 발언과 신체 폭행, 강압적인 단속 및 체포는 이란 여성에게 일상적인 일이었다. 외국인이자 비무슬림인 필자 역시 여성인 이상 예외는 아니었다. 필자는 엉덩이를 가리는 긴 겉옷을 입지 않았다는 이유로 관공서에서 쫓겨났다. 40도까지 올라가는 뜨거운 테헤란의 한여름에 스카프를 느슨하게 풀고 부채질하다가 영어 학원 같은 반 남성에게 좀 더 보수적인 히잡으로 바꿔 쓰고 오라는 지적을 당하기도 했다.

무슬림이 아닌 외국인 여성도 피할 수 없는 이란 내 복장 규제는 이란 여성에게 더욱 가혹하게 적용되었다. 이란 성인 여성 대부분이 이와 같은 지적을 당한 경험이 있다고 할 정도로, 이란의 히잡 규범은 정숙한 무슬림 여성의 복장이라는 사전적 의미를 넘어 의무적인 사회규범이자, 일면식도 없는 타인조차 문화적 처벌을 가능하게 하는 규제로 변모해 갔다. 동시에 이란 이슬람 공화국의 여성 문제와 시민사회 담론에서 가장 치열하고 논쟁 주제로 남아 있다.

'#카메라는나의무기'라는 해시태그 운동을 중심으로, 이란 여성들은 혼자 오롯이 견뎌야 했던 일상적인 혐오 발언과 성희롱, 그리고 폭력으로 이어지는 현장을 공개적으로 퍼뜨리고, 가시화하고 있다. 동영상 속 여성의 반격을 통해 시청자는 카타르시스를 얻기도 하지만 심하게 요동치는 카메라와 화면 밖 여성의 절규에 가까운 목소리를 통해, 카메라를 들고 있는 여성들의 긴박함과 두려움을 함께 느낄 수밖에 없다. 다시 말해 그들의 영상은 발화 내용 이상으로, 발화하는 순간의 정동 역시 전달한다. 필자는 이란 여성들이 어떻게 이를 기록하고 고발하는지, 그리고 시민불복종 운동으로 발전시키는지 살펴보고자 한다. 온라인 해시태그 운동으로 출발한 사이버 페미니즘 운동이 느슨하지만 강력한 연대로 발전하는 모습을 찾아볼 것이다.

한국을 비롯한 아시아 지역의 민주화운동, 페미니즘 운동에서 소셜미디어는 시민사회운동 확산과 전 지구적 연대 운동을 이끌어 내는 중요한 역할을 하고 있다. 또한 디지털 테크놀로지의 발전이 여성들의 정치 참여 가능성을 열어 주었는지에 대한 관심이 높아지고 있다. 소셜미디어는 날로 성장해 여성들의 정치 주체나 여성운동의 플랫폼으로 사용되고 있다. 디지털 테크놀로지는 여성을 포함한 사회적 소수자 연대와 저항에 효과적으로 사용되고 있으며, 공적 공론장에 개입하는 등 "일상적 저항의 공유와 네트워킹"을 가능하게 한다(김수아, 2012: 201).

한국의 미투 운동에서 "소리 내어 입 밖으로 말하는 행동(speak-out)은 사건의 사회적 의미와 피해에 대한 협소한 이해를 변화시킨다"는 주장(권김현영, 2018) 역시 '#카메라는나의무기' 해시태그 운동에 적용될 수 있다. 이란에서 여성들이 당하는 일상적 폭언과 간섭은 '#카메라는나의무기' 해시태그 운동을 통해 공론화되기 시작했다. 불공평한 젠더 구조 속 제약을 온라인 공간에서 극복하고 '은밀하지만' 짜릿한 자유를 느낄 수 있었던 이란의 사례를 통해, 아시아 여성들의 저항 플랫폼 역할을 해온 온라인 공간에 다시 한번 주목해 본다.

2. 이란 사회에서 히잡의 사회문화적 의미

1978~1979년, 이란 이슬람 혁명이 태동하고 반왕정 운동이 극렬하게 일어나던 시기에 검은 차도르 차림을 한 여성들의 시위는 당시 이슬람 세계를 포함한 다른 사회, 특히 서구 사회에 큰 충격을 안겨 주었다. 한편 새롭게 건국된 이란 이슬람 공화국에서 여성들은 전통적인 가치관과 정숙한 무슬림 여성상을 강하게 부여받았다. 이란 이슬람 공화국에서 히잡은 샤 정권과 서구 문화 제국주의에 대한 저항의 상징이 되었다. 하지만 여성들은 자신들에 대한 규정을 수동적으로 받아들이지 않았다. 이란 이슬람 정권은 사회운동과 구호, 다양한 형태의 정치 선전을 통해 시민들에게 감정적 반응을 이끌어 내고, 새로운 이슬람적 윤리 틀을 만들었다. 여성들은 성평등과 가족보호법(1967년)의 유지를 요구했다. 하지만 1979년 이란 이슬람 혁명 이후 가족보호법이 개정되어 가부장적 규범이 강화되고, 이혼과 자녀 양육에 관한 여성의 법적 권리는 상당한 퇴보에 직면했다. 강제 히잡 정책과 가족보호법 폐지에 관한 국가정책은 이란 이슬람 혁명 이후 이란 여성의 부당하고 불평등한 사회적 지위를 보여 주는 대표적 사례라 할 수 있다.

이란 이슬람 혁명 이후 2년이 지난 1981년, 이란 여성들의 강력한 반대에도, 국가는 모든 여성에게 히잡을 강제로 착용하도록 명령했다. 팔레비 왕권에 의해 히잡이 강제 폐지되었던 역사적 사실은 이후 극적으로 전복되었다. 이란 이슬람 혁명의 성공을 위해 여성들은 적극적으로 참여했지만, 이슬람 정권은 히잡 규정을 의무화하면서 여성들의 몸에 정치성을 부여했다. 히잡은 이후 이란 사회의 강력한 종교 국가주의와 가부장주의를 보여 주는 상징이 되었다. 1983년 히잡 착용 의무화가 공표되면서 국가권력은 개인의 몸과 사적 영역에 제한을 두기 시작했다. 이란 형법에 히잡 의무화 조항이 포함되면서 이 법을 어긴 여성들은 벌금을 내거나 구속되기도 했다. '부적절하게 히잡을 쓴 여성(bad-hejābi)'이라는 명목으로 여성들을 단속해, 히잡을 올바르게 쓰지 않거나 옷차림새가 눈에 띄는 여성들이 그 대상이 되었다. 이란 이슬람 공화국이 건립된 지 40년이 훌쩍 지난 현재까지 단속 수위에만 변화가 있을 뿐, 여전히 히잡과 관련된 단속과 그에 따른 벌금 및 처벌 규정은 바뀌지 않고 있다.

> 2017년 1월, 테헤란에서 가장 뜨고 있는 유명 쇼핑몰에 친구 차를 타고 진입하고 있었다.
>
> 그 순간 주차 안내원이 우리를 보며 이렇게 전했다. "지금 쇼핑몰 안에서 히잡 단속이 벌어지고 있는데, 혹시 (의상에) 문제가 있다면 고려해 주세요." 이와 같은 사전 경고를 듣고 들어가 쇼핑을 하는데, 갑자기 한 여성의 큰 목소리가 들려왔다. "도대체 내 히잡에 무슨 문제가 있다는 거예요? 이 옷차림이 뭐가 문제예요?" 화를 내는 여성 앞에서 두 명의 여성 종교 경찰과 한 명의 남성 경찰이 그 여성의 옷차림이 히잡 규정에 어긋난다고 말했다. 그 여성은 결국 그들과 함께 경찰서로 가야 했다. 목요일 주말 저녁이라 많은 사람으로 혼잡한 그 쇼핑몰에서는 거의 10분에 한 번씩 "이슬람 규정을 지켜 주십시오."라는 안내 방송이 되풀이되었다.

쇼핑몰 방송에서 말하는 '이슬람 규정'이란 히잡과 관련된 것이다. 이란의 공공장소에서 히잡에 대한 규제와 단속은 이처럼 일상적으로 이루어진다. 예를 들어 카페에서 한 여성의 히잡이 흘러내리면 바로 카페의 직원이 다가와 히잡을 똑바로 써줄 것을 부탁한다. 이와 같은 행위는 그 카페 직원이 이슬람 규정을 엄격히 지키려는 보수적인 무슬림이어서가 아니다. 만약 히잡을 똑바로 쓰지 않은 여성이 단속 경찰에 걸리면 그 여성만 처벌받는 것이 아니라 카페에도 벌점이 부여되고, 여

[그림 9-1] 이란 쇼핑몰, 식당 곳곳에 적힌 히잡 관련 문구와 포스터들(2017년 1월 테헤란)

러 번 적발 시 영업 정지까지 당할 수 있기 때문이다. 상대적으로 덜 격식적인 히잡을 착용하는 여성들이 빈번히 출입하는 테헤란 북부 쇼핑몰이나 레스토랑에서는 이와 같은 단속으로 몇 달 동안 영업을 하지 못하는 사례도 관찰할 수 있다. 그러므로 위 [그림 9-1]과 같이 도시의 쇼핑몰과 식당, 가게 앞과 내부에는 히잡과 관련된 경고물들이 필수적으로 붙어 있다.

일상적인 단속을 정부기관이 아닌 일반 시민들에게 맡기는 사례를 살펴보면, 대표적으로 택시나 차 안에서의 히잡 착용을 단속해 차주에게 벌금을 대신 물게 하는 방식이 있다. 이와 같은 히잡 단속이 빈번히 일어나자 이란에서 가장 유명한 택시 어플리케이션인 스냅(Snapp!)의 한 기사가 차 안에서 히잡을 벗은 여성을 도로에 강제로 하차시킨 일이 있다. 최근에는 여성 운전자들이 안전한 공간인 자기 자동차 안에서 히잡을 벗고 운전하는 사례가 빈번하자, 단속을 통해 문자로 벌금을 통보하는 등 히잡 규정을 어기는 여성들에 대한 단속이 다각적으로 이루어지고 있다. 일상적 규제와 전방위적 단속은 이란 이슬람 공화국 건립 이후 공적 영역에서 지속되어 왔고, 많은 젊은 여성이 불합리한 히잡 단속을 당한 경험을 쏟아 놓는다.

> 그날 나의 차림새는 매우 안전했어요. 절대 '바드헤접(적절치 않은 히잡)'이 아니었어요. 검은색 상의로 엉덩이를 가렸고, 긴 바지에 화장기도 없었어요. 그런데 단속 차량의 자리가 비었다는 이유로(어이없는 웃음), 그 무리에 잡혀갔어요. 경찰서에 가서 아빠에게 전화드렸더니, 내가 장난치는 줄 알고 믿지 않는 거예요. 의사인 엄마에게 전화했더니, 마침 환자 진료 중이라서 통화를 할 수 없었어요. 그래서 "우리 부모님이 믿지 않아요. 어떻게 할까요?"라고 하니까 그냥 풀어 줬어요. 저는 키가 커서 눈에 잘 띄는지, 그 이후로도 거리에서 히잡 때문에 자주 잡혔어요.
>
> -2020년 9월, 20대 후반 이란 유학생과의 인터뷰

그렇다면 오늘날 이란 사회에서 히잡 규제는 어떤 의미를 지닐까? 이란 이슬람 정권은 보수적인 히잡을 쓴 독실한 무슬림의 이미지를 국가 이미지에 적극적으로 이용해 왔고, 이 때문에 여성들은 일상적 규제와 단속 대상이 되어 왔다. 히잡은 무슬림 여성들이 공공 영역에 안전하게 접근할 수 있도록 하는 보호를 의미한다고 해석할 수도 있지만 정부의 강압적 탄압 도구로 해석되기도 한다. 의무적으로 히잡을 써야 하는 세속적 성향의 도시 젊은 여성들은 위 사례들처럼 강제적인 의무 정책에 의문을 제기한다. 2014년부터 온라인 플랫폼을 중심으로 시작된 히잡 의무 규제에 저항하는 여성들의 등장은 히잡 정책에 대한 논란을 더욱 심화하고 있다. 그렇다면 히잡 규범에 저항하는 페미니즘 운동은 어떤 시민사회운동과 맞닿아 있는지 살펴보자.

3. 사이버 페미니즘 운동의 궤적들

'나의 은밀한 자유' 페이지에서 재현되는 이란 여성의 사회운동은 현

대 이란의 시민사회운동의 한 자락과 맞닿아 있다. 이란 여성은 현대 이란 개혁운동과 시민사회 도래의 주역이 되고 있다고 평가받아 왔다. 특히 2000년대 들어 미디어와 개혁주의에 대한 열망으로 이란 이슬람 공화국 내 대중문화는 급속한 변화를 맞이하고 있다. 이러한 대중문화와 뉴미디어를 통한 사회 변화를 선도하는 그룹은 바로 이란의 젊은 세대와 여성이다.

이란 근대사에서는 사회운동과 혁명이 끊임없이 지속되었다고 해도 과언이 아니다. 특히 여성, 문화계 인사, 작가, 언론인, 학생 그리고 지식인 계층과 종교 집단을 중심으로 시민사회운동 조직이 결성되었다. 이란 시민사회의 포문을 열고, 각종 사회운동을 이끈 이들은 바로 1997년 모하마드 하타미(Mohammad Khatami) 대통령의 개혁운동 지지층이라 할 수 있다. 하타미 대통령은 시민사회 담론을 이란 정치 논쟁의 중심으로 가져왔고, 그 결과 시민사회라는 맥락 아래 다양한 정치인, 지식인, 언론인이 모이기 시작했다. 특히 중산층과 여성 그리고 청년 세대는 하타미 대통령의 개혁 의지와 다양한 문화정책의 가장 든든한 지지층이었다.

이런 시민사회로의 움직임은 곧 민주주의와 자유라는 보편적 가치에 대한 사회적 요구로 이어졌다. 이러한 흐름은 훗날 이란 이슬람 혁명 30주년을 맞은 2009년에 대규모 반정부 민주화 시위의 도화선이 되었다. 온라인을 통한 이란 여성들의 사회운동은 일련의 페미니즘 운동과도 연결되어 있다. 2006년 여성 인권변호사 시린 에바디(Shirin Ebadi)와 나스린 소투데(Nasrin Sotoudeh) 등이 주도한 성평등 운동 '백만 서명 운동(One Million Signature Campaign)' 등을 통해 이란 페미니스트 그룹들은 이란 내 여성들의 법적, 사회적 차별법에 맞서 싸워 왔다(Afary, 2009: 33-34).

이슬람 혁명 이래 가장 큰 규모의 반정부 시위였던 2009년 녹색운동에서 개혁적 성향의 이란 여성들은 다시 전면에 나섰다. 개혁파 하타미 전(前) 대통령의 1997년, 2001년 두 차례 당선을 이끌었던 20, 30대 젊은 여성들은, 2009년 대통령 선거운동 당시 개혁파 미르 호세인 무사비(Mir Hossein Mousavi) 후보의 가장 큰 후원자가 되었다. 또한 젊은 여성들은 이 녹색 물결을 이슬람 복장인 히잡에 적용해 녹색 숄을 머리에 두르고, 녹색 겉옷을 입고 열광적인 성원을 보냈다. 이처럼 이란 여성들은 녹색운동의 주도적 역할을 했다. 특히 네다(Neda)라는 여성은 죽음을 통해 유튜브로 전 세계에 이란 민주화운동의 심각성과 폭력성을 알려 이란 민주화운동의 상징이 되었다.

이란의 여성운동은 2009년 녹색운동을 통해 더욱 강해졌고, 이 운동은 여성들의 자의식이 깨어나는 역사적 전환점이 되었다(Vakil, 2011: 198-214). 전통적 사회질서 속에서도 개혁적 변혁을 모색한 이란 여성들은 사회운동과 녹색운동의 교차점을 경험하면서 주요한 역할을 수행했다. 2009년 녹색운동 이후 많은 개혁파 운동 참여자가 해외로 망명하거나 고국을 떠났다. 이에 재외 이란인 여성 운동가들이 온라인을 통해 본격적으로 여성 인권 신장 운동을 주도했고, 많은 디아스포라가 온라인을 통해 이란 내 사회운동에 적극적으로 참여하고 있다.

메나(MENA, 중동·북아프리카) 지역 온라인에서 여성과 관련된 이슈들은 아랍어와 페르시아어, 튀르키예어뿐 아니라 영어와 프랑스어로도 번역되어 알려지고 있다. 이것은 메나 지역의 여성 관련 온라인 활동이 주로 미국과 유럽 지역의 중동 디아스포라들에 의해 주도되고 지원받기 때문이다(Sreberny, 2015: 358-359). '나의 은밀한 자유' 페이지의 사회적 위치와 함의도 같은 맥락에서 작동했다. 디아스포라 여성 언론인 마시 알리네자드가 시작한 이 페이지는 페르시아어뿐 아니라 영어와 프랑스어 번역문을 함께 제시함으로써 다수의 글로벌 지지자를 확보했다. 이란 안에서 소셜미디어는 시민사회운동 확산과 전 지구적 연대 운동을 이끌어 내는 중요한 역할을 해오고 있다. 이 페이스북 페이지는 해시태그 운동과 함께 점차 여성 인권 연대 운동의 모습을 갖추고 있다. 이러한 관점에서 페이스북을 통한 이란 여성의 사회운동은 통제된 국내 미디어 환경뿐 아니라 이란 사회 내 불공평한 젠더 구조에서의 제약을 온라인 공간에서 극복하고 '은밀하지만' 짜릿한 자유를 느끼게 한다.

또한 남성 위주의 통제된 사회에서 젊은 이란 여성들은 그 어떤 사회집단보다 인터넷과 소셜미디어를 적극적으로 활용한다. 이들의 능동적이고 주체적인 뉴테크놀로지 활용은 사이버 페미니즘(CyberFeminism)으로 명명되며 주목할 만한 주제로 관철된다(Karimi, 2015: 225-226). 특히 인터넷과 소셜미디어 플랫폼의 발전으로 이미 인터넷 공간은 '정치적 영역(sphere of the political)'이 되었고, 여성들의 정치적 활동을 위한 유익한 환경을 제공하고 있다(Sreberny, 2015: 357).

이란 여성에게 소셜미디어는 "전복적인 정치적 장소"(Tahmasebi-Birgani, 2017)이며, "국가 이데올로기를 좌절시키는 페미니스트들의 도구"(Batmanghelichi and Mouri, 2017) 역할을 하고 있다. 특히 소셜미디어가 본격적으로 발달한 2010년 이후부터 이란 여성은 온라인에서 다양한 활동을 펼쳐 왔다. 이란의 통제 상황에서 정부에 반하는 정책에 여성들이 조직화하여 연대하는 모습을 가시적으로 보여 주기는 어렵다. 하지만 그들의 비조직적인 개인 간 유대가 공동체의식을 형성한다. 이들의 느슨한 연대는 이후 2009년 민주화 시위인 녹색운동을 가능하게 한 사회적 자원이 되었고 현재 이란의 정치, 사회 전반의 변혁을 이끄는 가장 큰 동력이다.

4. 위협받는 일상 그리고 기록하는 여성들

이란 헌법 제8조에는 "이란 이슬람 공화국에서 선한 일은 하도록 초대하고, 선을 권하고 악을 금하는 것은 국민 상호 간, 정부와 국민 간 보편적인 책임이다. 이러한 관계의 조건, 경계, 성격은 법률로 규정한다."라고 명시되어 있다. 이 조항은 다음의 코란 구절을 따른 것이다. "믿는 자들이여, 서로의 수호자인 남성들과 여성들이여, 선을 권하고, 악을 금하노라." 이 헌법은 이란에서 사생활이라 할지라도 이슬람적 도덕규범에 어긋나는 행동을 할 경우 이웃이나 모르는 타인의 감시와 고발, 일상적 비난이 가능하도록 제도화한 것이다. "선을 행하고 악을 금한다(Amr-e be Ma'ruf va Nahy-a az Monkar)"는 법령은 이란에서 도덕 경찰이나 바시지(Basiji)라 불리는 민병대가 특히 이란의 젊은이와 여성을 옥죄고, 때로는 창피를 주는 근거로 제시되었다.

이 법령은 젊은 여성들의 옷차림 및 히잡과 관련한 제재 구실이 되었고, 음주와 미혼 남녀의 연애, 동성애와 같은 사적 영역을 도덕적 영역으로 만들어 단속할 수 있는 근거가 되었다. 또한 여성들이 공적 영역에서 적절한 히잡을 쓰지 않았다는 이유만으로 누구나 조언을 넘어선 과도한 지적과 간섭을 할 수 있도록 용인하는 배경이 되었다. 이로 인해 이란 사람들은 공공 영역에서 자신의 감정을 숨기고, 사생활을 스스로 검열하는 자기 검열에 빠진다. 이것이 바로 이란 이슬람 공화국의 감정 통제 메커니즘이다.

이란에서는 히잡을 쓰기 시작한 대부분의 소녀와 여성이 자라는 동안 히잡에 대한 지적이나 폭언을 경험했다고 해도 과언이 아닐 정도다. 특히 필자가 사적으로 만나 인터뷰한 개혁 성향의 도시 여성들은 끊임없이 사회적, 문화적 통제와 지적에 대해 불만을 터트렸다.

이란 여성들은 오랜 세월 동안 끊임없이 공권력뿐 아니라, 일반 남성, 때로는 보수적 여성의 사생활 침해를 넘어선 간섭과 지적을 받았다. 특히 히잡을 똑바로 쓰지 않으면 '창녀'라는 폭언을 들어야 했고, 때로는 성희롱으로 이어지기도 했다. 이란 여성들에 대한 사회적 규제는 '도덕성' 문제와 연결되어, '히잡'이라는 사회적 규범을 어기면 여지없이 도덕성에 문제 있는 '창녀'라는 프레임을 씌웠다. 수많은 이란 여성이 자라면서 옷차림 때문에 잡혀갈 때마다 "이 창녀야! 히잡을 똑바로 써!"라는 말을 들어 왔다. 이란에서는 각종 사회 규제의 효용성을 높이기 위해 개인에게 강력한 도덕적 책임을 요구한다. 도덕성에 대한 이러한 강조는 이란 사회뿐 아니라 이슬람 사회의 규제와 성에 따른 분리와 차별을 설명할 때도 보편적으로 사용되는 방식이다(Abu-Lughod, 2000).

(동영상 설명)

이 언쟁은 한 버스에서 일어났다. 이 무례한 남성이 버스 안에서 히잡을 쓰라고 지시하려 했다. 단지 그들이 강제적인 히잡을 쓰지 않았다는 이유로, 그 남성은 여성들에게 "벌거벗었다."라고 했다. 이 여성은 당당히 나서며, 그 남성에게 그의 위협이 전혀 두렵지 않았다고 했다. 이것은 바로 우리 캠페인이 이란 안에서 실질적인 반응을 이끌어 내고 있음을 보여 준다. 여성들은 더 이상 신성모독적인 발언과 죄의식에 단념하지 않고 맞선다.

#MyCameraIsMyWeapon

#WalkingUnveiled

#WhiteWednesdays

#MyStealthyFreedom

(동영상 속 언쟁 내용)

남성: 당신은 여기서 유일하게 벌거벗고 있소.

여성: 왜 우리가 옷 입은 것 가지고 뭐라 하는 거예요? 저는 그냥 이렇게 히잡을 벗고 싶어요. 히잡은 사적인 문제예요.

남성: 정말 무례하군요! 당장 히잡을 써요. 당신은 지금 벌거벗고 있소.

여성: 싫어요. 나의 선택이 좋으니까요.

남성: 경찰을 부르겠소.

여성: 불러요. 당장 경찰에 전화 걸어요!

남성: 이 벌거벗은 여성이 벌금을 내도록 만들 거요.

여성: 나는 이렇게 히잡을 벗는 게 좋아요. 그러니까 전화해요!

남성: 당국에 전화할 거요! 당신들이 무슨 짓을 하는지 알게 할 거요.

여성: 당장 해요! 할 수 있는 것 다 해버려요!

남성: 이 여자들은 가족(근본)이 없어.

여성: 당신이 가족을 걸고 떠벌리는데, 도대체 왜 다른 사람들이 나를 쳐다보고 있는 거죠?

다른 남성 승객: 거기 아저씨, 그만해요!

-2018년 11월 15일, '나의 은밀한 자유' 게시글

수많은 동영상에서 여성들이 영상을 마시 알리네자드에게 보낼 거라고 이야기, 아니 절규한다. "당신의 얼굴이 인터넷에, 온 세상에 쫙 퍼질 거예요!"라며 악다구니를 쓴다. 그 말을 들은 대부분의 남성은 흥분해서 카메라를 뺏으려 하거나, 얼굴을 가린다. 이런 모습에서 남성들 스스로 그것이 부당한 행동임을 인지하고 있다는 것을 알 수 있다. 이란 여성들이 더 적극적으로 얼굴을 드러내려 하는 것과 사뭇 대조적으로 남성들은 자기 얼굴이 공개되는 것을 두려워한다. 공적 영역에서 가시화되는 남성들이 온라인 공간에서 비가시화되려 한다는 점, 그리고

반대로 히잡으로 늘 존재 자체에 대한 비가시화를 강요받는 여성들이 자기 모습을 드러낸다는 점이 이 운동의 힘과 파급력을 보여 준다.

한편, 이 사이트에서 흥미로운 점은 남성을 대척점에 두고 있지 않다는 사실이다. 오히려 개혁적 성향 남성들과의 연대가 강조된다. '#카메라는나의무기' 동영상은 여성들을 윽박지르는 상대에 대항해 도와주는 남성들의 목소리로 끝난다. 남성의 도움이나 개입으로 끝나는 동영상 편집이 의도적이라면, 아마도 이 온라인 플랫폼이 페미니즘 운동으로 그치지 않고, 개혁 성향 이란 남성들의 동의와 지지를 통해 시민 불복종 운동으로 발전시키고자 하는 의도라고 해석할 수 있다.

도널드 트럼프(Donald Trump)가 미국 대통령으로 당선된 후 이란에 대한 전방위적 경제 폐쇄 정책이 가해지면서, 정부에 대한 불만이 최고조에 달했다. 히잡으로 대표되는 일상의 보수-개혁 논쟁들이 이란의 심각한 경제난에 대한 비난으로 옮겨 간 것이다. 동영상 속에서 히잡에 대해 비난하는 —주로 친정부 측이라 여겨지는 보수적이고, 종교적으로 보수적인 성향의— 사람들에게 "당신들이 이런 방식으로 우리나라를 40년 동안 망쳐 왔어요! 당신들이 나라를 위해 한 게 뭐 있어요? 여자들 히잡에만 관심을 가졌지. 당신들이 나라를 다 망친 거라고요!"라고 소리를 지른다. 이란 사회에 미증유의 위기 상황을 가져온 코로나19 팬데믹에서도 여성들에 대한 의복 단속이 멈추지 않자, 시민들은 코로나19 위기에 대한 대책이나 마련하라며 카메라 속에서 분노의 목소리를 높인다. 아마도 이와 같은 흐름이 이슬람 정권이 가장 경계하는 지점일 것이다. 카메라 속 젊은 여성들은 카메라를 마치 무기처럼 든 채 상대에게 비명을 지르듯 외친다. "이건 당신이 상관할 바 아니에요! 나보고 이래라 저래라 하지 말아요! 당신이나 나를 쳐다보지 말아요!"

일상적인 복장 검사와 그에 따른 체포에 이제 더 이상 여성들은 수동적으로 끌려가지 않는다. 끌려가지 않으려 주위 사람들에게 소리를 지르며 도움을 구하거나, 경찰에게도 핸드폰 카메라를 들이대며 저항한다. 수많은 동영상에서 여성들은 주변과의 연대성을 확인하면서 행동에 나서고 있다.

> 이란 여성들은 더 용감해졌어요. 여성들은 더 과감한 동영상을 보내고 있어요. 여성들이 용감해지고 그녀들의 목소리가 높아지는 걸 정권은 두려워하고 있어요. 그래서 여성들을 체포하면서 다른 여성들에게 더욱 겁을 주고 있어요. 나도 이란에 있는 어머니에게 경찰들이 갔다는 소리를 듣고 온몸이 떨렸어요. 이렇게 나의 어머니를 협박하고, 여성들을 체포해 가는 것은 바로 정권이 두려워하고 있다는 방증이에요. 저는 히잡을 정치화하지 않았어요. 히잡을 정치 이슈로 만든 것은 바로 이란 정권이에요. 이번에 잡혀간 여성은 어떤 정치적 행동도 하지 않았어요. 세계 여성의 날을 기념해 지하철에서 여성들에게 꽃을 나누어 준 것밖에 없어요. 우리는 40년 동안 '선을 행하고, 악을 금한다.' 원칙에 괴롭힘을 당해 왔어요. '카메라는나의무기' 운동을 통해 얼마나 많은 이란 여성이 어려움을 당해 왔는지 알 수 있어요.
>
> -'나의 은밀한 자유' 페이지 운영자 마시 알리네자드,
> BBC 페르시안과의 페르시아어 인터뷰[2] 중에서

마시 알리네자드의 인터뷰에도 나왔듯이 이란 여성들은 용감하게 자신들이 개인적으로 경험해 온 괴롭힘을 카메라로 기록하고 소셜미디어를 통해 공개적으로 말함으로써 이란 여성운동사에 획을 긋고 있다. 지금까지 개혁 성향 국민들이 반정부 시위에 앞장서 왔으나, 글로

2 마시 알리네자드 인스타그램 게시물, 2019. 4. 19, https://www.instagram.com/p/Bwbn66yhSbE/ (접속일: 2022. 3. 4).

벌 차원의 경제 압박 이후에는 지방 중하층 국민들까지 산발적인 시위에 나섰다. 이러한 상황에서 이란 여성들은 정부가 신경 써야 할 것은 여성들의 옷차림이 아니라, 심각한 경제난과 치솟는 물가를 잡는 것이라고 비판한다. '나의 은밀한 자유' 페이지에서 여성들은 옷차림을 지적하는 것을 넘어 면전에서 혐오성 발언을 내뱉는 보수 성향 사람들에게 자신들을 괴롭히지 말고 "너희가 망친 이 나라에나 신경 써라!"라며 일갈한다. 경제적 압박에 대한 산발적 집회에서 여성들의 인권과 차별에 대한 날 선 비판의 목소리가 함께 나오는 데는 바로 이러한 배경이 있다.

소셜미디어를 이용한 이란 내 반정부 운동, 시민사회운동은 더 이상 정부가 무시할 수 없을 정도로 강력한 연대를 형성하고 있다. 우회 네트워크를 사용하지 않으면 이란 내에서 페이스북 접속이 어려움에도 온라인 플랫폼을 기반으로 한 다양한 시민운동을 양쪽 진영 모두 인식하고 있다.

서두에서 보여 준 여성들의 외침처럼 반대 진영에서 여성들을 억압하는 이들조차 이 해시태그와 '박제'를 의식하고 있다. 그러기에 여성들은 더 소리 높여 외친다. 이란, 아니 온 세계가 당신의 얼굴을 알게 될 거라고. 동시에 정부 측에서도 검열 및 통제가 심해졌고 온라인 활동가에 대한 온라인 검열 및 구속도 더욱 광범위하게 이루어지고 있다. 하지만 인터넷과 소셜미디어 등의 발달로 사회적 여론은 다양하게 발전하고 있다. 이란 내에서 소셜미디어는 여성들의 미투 운동, 일상적인 혐오성 발언과 모욕에 대한 고발, 나아가 이란 내 시민 불복종 운동으로 이어지고 있다.

5. 이란의 시민 불복종 운동은 계속된다

> 그들이 일부러 그럴 때가 있어요. 그래야 우릴 감시하는 걸 알죠. 아주 뻔한 수작이죠. 일단 정치적 소송을 시작해요. 우리를 CIA나 모사드의 첩보원으로 만들어요. 그리고 도덕성 고발로 사건을 보강하죠. 우리의 삶을 산산이 망가뜨려요. 그러면 마침내 풀려나더라도 바깥세상이 더 큰 감옥이 되죠. 친한 친구들을 최악의 적으로 만들어요. 결국 우리는 이 나라에서 탈출하거나 도로 감옥에 가기를 바라게 돼요. 제 생각에는 (…) 말해 뭐해요. 내 말은 영화에서 빼는 게 낫겠어요. 추악한 리얼리즘이라고 비난받을 거예요.
>
> -영화 〈택시〉 중에서

이란 영화 〈택시(Taxi)〉(2015)에서 여성 인권 변호사 나스린 소투데는 배구 관람을 시도하다 구속되어 단식투쟁을 벌이는 곤체 가바미(Ghoncheh Ghavami)를 면회하러 간다. 나스린 소투데는 실제로 〈택시〉의 감독인 자파르 파나히(Jafar Fanahi)와 같은 이유로 6년간 수감 생활을 했고 이란의 변호사협회에서 3년간 변호사 자격을 정지하겠다는 통보를 받은 상태였다. 파나히 감독과 나스린 소투데는 정권과 다른 개혁적 정치 노선을 걷는 사람들을 강제로 잡아들여 그들의 삶을 산산이 망가뜨리는 현실을 비판한다. 변호사 나스린 소투데가 쓴웃음을 지으면서 정치적 탄압을 받은 이들은 친구들의 적이 되어 결국 이 사회를 탈출(이민, 망명)하거나 다시 감옥으로 가게 되는 악순환에 빠진다고 증언한다.

환한 미소로 이란 영화인들에게 장미꽃을 나누어 주던 인권 변호사 나스린 소투데는 현재 구속 중이다. 나스린 소투데는 2018년 이란 사회운동을 이끈 '#혁명거리의소녀들(GirlsofRevolutionStreet)'의 여성들을 변호한 죄로 투옥되었다. 소투데는 2018년 6월 13일 집에서 급작스럽게 체포되어 테헤란 에빈(Evin) 감옥에 투옥되었다. 그 후 그녀의 남편이 나스린 소투데가 38년 수감형과 태형 148대를 선고받았다고 주장하면서 억압적 판결에 대한 국제적 공분이 일어났다. 소투데 변호사는 감옥에서 두 차례나 정치범 석방을 요구하는 단식투쟁을 벌이기도 했다. 2021년 기준, 코로나 팬데믹의 강력한 여파에 힘이 부쳐 이란 여성운동도 잠시 소강상태였다. 하지만 팬데믹 상황에서도 당국의 여성 복장 단속은 멈추지 않았다.

히잡을 쓰는 행위는 문화권마다 매우 다양한 층위의 결을 갖는다. 다시 말해 억압받는 '이란 여성들의 히잡을 벗겨 버리고, 그 여성들을 이슬람 정부에게서 구하자'라는 식민주의적 페미니즘(Colonial Feminism)과 혼동해서는 안 된다. 본 장에서 다루어진 이란 여성들의 온라인 플랫폼을 통한 사회운동의 핵심이 히잡 거부가 아니라 선택의 자유와 성평등, 인권이라는 점을 간과하지 않아야 한다.

통제와 금지가 일상이 되어 버린 이란 이슬람 공화국에서 여성들은 변화와 자유에 대한 희망을 잃지 않고 있다. 전통주의자와 정부 정권이 사회에서 여성의 목소리를 배제할수록, 이란 여성들은 청중 앞에서 목소리를 높여 자신의 영혼을 드러내고자 한다. 이슬람 정권이 부여한 수많은 세세한 규율과 틀을 더 이상 참아낼 수 없는 것이다. 개개인의 감정과 개성을 억제해 개인의 목소리를 없애는 것은 마치 자유로운 새를 새장 안에 가두는 것과 마찬가지다(구기연, 2018: 136-137).

현대 이란 여성들의 자유와 변화에 대한 열망은 은밀하게 자유를 즐기는 데서 그치지 않을 것이다. 지금까지 이란 여성들은 자신을 보호하기 위해 자아를 완전히 감추거나, 자기 색을 희석하는 전략을 사용해 왔지만, 이제는 더 이상 물러서지 않고 반격에 나서며 연대의 힘을 보여 주고 있다. 해시태그를 통한 온라인 운동은 이란 내 여성 인권과 강제 히잡 문제, 미투 운동뿐 아니라 남성들을 포함한 국내 인권 문제, 나아가 2021년 8월 탈레반 정권의 등장으로 극명해진 여성 인권의 퇴보를 우려하는 아프가니스탄 여성들에 대한 지지와 연대 운동으로까지 확장되고 있다. 그녀들은 지금도 자신들을 향한 사회적 규범과 관습에 저항하고, 사회적 혁명을 꿈꾸며, 그토록 위험한 상황에서도 자기 목소리를 드러내고자 한다. 소셜미디어는 이란 여성운동이 새로운 장을 펼치는 동력이 되고 있으며, 나아가 이란 시민들과 다른 문화권 무슬림 여성들이 보다 주체적인 목소리를 내게 하는 매개체가 되고 있다.

나스린 소투데는 2021년 『타임』지가 선정한 가장 영향력 있는 100인에 선정되었다. "이 운동이 성공하면, 정말 좋죠. 하지만 성공하지 않더라도, 이 운동은 미래의 새로운 움직임을 위한 초석이 될 겁니다."[3]라는 발언의 잔잔한 울림처럼, 이란 여성들의 반격은 이미 시작되었고 또한 계속될 것이다. 마지막으로 '혁명 거리의 소녀들' 운동으로 수감된 경험이 있거나, 투옥 중인 이란 여성 운동가들의 이름을 불러본다.

> 비바 모바헤디(Viva Movahedi), 나르게스 호세이니(Narges Hoosseini), 나르게스 모하마디(Narges Mohammadi), 아테나 다에미(Atena Daemi), 골로크 에브라히미 이라이(Golrokh Ebrahimi Iraee), 마리얌 샤리아트마다리(Maryam Shariatmadari), 헨가메 샤히디(Hengameh Shahidi), 사바 코르드 아프샤리(Saba Kord Afshari), 레일라 호세인자데(Leila Hosseinzadeh), 세피데 골리안(Sepideh Gholian), 모즈간 케샤바르즈(Mojgan Keshavarz), 마리얌 아크바리 몬파레드(Maryam Akbari Monfared), 야스만 아르야니(Yasman

3 가장 영향력 있는 100인: 나스린 소투데 페이지, 『타임』, http://time.com/collection/100-most-influential-people-2021/6096096/nasrin-sotoudeh/?jwsource=fb&fbclid=IwAR1wDvCUGIaZE8MkLfnsb2H-giHZAyGCBSt_JOuRSfr3Wkdg--PGMRIKVjA (접속일: 2022. 6. 7).

Aryani), 모니레 아랍샤히(Monireh Arabshahi), 파리사 세이피(Parisa Seifi), 마르지에 아미리(Marzieh Amiri), 그리고 나스린 소투데.

지난 수년간 지속되어 온 이란 여성의 시민불복종 운동은 2022년 9월 히잡 단속에 걸렸던 마흐사 아미니(Mahsa Amini)의 죽음으로 이슬람 혁명 이후 가장 대규모 시위로 진행 중이다. "여성, 삶, 자유"라는 구호를 외치며 이란을 비롯한 전 세계에서 이란 반정부 시위가 이어지고 있다. 히잡 문제로 촉발된 이 시위가 언제 어떻게 끝날지 알 수 없지만, 그동안 이어진 이란 내 여성운동이, 또한 그 여성운동을 진행하느라 지금도 감옥에 투옥 중인 많은 여성의 희생이 함께했다는 점을 잊어서는 안 된다. 이란 여성들은 반격과 연대를 지속해 왔고, 2022년 이란 정권을 뒤흔드는 가장 강력한 무기를 가진 주인공이 되었다. 이란의 자유를 외치다가 희생당한 많은 사람들의 넋을 기린다.

제10장

'정상성'을 넘어서 확장된 모성으로

한국의 성소수자 엄마 활동가들*

#아시아 여성의 오늘은 다름을 포용하는 성장이다

이 글은 성소수자부모모임의 엄마들이 자녀의 커밍아웃 이후 부모모임에 참여하고, 성소수자 인권 활동가로 변화하는 과정을 살펴본다. 자녀가 성소수자라는 사실은 처음에 생애각본의 부재에 대한 공포감과 실패한 모성에 대한 죄책감을 불러일으키지만, 엄마들은 다른 부모와 젊은 성소수자와의 만남을 통해 젠더, 섹슈얼리티, 가족규범에 대해 재해석하며 정상성의 모델에서 탈피한다. 반동성애 폭력을 목격하면서 성소수자의 고통이 가진 사회적 성격을 깨닫고, '내 자녀의 엄마'를 넘어선 '성소수자 엄마 활동가'로서 인권활동에 적극적으로 참여한다. 변화한 엄마들은 자녀의 커밍아웃을 자신을 더 넓은 세계로 이끌고 성장하게 하는 초대장으로 재해석한다. 그러나 '세상이 뒤집어져도 너희 편'인 엄마들의 노력에도 불구하고, 성소수자의 '때아닌 죽음'은 언제나 드리워져 있는 그림자이다. 이는 가족의 이해와 노력으로 해결되지 않는 사회 다방면에 걸친 배제와 차별이 공고하게 작동하고 있다는 방증이며, 당사자와 그 주변을 넘어선 폭넓은 관심과 개입이 필요하다는 사실을 환기한다.

* 이 글은 조수미의 논문 「성소수자 엄마들의 인권활동과 성과 가족, 모성의 인식 변화」(2021, 『한국문화인류학』 54(3)) 일부를 수정 보완한 것이다.

1. 성소수자부모모임

2010년대 한국 사회에서 성소수자의 존재가 빠르게 가시화되며 정치적 논쟁 주제로 등장하는 일이 많아졌다. 성소수자에 대한 여론은 젊은 세대를 중심으로 우호적으로 변화하고 있지만, 보수적 개신교 교단을 중심으로 한 반동성애 단체들은 전국적으로 조직화하여 지역사회와 정치권에 압력을 넣고 있으며, 정치인과 국가기관은 이러한 압력을 빌미로 성소수자 인권을 보호하는 데 소홀하거나 선거 국면에서 정치 협상의 도구로 사용해 비판을 받고 있다(조수미, 2019: 215-217).

2014년 결성된 인권 단체 '성소수자부모모임(이하 부모모임)'[1]은 비성소수자라는 보편적 위치성과 '자식을 사랑하는 부모'라는 강력한 상징성을 통해 성소수자 커뮤니티에서도, 주류 사회에서도 강한 존재감을 드러내며 한국의 성소수자 인권운동에서 강력하고 가시적인 앨라이(연대자)로 활동해 왔다. 1970년대 북미에서 PFLAG(Parents, Families and Friends of Lesbians and Gays)라는 이름으로 성소수자 가족 운동이 등장한 이후, 전 세계에 25개 정도 성소수자부모모임이 활동하고 있다. 동아시아에서는 일본의 'LGBT의 가족과 친구를 연결하는 모임'이 2006년부터 결성되어 전국에 4개 지부를 두고 있으며, 중국의 PFLAG 차이나는 2008년에 시작해 전국 50개 지역에서 1,200여 명이 활동하고 있다(『비마이너』 2016. 5. 10).

퀴어문화축제에서 프리 허그를 하며 밝은 표정으로 성소수자들을 품에 안고, 깃발을 들고 퍼레이드에서 구호를 외치며, 각종 행사와 기

1 이 글에서는 단체의 활동과 자신들의 경험을 가급적 널리 알리고 싶다는 연구 참여자들의 희망에 따라, 인터뷰 내용은 활동명(활동가들이 대외활동에서 본명 대신 사용하는 이름)으로 기재했다.

자회견에서 결연한 표정으로 발언하는 성소수자 부모들의 모습은 많은 성소수자에게 깊은 위로와 감동을 준다. 2016년 서울퀴어문화축제에서 프리 허그 장면을 찍은 영상[2]은 SNS를 통해 국내외로 알려져 500만 조회 수를 기록하며 많은 반향을 불러일으켰다. 영상 댓글에는 "자식이 성소수자라는 사실까지 받아들일 수 있다면 모든 것을 포용할 수 있을 것"이라는 이상적인 부모에 대한 찬사가 달렸다. "하늘이 무너져도 엄마는 네 편이야."라는 말에서는 자연스럽게 무한한 사랑과 헌신으로 가득한 모성을 연상하게 된다.

하지만 이들이 처음부터 '성소수자의 부모'로서 완성된 모습을 갖추었던 것은 아니다. 대다수 다른 부모처럼, 이들은 시스젠더(출생 시 부여된 지정 성별과 자신의 성별정체성이 충돌하지 않는 대다수 남성과 여성)이자 이성애자로서 한국 사회에 만연한 정상성에 대한 관념, 이성애 규범성과 성별이분법에 기반한 '정상가족'이라는 관념에 큰 의문을 품지 않고 살아왔다. 성소수자에 대한 무지와 편견이 만연한 세상에서 커밍아웃(성소수자가 스스로 자신의 성적 지향이나 성별정체성을 드러내는 것)이나 아우팅(당사자의 동의 없이 타인이 성소수자의 성적 지향이나 성별정체성을 드러내는 것)을 통해 자녀들의 남다른 성적 지향이나 성별정체성을 깨닫는 것은 커다란 충격이자 도전이다. 수개월에서 수년에 걸친 고민과 시행착오를 겪으면서 성소수자 자녀를 받아들이고, 더 나아가서 자기 자녀뿐 아니라 모든 성소수자가 살기에 안전한 세상을 만들기 위해 활동가로 변한 것이다.

부모모임 결성 멤버를 포함해서 모임을 찾거나 부모모임에 남아 활동을 계속하는 압도적인 다수는 엄마다. 부모모임을 처음 찾는 부모

2 닷페이스, 2016. 6. 12, "[성소수자부모모임]엄마는 너를 있는 그대로 사랑한단다"(유튜브 영상). https://youtu.be/eqjCKjVICOE

들은 정서적 지원과 정보를 얻기 위한 내담자의 성격이 강하며, 자신과 자녀, 가족을 둘러싼 문제를 해결하는 데 주된 관심을 가지고 있다. 한편 단체에서 활동하는 활동가 엄마들은 자녀와의 관계, 자녀의 삶이 안정된 후에도 성소수자 인권활동을 계속한다. 이들은 '내 자녀의 엄마'라는 사인(私人)의 정체성을 넘어 집합적 '성소수자의 부모'이자 사회 변화를 위한 '활동가'라는 공적 정체성을 띠고 활동한다.

이 장에서는 성소수자의 엄마들이 부모모임 활동을 통해 자기 자녀를 받아들이고, 나아가 성소수자 인권활동 및 보다 포괄적인 소수자, 차별, 인권 문제에 관심을 가지고 활동가로 변모하는 과정에서 경험하는 인식의 변화를 분석하고자 한다. 특히 이들이 성과 가족에 대한 지배적 이데올로기에 의문을 품고 새로 재정의하는 과정과, '성소수자의 엄마', '활동가'로서 모성에 근거를 둔 정체성의 범위가 사회적으로 확장되는 지점에 주목한다.

부모모임은 2014년에 세 명의 엄마가 고민을 나누는 자조모임(support group)에서 시작되었다. 그 후 몇 년간 '행동하는성소수자인권연대(이하 행성인)'의 지원을 받아 활동하다가, 2018년부터 인권활동 비영리단체로 독자적인 활동을 시작했다. 2021년 당시 30명 정도의 정회원, 200여 명의 후원회원이 활동 중이었다. 이들의 주된 활동은 교육, 상담, 연대활동이다. 집단상담 성격을 띠는 매월 정기 모임, 성소수자와 가족의 개별 상담, 회원 및 외부 단체나 기관을 상대로 한 성소수자 및 인권 교육, 언론 인터뷰, 성소수자 및 여타 인권 의제 행사에 대한 연대활동 등을 포함한다. 또한 성소수자 부모와 자녀의 경험을 담은 자료집과 도서, 전문가와 협업을 바탕으로 한 트랜스젠더의 트랜지션에 대한 자료집 등을 출판하며, 홈페이지에서 성소수자 관련 정보를 공유하고, 자체 유튜브 채널에서 인터뷰나 대담 형식의 영상을 제작해 공개하고 있다. 2020년에는 인권활동 공로를 인정받아 천주교인권위원회의 이돈명인권상을 수상했다. 부모모임 가족들을 다룬 다큐멘터리 〈너에게 가는 길〉(2021)은 여러 영화제에서 수상하고, 노회찬상 특별상을 받았다.

정기 모임을 찾는 부모나 부모모임 회원 대다수는 20대 자녀를 둔 40대 후반에서 50대 후반 사이 엄마다. 이것은 자녀가 막 커밍아웃하거나, 성소수자라는 사실 때문에 자아정체성, 인간관계, 사회적 상황에서 고통과 갈등이 두드러지는 시기가 10대 후반에서 20대 초반에 집중되는 것과 관련이 있다. 이 글에서는 부모를 가리킬 때 부모모임의 관행을 따라 '아빠, 엄마'로 표기했다. 이러한 관행은 부모모임 참여자들이 권위 있는 부모로서 스스로를 위치 짓는 대신, 자녀와의 유대감과 동등한 인간 혹은 시민으로서 상호 이해를 강조하는 태도와 관련이 있다.

2. 활동가 대 연구자, 엄마 대 엄마로서의 만남

나는 '성소수자연구회'의 일원으로서 『혐오의 시대에 맞서는 성소수자에 대한 12가지 질문』(2016)이라는 자료집을 공동 집필했다. 당시 부모모임은 이 자료집을 누구보다 반기고 배포에 앞장섰다. '부모의 사랑'이란 감정적 호소력이 큰 만큼 맹목적이고 객관성이 부족한 것으로 간주되기도 쉬웠기 때문이다.

연구를 위해 퀴어문화축제 현장을 찾으면서 부모님들과 더 친해질 수 있었던 또 다른 이유는, 내가 아이와 함께 나타난 '엄마'라는 사실 때문이었다. 달리 맡길 곳이 없어 데려간 아이는 축제의 밝고 긍정적인 에너지, 신나는 공연, 인권과 다양성이라는 정의로운 메시지에 곧바로 매료되었다. 몇 년간 연구를 하러 가는 것인지, 축제 구경하는 아이의 보호자로 따라가는 것인지 헷갈릴 정도로 축제 현장에 자주 함께

[그림 10-1] 연구자의 가족과 성소수자 엄마들(2018년 인천퀴어문화축제)

다녔다. 우리는 축제 현장에서 서로를 놓칠까 봐 부모모임 부스를 베이스캠프로 삼았다. 지치면 부스에서 간식을 먹고, 엄마들과 수다를 떨다가 부모모임의 깃발 뒤에서 함께 퍼레이드를 하고, 축제가 끝나면 뒤풀이도 함께했다.

외국에서 태어나 성장한 아이는 위계가 강하고 개별성을 억누르는 한국 사회에 적응하면서 종종 답답함을 토로했다. 퀴어문화축제에서 만나는 사람들이 한국에서는 가장 사람을 존중하는 것 같다고 했을 정도다. 엄마보다 나이 많은 어른들이 자신에게 '○○님'이라고 부르고 존댓말을 쓰며, 자신의 말을 경청하고 위아래가 아닌 수평적 관계로 대하는 것이 아이에게는 이색적인 경험이었다.

이렇게 부모모임의 부모님과 나는 이중으로 엮인 관계였다. 정기모임에서 발언할 때나, 강연자로서 초대받아 학술적 지식이나 해외 사례를 공유할 때, 나는 그분들에게 필요한 전문성이라는 '무기'를 갖춘 '앨라이'로 환영받았다. 한편 나보다 앞서 자녀를 키우면서 흔하지 않은 고비와 고민을 넘어선 그들은 아이의 성장에 발맞추어 엄마로서 성장해 가던 내게 '선배 부모'이기도 했다.

3. 깨달음의 충격과 정상성의 압력: 생애각본의 부재와 모성 비난

성소수자 자녀가 부모에게 커밍아웃하는 것은 그 자체로 드문 경험이다. 가장 친밀한 관계인 가족의 부정과 비난에서 더 크고 직접적인 고통을 느끼기 때문이다(김진이, 2017). 특히 경제적, 사회적으로 취약한 미성년자 자녀에게 가족의 수용 여부는 생존의 문제가 되기도 한다. 따라서 부모들은 자녀가 커밍아웃해서 알게 된 경우도 있지만, 타인의 아우팅을 통해 발견하는 경우도 있다. 커밍아웃하지 못하고 침잠하는 자녀는 자살이나 자해 시도를 하기도 하고, 일기장에 자살 충동이나 자살 계획을 썼다가 부모에게 들키기도 한다. 이해할 수 없는 변화에 답답해서 자녀를 다그치다가 우발적으로 커밍아웃이 일어나기도 한다.

어떤 경로를 통해서건 부모 중에서 자녀의 성소수자성을 먼저 깨닫는 것은 엄마인 경우가 많다. 주 양육자로서 자녀의 성장과 일상을 밀착해 지켜보면서 자녀의 특징이나 변화를 깨달을 기회가 많고, 자녀 역시 엄마를 더 신뢰하고 이해해 주기를 기대하는 경우가 많기 때문이다.

커밍아웃을 받은 엄마는 스스로 엄청난 충격과 혼란을 경험한다. "쇳덩어리로 머리를 맞은" 기분이 들기도 하고, "눈물이 하염없이 줄줄 흐르는데 수화기 너머 아이가 눈치챌까 봐 목소리를 꾸미"기도 한다. 몇 개월에서 몇 년씩 고립되어 남몰래 앓기도 한다. 처음부터 성소수자에 대한 뚜렷한 반감이나 혐오를 가지고 있다기보다, 오히려 "성소수자가 뭔지 몰라서" 반응하기 어려워하기도 한다. 부모모임이 시작된 2010년대 후반까지도 비전문가가 접할 수 있는 성소수자에 대한 정보는 한국에서 거의 전무한 상태였다. 온라인 검색에 익숙하지 않은 엄마들은 필요한 정보를 쉽게 찾아낼 수 없었으며, 반동성애 집단이 배포하는 가짜 뉴스나 혐오 콘텐츠를 먼저 접하고 더 큰 충격을 받기도 했다.

한국에서 통용되는 성장-학교-취업-결혼-출산-양육-노후라고 하는 이성애적 정상가족의 생애각본을 당연시하며 살아온 부모는, 불현듯 자신이 살아왔거나 자녀에게 기대했던 궤적이 성소수자인 자녀에게 들어맞지 않을 뿐만 아니라, 자신에게도 자녀를 위한 부모의 각본이 존재하지 않는다는 사실을 깨닫는다. 다급함에 서둘러 정상성의 궤도로 불러들이려는 시도나, 자녀의 미래를 단정 짓는 태도는 자녀와 더한 갈등을 낳기도 한다.

비비안은 아들의 커밍아웃 후에 "이렇게 고통스러운 삶을 살도록 낳아서 엄마가 미안해"라는 카톡을 아들에게 보냈다. 결혼해서 가족을 이루고 사는 삶이 인생의 가장 중요한 행복 중 하나인데, 아들이 그것을 할 수 없을 거라고 생각했기 때문이다. 그것이 비비안에게는 자식의 다름을 받아들이고, 엄마로서 책임감과 애정을 표현하는 최선으로 생각했지만, 아들은 성소수자의 비정상성과 불행한 운명을 엄마가 당연시하는 것 같아 되려 상처를 받았다고 전했다.

성별이분법에 들어맞지 않는 트랜스젠더 정체성은 상대적으로 잘 알려진 동성애에 비해 더 혼동을 가져온다. '남자가/여자가 되려고 한다'거나 '여자 흉내를 내는 남자' 같은 식으로 미디어에서 희화화와 조롱의 대상으로만 표현되는 트랜스젠더를, 현실 속 내 자식과 일치시키기는 어렵다.

트랜스젠더 딸을 둔 메이는 정신과 병원에서 "치료하면 되는 거 아니냐, 검사가 잘못될 수도 있지 않냐?"고 물었다. 의사는 "검사는 전문적인 것이고, 결과대로 살게 해 주지 않으면 죽을 거예요, 살지 못할 거예요."라고 단호하게 얘기했지만, 받아들이기가 쉽지 않았다. "덩치도 크고 수염도 거뭇거뭇한데, 여자가 되겠다고?" 애한테 "그런다고 누가 너를 여자로 봐줄 것 같아?"라고 했다. 트랜스젠더 아들을 둔 나비는 '바이젠더 팬로맨틱 에이섹슈얼'[3]이라는 아들의 설명이 복잡하다면서 여자 좋아하니까 그냥 "레즈비언이라고 하면 안 되냐"고 응수했고, 두 가지 성별정체성을 함께 느낀다는 '바이젠더'를 두 가지 성별에 매력을 느낀다는 '양성애자'로 착각하기도 했다(성소수자부모모임, 2018: 296-298).

사회에서 '비정상'으로 간주되는 특징이 발견되었을 때, 엄마는 아이의 문제에 대한 '원인 제공자'이자 '책임 돌봄자'로서 사회와 가족으로부터 '모성 비난(mother-blame)'을 받거나, 엄마 스스로 문제를 자신과 연결해 해석하며 죄책감을 내면화하기도 한다. 다수의 엄마는 '왜 자녀가 성소수자가 되었는지'를 아이의 어린 시절로 거슬러 올라가며 더듬어 찾는다. 어릴 적부터 보였던 남다른 언행이나 취향을 돌이켜보며 아이를 이해해 보려고 한다. 하지만 가정환경이나 가족이 겪은 고난, 자녀에 대한 부모의 양육 태도 등이 자녀가 정상성을 벗어나게 만든 이유로서 의심과 자책의 대상이 된다. 비비안은 자신의 '페미니스트적 가치관' 때문에 아들이 동성애자가 된 것인지 궁금해했다. 물은 아

3 바이젠더(bigender)는 남성과 여성의 성별정체성이 동시에 존재하는 것, 팬로맨틱(panromantic)은 상대의 성별과 무관하게 감정의 끌림을 느낄 수 있는 것, 에이섹슈얼(asexual)은 어떠한 상대에게도 육체적 끌림을 느끼지 않는 무성애를 가리킨다.

버지가 지나치게 엄격하고 가부장적이었던 것이 자녀가 트랜스 여성이 된 원인인가 의심했다. '태교(胎教)'라는 이름으로 엄마의 책임감(죄책감) 범위를 출생 이전으로까지 확장하는 한국 사회에서, 메이는 만삭일 때 겪었던 스트레스와 배 속 아이에 대한 원망이 아이를 그렇게 만들었는지 의문을 가졌다. 그리고 그것과 아이의 성소수자성이 무관하다는 것을 알게 된 지금도 두고두고 아이에게 미안하다고 말한다.

한편 혼인한 양 부모 밑에서 태어나, 전통적인 남녀 성역할을 학습한 자녀들만이 건전한 심신을 유지할 수 있다는 '정상가족 신화'는 그 형태에서 벗어나는 모든 가족 형태를 병리화한다. 이것은 정상가족이라는 롤 모델을 제시하지 못한 부모가 자책하는 원인이 되기도 하고, 당사자들이 자책하지 않아도 외부에서 들어오는 편견 어린 단정 때문에 상처받거나 어려움을 겪기도 한다. 나비의 아들 한결은 법적성별정정심사에서 한 부모 가정이라는 사실이 부각되어 '남녀의 성역할에 혼동을 일으켰다', '없는 아빠를 대신하고 싶었다'는 이유로 정정불가 판결을 받을까 봐 전전긍긍하고, 그 사실이 부각될까 봐 엄마와 몇 번이고 법정 진술을 다듬는 모습을 보였다(영화 〈너에게 가는 길〉 중에서).

가족 중 가장 먼저 알게 된 엄마는 다른 가족이나 친척들에게 그 사실을 감추고 혼자 고민하는 경우가 많다. 다른 가족이 드러낼지도 모르는 반감이나 몰이해 때문에 아이가 입을 상처를 두려워하기도 한다. 특히 경제권을 쥐고 있는 아빠가 아이를 이해하고 지지하지 않을 때 겪을 어려움에 대한 걱정을 하기도 한다. 지니는 트랜스젠더 딸의 성주체성장애 진단서를 보여 주었을 때 화난 아빠가 찢어 버릴까 봐 복사본을 보여 줄까 사진으로 찍어서 보여 줄까 고민하기도 하고, 남편이 쫓아내면 아이를 경제적으로 책임져야 하는데 능력이 없는 것을 미리 걱정하기도 했다.

예상과 달리 자신보다 더 자연스럽게 아이를 포용하는 가족구성원의 태도에 안심하고, 자식에 대한 수용이 더 수월해지는 경우도 있다. 반면 부정적 모습을 보이거나 아이와 갈등을 일으킬 때는 "내 새끼를 잃을 수는 없고", "아이를 바꿀 수는 없으니" 나 혼자라도 아이를 보호해야겠다고 다짐하기도 한다.

이러한 엄마들의 고민에는 주 양육자로서 책임을 다하지 못했다는 죄책감이나 비난에 대한 두려움, 비록 이해하지는 못하지만 아이를 보호하고 싶은 마음이나 아이를 수용하고 싶은 간절함 같은 복잡한 심경이 얽혀 있다.

4. '괜찮지 않아도 괜찮아': 정상성에서의 탈피

부모모임은 혼자 속앓이하던 엄마들이 수소문을 통해 '우선 만나는 것'으로 시작되었다. 부모와 성소수자 당사자들이 함께 모여 이야기를 나누는 정기 모임은 2014년부터 지금까지 매달 정기적으로 진행되고 있다. 처음으로 같은 처지 부모를 만난 엄마들은 안도감과 걱정에 말보다 눈물이 앞서 "언제나 휴지 돌리고 우는 게 일이었다". 반면 모임을 찾는 당사자들은 시간을 들여 생각을 정리한 만큼 감정에 휩쓸리지 않고 차분하고 담담하게 자기 경험이나 생각을 이야기하곤 했다. 많은 부모에게 자녀가 아닌 당사자와의 만남은 큰 도움이 된다. 엄마들은 "이상할 줄 알았는데 너무 멀쩡하고", "괜찮은" 당사자들을 직접 보면서, "저런 아이들이 집에서 쫓겨나고, 학교도 못 다니고" 힘들게 살게 하는 사회에 문제가 있다는 생각을 하게 된다. 자녀에게는 상처가 될까 봐, 혹은 싸움이 날까 봐 직접 묻지 못하는 질문을 하면서 자식을 좀 더 이해하고 각본 없이 상상할 수 없었던 자녀의 미래에 대한 상상을 하기도 한다.

당사자들의 뛰어난 능력이나 인품이 지나치게 강조될 때는 '모범적이고 생산적인 사회구성원'이라는 또 다른 정상성의 틀에 성소수자를 가둘 위험도 있지만, 직접 만남이 쌓이면서 그 '괜찮음'이 기존에 가지고 있던 정상성의 범위를 넘어서는 것은 엄마들에게 한 발짝 나아가는 경험이다. 이때 엄마들의 눈에 두드러져 보이는 것은 성소수자들의 삶에 대한 의지와 숙고다. 다른 성소수자를 보면서 변화된 시선이 자기 자녀에게 돌아가기도 한다.

메이는 호르몬 치료를 시작한 딸의 변해 가는 모습이 낯설었고, 모임에 와서도 외모가 두드러지는 트랜스젠더들이 동성애자들보다 보기 불편했다. 하지만 온갖 행사를 찾아다니며 당사자들을 만나 얘기하다 보니, 어느 순간 "그 사람의 외모가 눈에 들어오지 않고 그 내면이 보이는 것"을 실감했다. 커밍아웃하기 전 1년 넘게 침잠했던 딸을 걱정했던 물은, 정기 모임에서 당사자들이 자신을 거부하는 세상에 치열하게 맞서는 모습을 보고, "핸드폰이나 들여다보고 컴퓨터나 하면서" 무기력하게 방황한다고 생각했던 딸이 사실은 "유일하게 나 자신일 수 있는 그 손바닥만 한 공간에서" 자기 자신과 처절하게 싸움을 벌이고 있었던 것을 알아주지 못한 것에 미안함을 느꼈다.

내가 안다고 생각했던 자녀의 모습을 포기하고, 새로운 모습을 받아들이는 것은 엄마에게 애도와 상실의 경험이기도 하다. 자녀 앞에서는 조심스럽지만, 다른 부모들과 타인인 성소수자 앞에서는 공감과 이해를 얻기도 한다. '자식은 웬수', '부모는 자식을 이길 수 없다'라는 상투적인 표현으로 자녀 흉을 볼 때는 모두 함께 큰 웃음과 손뼉으로 동의를 표하기도 한다. 이러한 자조와 공감의 웃음 속에서 고통과 양가감정이 희석된다.

한편 동석한 성소수자들은 문제를 자신의 관점에서만 바라보다가 비성소수자인 부모의 관점에서 바라보는 기회가 된다. 부모들의 현재

형인 고민 토로나, 이미 그 과정을 거친 활동가 부모들이 털어놓는 '흑역사'는, 부모 역시 불완전하고 실수하는 인간이라는 것을 상기시키고, 부모의 이해가 한순간에 찾아오는 것이 아니라 부정적인 반응을 포함한 긴 과정이라는 것을 알려 준다. 이러한 상호 이해는 서로의 혼란과 고통, 모색의 시간을 좀 더 견딜 만한 것으로 만드는 데 도움을 준다.

"미우나 고우나 내 자식인데 어쩌겠느냐, 품어야지"라는 말로 엄마들의 수용을 격려하지만, 무한히 포용하고 인내하는 엄마상에 대한 강박에서 자유로워지라는 충고도 오간다. 자녀를 받아들이기로 결심했지만 삭이지 못한 감정을 무심코 자식에게 드러내고는 자책하기도 하고, 자신의 무지와 무심함으로 자녀가 계속 눈치 보게 하는 것인지 전전긍긍하는 엄마에게, "가족이 서로 눈치를 좀 보는 것도 나쁘지 않으"며, "성소수자라고 해서 너무 자식을 다 받아들이려고 특별히 노력할 필요는 없"다는 발언들이 나온다. "어차피 자식도, 부모도, 서로를 완벽하게 이해할 수는 없기" 때문이다. 부모모임 워크숍의 제목대로, 부모도, 자식도, 지금 당장 "괜찮지 않아도 괜찮다."

5. 성과 가족의 재해석

만남이 반복되면서 엄마들은 각자 당연시했던 성과 가족 관념을 자기 경험에 비추어 새로이 해석하는 과정을 거친다. 이들은 자신의 이성애 지향과 시스젠더 정체성이 당연한 것이 아니라 다양한 지향과 정체성 중 하나라는 것을 받아들이고, '이성애' 역시 여러 결을 가지고 있을 것이라고 생각하게 된다.

예외적이지만 퀴어 당사자로 정체화한 엄마도 있다. 트랜스 자녀를 둔 라라는 다양한 성소수자를 만나면서 자신의 성별 정체성에 대해 반추하기 시작했다. 자매들과 이야기를 나누면서 어릴 때부터 자신이 '전형적인 여성상'에 들어맞는 기억이 없다는 생각이 들었고, 단순한 시스젠더가 아닌 남성성과 여성성을 둘 다 갖춘 '젠더퀴어'로 자리매김했다. '부모' 자격으로 행사에 참여하는 다른 부모들과 달리, 젊은 성소수자들처럼 다채로운 복장을 하고 퀴어문화축제에 참여하고, 지역퀴어문화축제나 진보 정당의 성소수자 위원회에서 활동하기도 했다. SNS에서 다양한 성소수자들과 친구를 맺고, 게이바나 성소수자 모임에서 어울리는 라라는 '퀴어 아이콘'으로 변해 가는 느낌이었다.

한편 엄마들은 자신이 관성적으로 따랐던 여성의 성역할이나 결혼, 가족제도에 대해 되짚어 보고 새로운 해석을 하기도 한다. 메이는 부모모임에 참여하기 전의 자신을 "나이가 차면 결혼하기 싫어도 결혼해야 하고, 결혼하지 않으면 문제가 있다고 생각해 떠밀리다시피 결혼한" 자기 세대의 "전형적인 한국 여성"이었다고 정의했다. 부모모임 활동을 하다 보니 결혼은 모두가 당연히 하는 것이 아니라 하고 싶은 사람이 사랑하는 사람의 성별 관계없이 할 수 있는 관계, 둘 모두에게 동등하고 고통을 함께 나누고 서로에게 도움이 되는 관계가 되어야 한다고 생각하게 되었다.

한편 엄마들은 결혼한 부부와 자녀로 이루어진 '정상가족'을 당연시하는 대신 개인에 바탕을 둔 새로운 가족관계를 꿈꾸기도 한다. 비비안의 온 가족이 부모모임 행사에 참여해 공동 사회를 본 것을 두고 '정상가족의 마스코트처럼 보였다'는 나의 농담에, 비비안은 웃으며 대답했다. 비비안은 정상가족으로, 자녀에게 애정이 많은 엄마로 활동을 시작했지만 부모모임에 있으면서 정상가족이라는 것이 정말 무의미하다는 걸 깨달았다. "모든 생각을 공유하고 비밀이 없이 한 방향으로 나아가는" 것이 가족이라는 생각은 이제 "개인이 가장 중요하고", "자녀는 내 자식이기 이전에 하나의 개인이고, 자녀도 엄마도 서로를 위해서 희

[그림 10-2] 서울퀴어문화축제에서 행진하는 부모모임
출처: 성소수자부모모임.

생하는 것이 아니라 개인으로 행복하고 독립해서 잘 서야" 원활한 가족이 될 수 있다는 생각으로 바뀌었다.

이렇게 부모모임 활동을 통해 시행착오를 공유하고 위로하는 과정에서 '가족'이라는 틀은 '그래도 상대를 품어야 할 이유'가 되기도 한다. 하지만 이 사회의 성 규범과 가족, 부모와 자녀의 역할과 관계에 대한, 모성에 대한 정상성의 규범은 의문과 회의의 대상이 된다. 이 공간에서 만난 누군가의 부모들과 누군가의 자녀들은 나의 가족과 같은 처지의 타인들을 만나면서, 피를 통한 가족이라는 '혈연'의 기대와 '역할'의 책임에 가려 보이지 않던 이면의 '인간'을 이해하게 된다.

6. '성소수자 엄마 활동가': 인권활동을 통한 자아와 세계의 확장

9년 동안 수많은 부모가 부모모임을 찾았지만, 당면한 문제가 해결되거나 해결하기를 포기하면 모임에 그만 나오는 경우가 많다. 하지만 자기 가족의 문제와 무관하게 부모모임 활동을 계속하는 부모들이 있다. 이들은 이제 한 자녀의 엄마라는 사적 정체성을 넘어 성소수자의 엄마 활동가라는 공적 정체성을 가지고 활동한다. 축제와 각종 시위 현장, 기자회견에 나서 발언하고, 단체와 기관을 찾아다니며 교육하고, 각종 행사에서 준비해 온 발언문을 또박또박 읽어 내리고 구호를 외치며, TV 카메라에 가족과 집을 공개한다.

이들은 활동가가 되려고 한 것은 아닌데 "별생각 없이 따라다니다 보니 어느새 활동가가 되어 있었다"고 입을 모은다. 행성인의 지원을 받고 있던 시절, 내용은 몰라도 부모의 존재가 필요하다는 얘기를 들으면 우선 가서 자리를 채웠다. 하지만 부모모임 활동을 하다 보면 결정적으로 '투사가 되는' 순간이 있다. 그 대표적 현장이 퀴어문화축제다. 성소수자의 자긍심을 알리는 퀴어문화축제는 지월의 말을 빌리면 "우리가 무엇과 싸우는지 알 수 있는 곳"이다. 바로 곁에서 벌어지는 축제 반대집회에서 행하는 성소수자에 대한 극렬한 공격과 혐오발언을 마주치기 때문이다. 축제 쪽을 향한 스피커를 통해 대화를 알아듣기 힘들 정도의 굉음이 흘러나오고, 혐오 메시지가 담긴 피켓과 '마귀를 쫓는 기도'와 입에 담기 힘든 저주를 마주치게 된다.

특히 반동성애 시위가 폭력적이었던 2018년 인천퀴어문화축제에서는 축제 참여자와 경찰보다 많은 숫자의 축제 반대 시위자들로 인해 행사가 마비되었다(조수미, 2019). 반대 시위자들은 행사장을 점거하고 축제 참가자들을 둘러싼 채 반대 구호와 통성기도, 욕설을 외치고, 축제 물품과 참가자들의 옷과 소지품을 파손하고 성추행하는 등의 언어적, 물리적, 신체적 폭력을 행사했다(주승섭, 2019).[4] 나 역시 조사차 참여했다가 12시간 동안 갇힌 채로 현장을 목격하면서, "사랑하니까 반대합니다"라는 피켓과 그것을 든 사람들의 "공존의 여지가 없는, 상대방의 절멸을 원하는 듯한 눈빛"(당시 필드노트 기록)의 대조에 큰 충격을 받았다. 상당수 참여자가 우울 증상이나 스트레스 장애 증상을 겪었고(주승섭, 2019), 이날 폭력에 휘말렸던 청소년 장애인 성소수자 활동가는 몇 주 후 자살했다.

자신이 자녀를 수용했으니 더 이상 문제 없다고 생각하며, 자녀가 왜 여전히 고통을 호소하는지 이해할 수 없던 엄마도 "애들이 고작 이것(축제)을 하겠다는데 와서 난리를 치는 사람들"을 보며 자녀의 고통이 가지는 사회적 성격을 깨닫는다. "내가 보는 앞에서 아이들을 욕하고 때리는 사람들"을 보며 성소수자에게 적대적인 사회가 바뀌지 않으면 내가 내 자식을 지킬 수 없다는 실감, 여기에 있는 성소수자들이 안전하지 않으면 내 자식도 안전하지 않다는 실감에 성소수자의 앨라이 활동가로서 실천을 다짐한다.

이들이 활동가로서 하는 다양한 실천 중에서 퀴어문화축제의 프리 허그는 '성소수자의 부모'라는 상징성을 신체적 형태로 표현하는 "인정과 연대의 의례"다(조수미, 2019). 부스 앞에서 엄마들이 서서 지나가는 사람들을 손짓해 부르면 참여자들은 자유롭게 가서 포옹하고 격려를 주고받는다. 가장 단순하고 직접적인 환대의 표현인 포옹은 깊은 감정을 자아낸다. 반드시 누군가 포옹한 채 흐느껴 우는 모습을 보게

4 이날의 상황은 영화 〈너에게 가는 길〉과 닷페이스의 유튜브 영상 "Thousands of Homophobes Swarm Incheon's Queer Culture Festival"(https://www.youtube.com/watch?v=P1nQkvSgFMU)에서 볼 수 있다.

[그림 10-3] 대구퀴어문화축제에서 프리 허그

출처: 성소수자부모모임.

된다. 성소수자를 끌어안는 프리 허그는 내 자녀의 엄마를 넘어 '성소수자의 엄마'로서 상징성을 지닌다. 이를 통해 가족과 사회에서 거부당한 성소수자들을 위로하고 그들과 연대하게 된다.

엄마들은 각자 전문성이나 연고가 있는 곳에서 개별적으로 운동을 확장하기도 한다. 천주교 신자인 하늘은 전국의 주교에게 일일이 직접 손으로 쓴 편지와 자료를 보내고 프란치스코 교종에게도 번역한 편지를 보내는 등, 성직자들을 개인적으로 설득해 천주교 주교회의에서 부모모임이 강연할 자리를 만들기도 하고, 천주교 언론에 인터뷰를 싣기도 했다. 심리상담사이자 연구자인 지인은 각종 단체와 기관에서 성소수자에 대한 강연과 교육을 했다. 부부가 부모모임 회원이면서 출판사를 운영하는 위니는 부모모임의 책을 비롯해 성소수자 친화적인 서적을 출판하고 있다.

부모모임의 엄마들은 대외적으로 '성소수자의 엄마'로서 발언하고 실천하지만, 반드시 활동가로서 자아와 엄마로서 자아를 일치시키는 것은 아니다. 모임 안에서 '가족'이나 '모성'을 절대화하는 대신 자녀든 부모든 독자적 개인으로서 만날 것을 강조하는 것을 감안하면, 이들의 인권운동은 '엄마된 경험'에서 시작하지만, '엄마'라는 지위를 당연시한다기보다 본질화된 '모성'을 신성시하는 사회에서 상징적, 정치적 자원으로 가치를 지닌다는 것을 간파하는 것처럼 보인다. '자식을 사랑하는 엄마로서', '자식의 고통을 볼 수 없어서' 거리에 나섰다는 발언은, 진심인 한편 정치적 수사이기도 하다. 부모모임의 엄마들은 사회가 자신에게 부여하는 '모성'을 정치적 자원으로 활용하면서, 또 한편으로 정기모임이나 인터뷰, 영상 등을 통해 가부장적, 집단주의적 가족 모델을 넘어 부모도 자녀도 동등한 인간 대 인간의 관계에서 시작하는 대안적 가족 모델을 제시한다.

내 자녀에게서 시작된 관심은 부모모임을 찾은 당사자, 더 나아가 성소수자 전체로 확장된다. 그리고 이주민이나 장애인 등 사회의 다른 약자들에게도 관심을 가지며 '모든 것은 연결되어 있다'는 것을 실감한다. 메이는 평소 남에게 피해 안 끼치고 내 영역도 침범받기 싫어했다. 그리고 큰 사회문제에는 분노하지만 주변의 이주민이나 비정규직 등 소수자에게는 관심이 없었고, 그러면서도 자신이 정의로운 사람이라고 생각해 왔다. 그러던 어느 날 "소수자 중의 소수자가 되어 있는 내 아이"를 발견하고, 그 아이를 통해 "둑에 균열이 가다가 터지면서 다른 사람들이 보이기 시작"하는 경험을 했다.

2016년 부모모임은 미국 PFLAG 뉴욕 지부 아시아 및 태평양 군도계 프로젝트팀, 중국 PFLAG, 일본 'LGBT의 가족과 친구를 연결하는 모임'과 함께 포럼을 열고 활동 경험을 나누었다. 이날 참여한 동아시아 부모들은 남성, 여성의 고정된 성역할과 자식이 대를 이을 의무 등의 유교적 전통과, 체면을 중시하는 동아시아 문화로 인해 자녀가 정체성을 드러내더라도 가족이 쉬쉬하거나 이성애적 삶을 강요하는 등 공통의 어려움을 나누었다. 한편 북미에서 비백인 이주민으로서 겪는 배제와, 집단문화를 강요하는 폐쇄적 이주민 사회에서 접하는 아시아계 성소수자의 어려움을 듣기도 했다. 도움을 받기 위해 찾아온 부모 가운데서 다시 활동가를 양성해 내는 중국 PFLAG의 조직력과, '차별받지 않는 LGBT 아이들만큼이나 LGBT를 차별하지 않는 아이들을 키워 내는 것'을 목표로 학교와 일반 대중의 교육활동에 매진하고 있는 일본 모임의 보고를 들으며 영감을 얻기도 했다. 보수 개신교계의 적극적인 억압이라는 변수에도, 다른 사회에 비해 여론이 빠르게 변화하는 한국의 사례를 비교해 가며 앞으로 각오를 다지기도 했다(『비마이너』 2016. 5. 10). 이렇게 자녀를 통해 시작된 사회에 대한 관심과 소수자에 대한 연대 의식은 한국 사회를 넘어 해외 성소수자 가족에게도 확장된다.

부모모임의 활동은 '엄마'를 떠난 '나'를 발견하고 나의 세계가 확장되는 경험이기도 하다. 비비안은 자신을 죽이는 것을 사회성이 좋은 것으로 간주하는 사회에서, 어릴 적부터 키가 크고 말을 또박또박하는 여성이라는 이유로 남들의 미움을 살까 봐 움츠리며 살았다. 그러면서 스스로 남들 앞에 나서는 것을 싫어하는 성격이라고 생각해 왔다. 하지만 부모모임 활동을 하고, 퀴어문화축제에 나가면서 자신이 남 앞에 나서고 시선 받는 것을 좋아한다는 것을 깨달았다. 항공기 승무원인 그는 승무원 노조 활동에도 참여하게 되었다. 그는 아들의 삶과 별개로 활동을 계속하고 싶어 하며, 아들의 커밍아웃을 계기로 진짜 자신의 모습을 찾게 되어 아들에게 고마워했다.

일하는 중에도 페미니즘이나 성소수자 관련 팟캐스트를 듣는다는 라라는 자녀가 성소수자인 것을 계기로 LGBT 문화나 페미니즘, 인권에 대해 알게 되고, 보통의 직장을 다니는 엄마 시절에는 만나지 못했을 사람들과 만나면서 달라진 자신의 세계에 대해 이렇게 표현했다.

"이제는 성소수자이거나 앨라이가 아닌 사람들하고는 얘기하는 게 별로 재미없어요. 그분들은 (손으로 크게 원을 그리며) 이만큼의 세상을 모르고 사는 거잖아요."

7. 그럼에도, 죽음의 그림자와 함께 살아가기

성소수자의 엄마들은 부모모임에서 다른 부모와 성소수자들을 만나면서 기존의 젠더나 섹슈얼리티, 가족에 대한 관념을 재정의할 기회를 가지고, '활동가'로서 성소수자 인권을 포함한 포괄적인 인권운동, 사회운동에 투신하며 인간으로서 성장해 간다. 처음에 충격으로 다가왔던 자녀의 커밍아웃이 부모를 더 넓은 세상으로 이끄는 초대장이 된 셈이다.

그러나 '세상이 뒤집어져도 너희 편'인 엄마들의 노력에도 불구하고, 성소수자 커뮤니티에는 언제나 성소수자의 '때아닌 죽음'의 그림자가 드리워져 있다. 성별이분법과 이성애라는 대표적인 정상성 기준에서의 일탈은 진학, 군 복무, 취업, 결혼, 가족 등 전 생애주기에 걸쳐 사회에서 기대되는 삶의 기준을 따라 살 수 있는 가능성을 개인의 노력으로 만회하기 어렵게 만든다. 그뿐만 아니라 퀴어문화축제에서 맞이한 노골적인 폭력과 혐오 이외에도 성소수자에 대한 차별과 배제는 모든 곳에 일상적으로 존재한다.

차별금지법과 같이 소수자들을 보호하는 법적 장치가 없는 사회에서 '보호받아 마땅한 사회구성원'으로서 자격을 박탈당한 성소수자들은 직장과 학교, 군대에서의 차별, 가족의 학대, 트랜스젠더와 HIV 감염인에 대한 사회적, 의료적 배제 등 사회 전반에서 광범위한 차별과 배제에 노출된다. 이로 인한 실업이나 열악한 취업 상태, 탈가정, 탈학교, 열악한 주거 환경, 빈곤이나 고립, 정신과 육체적 건강 악화 등은 많은 성소수자의 삶에 위험요소가 된다. 살아 있어도 살아 있지 않은 듯한 '살아 있는 죽음(living dead)' 상태는 종종 삶과 죽음의 경계를 넘게 만든다.

성소수자에게 적대적인 사회에서 성소수자의 열악한 정신 건강은 비성소수자보다 몇 배 높은 자살률로 이어지기도 한다. 성인 동성애자, 양성애자의 우울 증상은 비성소수자의 4.76배, 자살 시도는 9.25배이며, 자살을 실제로 시도한 트랜스젠더의 비율은 40%가 넘는다. 성소수자 청소년의 자살 시도율은 45.7~47.4%로, 일반 청소년 자살 시도율 10% 전후에 비해 매우 높다(강병철·하경희, 2007; 김승섭 외, 2018; 박지영, 2020). 성소수자 커뮤니티와 인권운동 단체는 성소수자성과 죽음의 상관관계를 통계가 아닌 경험으로 파악하고 있으며, 성소수자의 자살 예방에 큰 노력을 기울이고 있다.

2021년에는 불과 반년 사이 극작가 이은용, 음악 교사이자 정치인이며 퀴어 활동가였던 김기홍, 변희수 하사, 대학생 성소수자 활동가 김이희윤, 활동가 장지영(난새) 등 잘 알려진 성소수자들이 세상을 떠났다.[5] 굳은 의지로 세상과 정면으로 맞서면서 자기 자리를 만들어 가던 예외적인 개인조차 끝내 소진되어 삶을 포기한 사건은 성소수자 커뮤니티에 큰 충격과 슬픔을 안겨 주었다. 결혼, 자녀 출생 등 가족과 관련된 경사에는 참가할 가능성이 애초에 차단되는 데 비해, 너무나 빈번하게 일어나는 조사, 그 소식에 영향을 받을 다른 성소수자에 대한 우려는 온라인과 오프라인에서 끊임없이 메아리처럼 울려 퍼진다. "우리 자연사하자", "늙어서 죽을 것이다"라는 다짐, 행복하게 늙는 것이 그

5 박소영, 「'얼마나 더 목숨을 잃어야 혐오 멈출까'… 한 달 새 3명 숨졌다」, 『한국일보』, 2021. 3. 5, https://www.hankookilbo.com/News/Read/A2021030416290000105 (접속일: 2022. 12. 30).

무엇보다 강력한 저항이라는 메시지는 누군가의 죽음을 맞이할 때마다 주문처럼 반복되지만, 새로운 부고에 성소수자들은 번번이 좌절한다.

이렇게 죽어 가거나 죽음과 같은 삶 속에서 살고 있는 성소수자들은 사회 외부에 존재하는 얼굴 없는 존재가 아니라, 누군가의 가족이자 지인, 동료다. 이들의 고통과 죽음은 당연히 주변에 큰 영향을 미친다. 죽음의 징후는 많은 엄마가 자녀가 성소수자임을 깨닫는 계기이며, 그 사실을 거부하고 회피하던 부모가 자녀 편으로 돌아서는 계기이기도 하다. 그리고 어떤 엄마들에게는 자녀의 존재를 있는 그대로 받아들이고 성소수자 인권활동을 하면서도 완전히 떨쳐 버릴 수 없는 위협이다. 트랜스젠더 중에는 의료적 트랜지션과 법적성별정정을 거친 뒤에도 젠더 디스포리아로 어려움을 겪는 경우가 있다. 자살을 시도하거나 자살로 세상을 떠난 성소수자 중에는 가족과 지인의 충분한 지원을 받았던 사람도 있다.

나비의 아들 한결은 엄마의 이해 부족, 호르몬 요법과 수술 두 차례, 한 번의 기각을 거친 법적성별정정 등 겹겹으로 놓인 장애물을 넘어 법적성별정정에 성공했다. 하지만 숙명여대 입학생 취소 사건에서 트랜지션을 마치고 법적성별정정까지 끝낸 트랜스 여성에게 쏟아지는 거친 혐오 발언과 입학 취소 사건을 보고 자살 충동이 심해져 자살 충동 억제 약을 일주일에 몇 번씩 복용해야 했다. 이런 모습을 지켜보던 나비는 한결이 나중에 영화 스크린을 통해서라도 자기 얘기를 들어 주기를 바라며 이 대화를 카메라에 담았다.

나비: 얼마 전에 불치의 병을 겪다가 스위스에서 존엄사를 선택한 40대 남성의 이야기를 TV에서 봤어요. 죽기 전에 가족들과 함께 환하게 웃으면서 사진을 찍고, 그다음에 죽었어요. (…) 성소수자들 중

에 스스로 목숨을 끊는 사람들이 많잖아요. 그런데 아무도 모르는 곳에서, 혼자 외롭게, 무섭게 떠나는 거잖아요. (…) 다들 잘 살고 행복하려고 사는 거잖아요. 그런데 하루하루 사는 것이 너무 고통스러우면…… 엄마와 같이 스위스로 가자고 이야기하고 싶어요. 네가 외롭지 않게, 아프지 않게…… 엄마가 끝까지 너의 곁에 있어 줄게. 나는 엄마니까, 자식이 이 세상에 있어 주었으면 좋겠지만…….

–영화 〈너에게 가는 길〉 중에서

"엄마로서 자식에게 살아 달라고 하고 싶지만", 인간으로서 자녀의 삶이 고통뿐이라면, 그래서 죽음이 차라리 나은 선택이라면, 끝까지 옆에서 그 과정을 함께하며 고통과 외로움을 덜어 주고 싶다는 나비의 말에서 단호한 슬픔이 전해졌다. 물은 나비의 존엄사에 대한 생각을 듣고, 성별정정 후에도 불시에 찾아오는 디스포리아로 힘들어하는 자녀와 이야기했다. 자녀는 "스위스까지 갈 정도는 아니지만, 만약 무슨 일이 생기면 생명 연장은 하지 말아 달라"고 부탁했다.

'참척'이라는 표현처럼, 자식의 때 이른 죽음은 부모에게 받아들일 수 없는 고통이다. 성소수자의 부모에게 자녀의 죽음이란 언제 누구를 통해 드러날지 모르는 가능성이다. 주변 성소수자의 죽음과 그 부모의 경험을 통해, 가족의 포용도 지지도 자녀의 가슴 속에 생긴 내상과 세상의 혐오 앞에서 무력할 수 있다는 사실, 그리고 자녀가 마침내 굴복해 상상할 수 없는 고통을 당할지도 모른다는 사실을 깨닫는다. 자녀의 죽음만도 못한 삶이나 외롭고 무서운 죽음의 가능성 앞에서, '사랑하는 사람이 지켜보는 가운데 맞는 존엄한 죽음'이라는 선택지를 상상하거나 자녀가 떠난 후의 삶을 상상하며, 먼저 자식을 떠나보낸 부모가 안녕하기를 바라는 엄마들이 있다. 이것은 이들의 고통이 가족의 이해와 노력으로 해결되지 않는 배제와 차별에서 온다는 것을, 당사자와 그 주변을 넘어선 폭넓은 관심과 개입이 필요하다는 사실을 환기한다.

제11장

재난 지역에서 여성으로 살아간다는 것

후쿠시마 엄마들의 이야기*

#아시아 여성의 오늘은 삶의 가능성을 확장하는 연대다

아시아는 전통적으로 각종 재해 발생 빈도가 높고, 가부장적 젠더 질서 또한 강고한 곳으로 여겨진다. 재난이 정치·경제적으로 취약하고 사회적으로 소외된 계층에게 더욱 심각한 피해를 초래하고 그로 인한 삶의 위기를 가속한다는 점에서, 아시아에서 빈번하게 발생하는 재난은 해당 지역에서 살아가는 여성의 삶을 크게 변화시킨다. 이 글은 2011년 3월 동일본 대지진과 후쿠시마 원전사고 이후, 그 지역에서 살아가는 여성들이 자신들에게 닥친 삶의 위기와 체계적이고 구조적인 사회적 배제를 극복하기 위해 벌인 역동적인 실천과 연대활동을 살펴보고자 한다. 사례가 되는 방사능시민측정실 '타라치네'는 후쿠시마현 이와키시에서 아이를 키우는 엄마들이 결성한 단체다. 이 글은 이 단체의 방사능 측정 활동이 단지 방사선 위험에 관한 지식 생산의 경합을 넘어, 장기적으로 지속되는 불확실한 재난 상황에서 살아가야 하는 여성들이 벌이는 생활정치와 연대의 윤리이자, 재난 지역에서 여성들의 목소리를 담아내는 그릇이기도 하다는 점을 이야기한다.

* 이 글은 오은정의 논문 「재난 지역 여성의 시민과학 실천을 통해 본 삶을 위한 연대: 후쿠시마 이와키방사능시민측정실 『타라치네』 활동을 중심으로」(2020, 『비교문화연구』 27(2)) 일부를 수정 보완한 것이다.

1. 재난과 여성

아시아는 전통적으로 각종 재해 발생 빈도가 높고, 가부장적 젠더 질서 또한 강고한 곳으로 여겨진다. 재난이 정치·경제적으로 취약하고 사회적으로 소외된 계층에게 더욱 심각한 피해를 초래하며 그로 인한 삶의 위기를 가속한다는 점에서, 아시아에서 빈번하게 발생하는 재난은 해당 지역에서 살아가는 여성의 삶을 크게 변화시킨다. 그러나 재난 대응과 회복 과정에서 '젠더' 관점은 여전히 덜 가시화된다는 지적이 많다. 유엔개발계획(UNDP)이 발간한 『젠더에 민감한 재해경감 정책과 실천 가이드라인』(2009)을 보면 경제·사회적 조건으로 인해 여성들은 재난에 더 취약하고, 더 강하게 영향받는다는 다양한 지표가 제시되어 있다(UNISDR·UNDP·IUCN, 2009).

물론 재난 이후 사회변화가 여성의 지위 향상과 변화에 긍정적인 효과를 가져다준다고 보고하는 연구도 적지 않다. 재난 지역의 여성이 "변화의 대행자" 혹은 "변화 유도자" 역할을 한다거나, 자연재해와 같은 재난이나 위기가 젠더 장애(gender barrier)를 해체하는 기회, 혹은 기존 성역할에서 벗어나는 기회를 제공할 수도 있으며, 재난 직후 기존에 여성이 하지 않던 역할을 하거나 공적 영역 진출에 대한 허용도가 높아진다는 연구도 없지 않다(장은하, 2015). 흥미롭게도 이러한 연구 대부분은 재난을 성평등의 계기로 삼고자 하는 국제기구와 해외원조 기구들의 전략적 어젠다를 보여 준다.

재난 이후 사회변화가 기존의 젠더 질서를 고착화하거나 더 악화시킨다는 연구와, 반대로 새로운 사회적 가능성을 창출한다는 논의를 일대일로 대응해 가며 시비를 가릴 필요는 없을 것이다. 재난의 형태, 재난이 일어난 지역의 정치경제·사회문화 체계, 인구집단의 분화와 복구 과정에서 다양한 개입의 맥락과 동학을 고려하지 않는 비교는 의미를 잃기 때문이다.

다만 기후위기와 다종다양한 기술환경적 위험이 상존하는 현대 사회에서, 재난에 대한 기술합리적 분석과 관료제적 대응의 발전에도, 재난 대응과 회복 과정에서 사회적 가능성과 공적 삶에 대한 대안적 상상에서 젠더 관점이 더욱 필요하다는 점은 그 어느 때보다 절실하다. 이 글은 2011년 동일본 대지진 직후 폭발했던 후쿠시마 제1원전 인근한 지역에서 여성들의 방사능 측정 활동의 의미를 재난과 여성이라는 관점에서 고찰한 것이다.

현재 한국에서 '여성과 재난'에 관련된 많은 연구는 문학, 개발학, 여성 정책 분야에서 활발하게 진행되고 있다. 그중에서도 국제원조와 관련된 개발학 분야와 성인지적 관점에서의 재난 정책 제안은 상당한 성과를 이루었다고 여겨진다. 하지만 아쉽게도 이러한 분야의 연구에서 대부분 사례는 국제기구의 기존 연구성과를 정리하거나, 동남아시아 재해 사례를 중심으로 분석한 경우가 많다. 이 사례들 속에서 재해 지역은 공공의료와 상하수도 시설이 갖추어지지 않은 심각하게 낙후된 해변 마을인 경우가 많고, 이들 국가의 상황 또한 국제원조기구의 개입이 높은 비중을 차지하는 곳이 많다. 그에 비해 한국과 일본은 산업화된 지역에서의 재난 비율이 높고, 재난 이후 중앙 정부와 지방 정부의 재원 투입이 훨씬 높게 나타난다는 차이점이 있다. 재난 회복과 복구 과정 참여자, 주요 행위자, 재원 조달 방식 등에서의 차이, 여성들의 사회적 지위와 학력 차이 등도 두드러진다.

이 글은 후쿠시마 원전사고 이후 재난 복구 과정에서 배제되는 여성들의 목소리와 젠더 관점의 연구 부족을 염두에 두고, 이 지역에서 살아가는 여성들이 자신에게 닥친 삶의 위기를 극복하기 위해 벌인 역동적인 실천과 다양한 연대활동을 살펴보고자 한다. 사례가 되는 '후쿠시마 이와키방사능시민측정실 타라치네(たらちね)'는 후쿠시마 원전사고 이후 지역의 피폭 위험에 대한 신뢰도 있는 정보를 생산하기 위해 일본 후쿠시마현(福島県) 이와키시(いわき市)에 거주하는 여성들이 주체가 되어 설립한 단체다. 연구자는 이들의 활동이 단지 방사선 위험에 관한 지식 경합과 과학기술적 합리성 판단 영역으로만 환원될 수 없으며, 오히려 장기 지속하는 불확실한 재난 상황에서도 그 지역에서 살아가야 하는 여성들이 대안적 삶을 위한 사회적 상상과 공적 삶의 가능성을 확장하기 위해 벌이는 생활 정치와 연대의 윤리이자, 새로운 인간-사물-제도의 관계 변화를 도모하는 노력임을 밝히고자 한다.

연구자는 2018년 2월 16~26일과 2020년 1월 3~12일, 두 차례에 걸쳐 후쿠시마현 후쿠시마시, 이와키시, 미나미소마시(南相馬市), 소마시(相馬市) 일대를 답사하고 현지 NGO 단체와 정부 기관을 방문해 현장 조사를 진행했다. 2020년 2월 코로나19 확산과 현지 방문의 어려움으로 인해, 기존의 예비 조사를 바탕으로 비대면 인터뷰와 온라인 정기 보고회 참석, 소셜미디어를 통한 메시지 수집, 일본 언론의 인터뷰 기사 검색을 진행했다. 이 과정에서 책과 편지, 리플렛, 인터넷의 블로그와 소셜미디어의 작은 문구들, 신문과 잡지, 유튜브 동영상 등 자신의 이야기를 애써 바깥으로 내보내려는 소리들을 찾았다. 2011년 3월 동일본 대지진과 후쿠시마 원전사고 이후, 삶을 이루었던 많은 선이 끊어진 자리에서 지역 여성들은 자신을 내모는 체계적 배제 구조 속에 놓이게 되었다. 곳곳에는 이들이 느낀 절망과 체념, 슬픔과 무기력, 분노와 호소, 그리고 삶과 의문들에 대해 쓴 글과 말들이 있었다. 이 글은 재난의 희생자도, 그렇다고 재난을 극복한 영웅 서사도 아닌, 재난이 휩쓸고 지나간 혹은 재난 중에 있는 삶의 장소에서 여성들이 생을 다시 이으려는 활동과 목소리를 엮으려고 한다. 재난의 한가운데에서 이 여성들이 보여 준 삶을 지키려는 노력과 재난 이후 대안적 삶의 가능성을 모색하는 과정을 만날 수 있을 것이다.

2. 여성의 관점에서 보는 동일본 대지진

2011년 3월 11일, 일본 미야기현(宮城県) 동쪽 바다에서 발생한 대지진은 일본 근대 지진 관측 사상 최대 규모인 진도 Mw 9.0-9.1로 기록되었다. 지진과 쓰나미로 일본의 12개 도도부현에서 1만 5천여 명이 사망하고 2,500여 명이 실종됐으며, 완파된 건물이 12만 1,992호, 반파된 건물은 28만 2,920호에 달했다. 일본 정부는 이후 22만 8,863명이 이재민이 됐다고 보고했다(日本復興庁, 2017; 2019). 그리고 이어진 후쿠시마 제1원자력 발전소의 원자로 폭발은 누구도 상상하고 싶어 하지 않는 시나리오로 전개되었다. 사고 발생 한 달 후인 4월 11일 국제원자력기구(IAEA)는 후쿠시마 원전사고가 체르노빌 원전사고와 동일 규모 이상의 피해를 끼칠 것이라는 예측을 내놓았다. 대지진, 쓰나미, 원전사고라는 사상 초유의 '삼중 재난(triple disaster)'을 두고, 당시 간 나오토(管直人) 일본 총리는 "제2차 세계 대전 종전 후 65년이 지난 지금 일본은 가장 어려운 시기다."라고 말했다.

2011년의 동일본 대지진은 재난 피해와 복구 과정에서 '젠더' 관점의 비가시화를 매우 극명하게 드러내는 계기이기도 했다. 동일본 대지진 당시 여성 희생자 수(8,363명, 전체 중 52.98%)는 남성 희생자 수(7,360명, 전체 중 46.62%)를 웃돌았다. 그중에서도 특히 고령 여성의 사망 비중이 매우 높았다(大倉瑶子, 2019). 이에 대해 고령의 여성은 재해 시 행동요령에 대해 공적 회합에 모일 기회나 교육받을 기회가 남성에 비해 많지 않고, 실제 위기가 닥쳤을 때 주변의 가족이나 이웃 등을 생각하거나 기다리는 등 평소의 행동 관습으로 인해 빠르게 대피하지 못한 경우가 많았다는 사후 해석이 나왔다.

재난 당시 상황에서만이 아니라 이후 피난 과정과 재해 복구 과정에서도 여성들의 취약한 지위가 두드러졌다. 3·11 직후 재해지 여성에 대한 물품 지원 등 활동을 해온 '일본 BPW(Business and Professional Women) 연합회'는 재해 지역에서 여성이 겪는 문제를 몇 가지 항목으로 정리한 바 있다. 그중에서 이들이 가장 급선무로 꼽은 것은 재난 시 피난소의 운영관리에서 젠더 관점을 도입해야 한다는 점이었다. 예를 들어, 동일본 대지진 당시 피해 지역에는 대부분 임시 피난소가 마련되었다. 하지만 임시 피난소의 운영과 관리는 대부분 남성이 맡아, 관리소 운영에서 여성의 안전을 고려한 경우가 거의 없었고, 어떤 점이 여성들에게 위협이 되는지에 대한 시각이 부족했다. 옆 사람과 공간이 분리되지 않아 잠을 잘 때 모르는 남자가 가까이 있거나, 수유나 옷을 갈아입을 때 불편을 겪는 등 여성 이재민의 피난소 경험이 트라우마로 남는 경우도 적지 않았다.

피난소 운영에서 나타나는 이와 같은 문제는 다양한 성폭력 문제로도 이어졌다. 2020년 3월 1일 일본 국영방송 NHK는 '세계 여성의 날'과 '3·11 대진재 10주년'을 기념해 〈묻힌 목소리 25년의 진실: 재해 시의 성폭력(埋もれた声25年の真実: 災害時の性暴力)〉(2020)을 방영했다. 다큐멘터리 형식의 이 프로그램은 한신·아와지(阪神·淡路) 대지진 이후부터 동일본 대지진에 이르기까지 25년 동안 재해 지역에서 일어난 심각한 가정폭력과 성폭력 피해 문제, 그러나 많은 여성이 차마 밖으로 소리 내 이야기해 본 적 없는 목소리를 담았다. 지진으로 남편이나 아버지를 잃은 여성이 대피소의 관리자급 남성들에게 성행위를 강요받거나 성추행을 당하는 일이 적지 않았으며, 복구와 관련된 지원 물자를 대가로 한 '대가형 성폭력'도 있었다. 방송에서 한 여성은 "여러 남성에게 성폭행을 당했다. 죽더라도 바다에 버리고 쓰나미 때문에 죽었다고 할까 봐 너무 무서워서 그 누구에게도 말할 수가 없었다."라고 이야기했다. 같은 보도에 따르면, 2013~2018년 사이 여성 전용 상담 라인 '동행 핫라인'에 접수된 36만여 건의 상담 내용을 분석한 결과 동일

본 대지진 피해 지역 3현(이와테현, 미야기현, 후쿠시마현)에서 접수된 상담의 50% 이상이 성폭력 피해에 관한 내용임을 확인하기도 했다. 특히 10~20대 젊은 층의 피해가 약 40%에 달했다.

이와 같은 젠더 불평등 구조는 재난 복구 과정에서도 작동했다. 재난 지역에서 여성들은 복구 과정에서 많은 일을 했음에도, 이들의 노력은 방재, 재해, 재해 후 부흥 과정에 제대로 드러나거나 보답받지 못했다. 남성이 주로 참여하는 거리, 주택, 건물의 잔해 처리 작업은 유급 복구 작업이었지만, 여성이 피난소에서 할 것으로 기대받는 청소, 식사 준비 및 배급, 어린이 보호 등의 일은 자원봉사로 분류되었다. 재난으로 가족을 잃은 여성이 새로운 일자리를 구하기 위해서는 이들이 돌봐야 하는 자녀 혹은 고령 부모를 대신 맡아 줄 시설이 필요했지만, 이를 갖춘 피재 시설이 거의 존재하지 않았다(小熊英二·赤坂憲雄, 2015).

방재 측면에서도 젠더 관점이 극히 모자랐다. 재난 전후 과정에서 중요한 의사결정을 하는 지자체 방재회의 구성원과 재난 지역 취재 기자 또한 남성들이 다수를 차지했다(大倉瑶子, 2019). 일본 내무성 남녀공동참여기획국(Gender Equality Bureau Cabinet Office)의 2016년 자료에 따르면 일본의 도도부현 47개 지자체 중 방재회의 임원의 여성 비율은 돗토리현(島取県)과 시마네현(島根県), 도쿠시마현(德島県), 사가현(佐賀県)을 제외하고 모두 20% 이하였으며, 여성 임원 비율이 10% 이하인 곳도 전체 30%에 달했다. 방재회의, 재난 대응, 복구, 미디어 보도 등에서 남성이 압도적 다수를 차지한다는 점은 재난과 관련한 일련의 과정이 젠더 편향적으로 틀 지어지는 잠재적 요인이 될 수 있다.

방재 및 재난 복구와 관련된 정책 결정 과정과 공적 의견 수렴 과정에 참여하는 여성의 숫자가 많지 않을 뿐만 아니라 정부나 지자체의 피해 주민 의견 조사에도 여성의 목소리는 제대로 반영되지 못했다. 피해 주민 의견 조사 단위가 가구일 때, 이를 대표하는 이는 대체로 집안의 아버지 혹은 남편인 경우가 많았다. 요컨대 재난 상황에서 여성이 과소 대표되는 경향은 재난 이후에도 심각한 젠더 불평등을 발생시키고, 피해 여성의 목소리를 충분히 반영하지 못하는 현상으로 이어졌다.

놀라울 것도 없이 동일본 대지진 이후 여성들에게 작동하는 이와 같은 배제와 불평등은 지위가 재난으로 인해 새롭게 생겨난 것은 아니다. 재난 상황에서 경험하는 이와 같은 구조적 배제와 차별 경험은 기존 일본 사회질서에서의 젠더 불평등과 긴밀하게 연결되어 있다. 세계경제포럼(World Economic Forum)의 글로벌 젠더 격차 2021 보고서에 따르면 일본의 젠더 격차는 전체 156개국 중 120위다(참고로, 한국은 102위다). 더욱이 일본은 교육과 건강 면에서 남녀 간 격차(92위, 65위)보다 정치 및 경제활동에서 남녀 간 격차(각각 147위, 117위)가 훨씬 큰 것으로 나타났다. 즉, 사회와 공공의 공간에서 남녀 간 지위 격차가 더욱 뚜렷하다. 이와 같은 사회구조적 배경에서 동일본 대지진과 후쿠시마 원전 사고라는 재난 상황은 사회경제적으로 취약한 여성에게 더 큰 피해를 끼쳤을 뿐 아니라, 이들이 "재난에서 회복하는 데 필요한 잠재력을 더욱 심각하게 침식"(Enarson and Chakrabarti, 2009: xiv)했다.

동일본 대지진 이후 여성들의 목소리를 끊임없이 비가시화하거나 사소한 것으로 만들어 버리는 이와 같은 일본의 정치사회적 분위기에서 여성들이 이 상황을 수동적으로만 받아들인 것은 아니다. 앞서 인용한 '일본 BPW 연합회'의 재해 지역 여성 지원 활동이나 재해 이후 성폭력 상담소 운영의 시급함을 알린 여러 여성 단체의 활동이 보여 주듯, 재난이 반복되는 사이 여성들이 이 위기를 극복하기 위해 벌인 역동적인 실천과 다양한 활동이 적지 않았다. 2021년 2월, 일본에서 출판된 『재해여성학을 만들다(災害女性学をつくる)』(2021)라는 책은 동일본 대지진 10년을 기념해 일본 사회가 재해를 반복해서 경험하면서도 여성에게 부과하는 과중한 부담이나 폭력이 사라지지 않는 이유가 무엇

인지 물으며, 여성의 관점을 담은 재해 이론과 철학이 필요하다는 문제를 제기했다. 책의 편집자이자 지역의 방재위원이기도 한 아사노 후미에(浅野富美枝)와 덴도 아키코(天童暁子)는 한신·아와지 대지진(1995), 동일본 대지진(2011), 구마모토 지진(2016)으로 이어진 일련의 재해 종류와 피해 지역 등을 고찰하면서, 그러한 재난 지역 여성의 경험을 명확하게 언어화하고 재난 복구와 방재에 여성들의 관점이 더 많이 개입되어야 함을 강조했다.

실제로 동일본 대지진과 후쿠시마 원전사고 이후 많은 여성 연구자와 저널리스트, 여성 재해 당사자의 목소리가 꾸준히 발신되었다. 그중에서도 본 연구는 재난 속에서 발휘되는 대안적 삶을 위한 공적 상상 가능성의 실마리가 되는 것의 하나로, 이 지역 여성들을 중심으로 활발하게 이루어진 방사능 측정 시민과학 실천을 주목한다. 이 글은 동일본 대지진과 이어진 후쿠시마 제1원전 폭발 사고로 활발해진 시민들의 과학 활동 참여가 단지 전문적 지식이나 특정한 암묵지 등의 지식 합리성 영역에서 정당화되는 것이 아니라, 사물-인간-제도 사이를 연계해 새로운 관계적 위치를 만들어 내고, 사물과 지식을 정치의 영역, 공론의 영역으로 이끌어 낸다는 점에 주목한다. 후쿠시마 지역 여성들의 방사능 측정 시민과학 활동은 단지 기술적 수행이나 지식 합리성 문제에 한정하지 않고 이러한 활동이 구축해 내는 새로운 인간-사물-제도의 관계와 연대, 그리고 그 상상의 지평을 확장하는 실천이기도 하다.

3. 삶의 선이 끊어진 자리

동일본 대지진 직후 발생한 후쿠시마 제1원전 원자로 폭발 사고 피해는 쓰나미와 지진보다 더 오랫동안 지속되었다. 도쿄올림픽 개최를 앞

둔 2018년 2월, 도쿄에서 도호쿠(東北) 지방의 거점 도시인 센다이시(仙台市)까지 이어지는 JR조반선(常磐線) 철도는 후쿠시마 원전 인근 일부만 입경 금지 구역으로 남기고 열차 운행을 재개했다. 연구자가 후쿠시마 지역에 대한 예비 조사를 위해 나미에마치(浪江町)로 가는 조반선 기차에 올랐을 때, 승객 두어 명을 태운 열차는 후타바군(双葉郡)의 이와키오타(磐城太田), 오다카(小高)를 지나 도호쿠전력(東北電力)의 화력발전소에서 뿜어져 나오는 흰 연기가 피어오르는 해안선을 따라 달렸다. 이윽고 귀환 곤란 지역에서 해제된 나미에마치 역에 내렸을 때, 그곳은 마치 스틸 사진을 나열해 놓은 것처럼 적막했다. 기차역 앞 광장의 낡은 신호등 뒤로 녹슨 나미에마치 시비(詩碑)가 눈에 띄었다. 사람들이 오가지 않는 버려진 상가들 사이로, 제방을 쌓는 데 필요한 석재를 실은 대형 트럭이 오갔다. 모든 삶의 소리가 소거된 채, 붉은 녹물이 흘러내리는 신호등과 검정 플렉시블 용기에 담긴 제염폐기물만이 마을의 풍경을, 그 평면을 채우고 있었다. 모든 존재가 시간의 흐름 속에서 호흡, 소리, 색, 냄새, 생각, 행위, 물질의 자취를 '선(line)'으로서 남기며 이어지고 엉키고 만들어 내는 '삶의 세계'(Ingold, 2015). 그 삶의 세계를 이루는 많은 선이 끊어진 자리에서 자취를 남기며 움직이는 것은 제방 공사를 위해 동원된 육중한 대형 트럭과 역무원 한 명뿐이었다. 역무원은 눈이 마주치자마자 여기서 밖으로 나갈 수 있는 열차는 몇 시간 후에나 올 테니, 타고 온 열차가 돌아갈 때 나가는 편이 좋다고 친절하게 안내해 주었다.

후쿠시마 원전사고 후 10년이 흐른 2020년, 일본 정부는 동북 지방의 물리적 인프라는 대부분 복구가 완료되었다고 선언했으며, 2021년 8월에는 전 지구적 코로나바이러스 감염병 유행에도 1년 전 미뤄진 '부흥 올림픽(도쿄올림픽)'이 마무리되었다. 쓰나미와 지진, 그리고 원전사고라는 재난에 대한 일본 정부의 기술합리적 분석과 관료제적 대응은 비교적 신속했다고 평가되었다. 2020년 초를 기준으로, 피난자 수는 재해 직후 약 47만 명에서 5만 명으로 줄었고, 피난소와 가설주택, 공영주택에 거주하던 피난자들은 대부분 항구적 주택으로 이주했다. 방사선 피해로 피난 지시가 내려졌던 구역들도 점차 해제되어, 2021년 5월 귀환 곤란 구역 일부를 제외한 대부분 지역에서 대피령이 해제되었다.

그러나 사고 이후 지역 주민들에게 '마땅히 있었어야 할 시간'(武藤類子, 2021b)은 존재하지 않았다. 정부는 복구와 부흥 완료를 외쳤지만, 이웃이나 가족들이 연결되어 있던 생활, 돈을 많이 들이지 않아도 주변 텃밭과 논, 그리고 숲이 내어 주는 것들로 꾸려 나가던 삶은 더 이상 당연하지 않았다. 그저 평범하다거나 보통이라고 했던 것들이 이제는 제염되지 않은 땅 위에서 회복되기 어려운 일이 되었다. 삶의 선이 끊어진 자리는 방사선 피해에 대한 불확실한 걱정과 우려로 가득 채워졌다. 원전사고로 인한 방사능 오염은 지역을 지탱해 온 다양한 사회문화적 가치와 연결망을 빠르게 파괴했고, 그 땅에 뿌리내리고 살던 사람들의 삶을 변형하고 해체했다.

제염이 이루어진 구역에 설치된 방사선량 측정소의 수치들은 정부의 허용 방사선량 기준치를 넘지 않았다. 하지만 정부가 공식적으로 제염 활동을 하지 않는 구역(대표적으로 숲, 논밭의 경계구역 등)이 여전히 넓은 면적을 차지한다. 후쿠시마 원전사고 이후 지방 정부와 중앙 정부의 빠른 대처와 대규모 경제적 지원에도, 방사성 오염 문제는 피난을 떠났다가 돌아온 주민들에게나 돌아오지 못한 옛 주민들에게 여전히 중요한 이슈로 남아 있다. 예를 들어, 현재 일본에서 가장 큰 이슈인 후쿠시마 원전의 오염수 방류 문제만 하더라도 도쿄전력은 "(오염수를 현재보다) 40배 희석해서 방류하면 40년이 걸린다."라고 하지만, 이는 지금까지 오염수 탱크에 저장된 분량에 한해서다. 지하수가 오염된 원자로에 닿지 않도록 쌓은 동토벽 대책은 실패를 거듭해 오염수의 양이 지속해서 증가하고 있으며, 원자로 중심부에서 누출되는 방사선량도 당초 예상보다 훨씬 높다고 최근에 알려졌다. 방사능 위험에 대해 가장 보수적 입장을 취하는 일본원자력학회조차 "후쿠시마 원전사고의 폐로는 적어도 100년에서 300년 정도 걸린다."라고 추산했다.

이러한 상황에서 후쿠시마에서 아이를 키우는 엄마들의 불안은 더 높을 수밖에 없다. "후쿠시마에 남아 아이를 키우기로 한 결정이 옳은 선택일까?", "빨래를 바깥에 널어도 괜찮을까?", "보육원 마당의 모래 놀이터에서 아이들이 흙을 만져도 괜찮을까?", "바다에서 수영을 해도 될까?" 2015년 후쿠시마 어린이 건강 프로젝트가 실시한 조사에 따르면 후쿠시마에서 아이를 키우는 엄마 2명 중 1명은 여전히 '육아 불안'을 느낀다고 답했다(福島子ども健康プロジェクト, 2015).

후쿠시마 원전사고 이후 일본 전역에서 시민들이 직접 수행하는 방사선량 측정 활동이 큰 폭으로 증가했다. 사람들은 개별적으로 방사선량 측정기를 구비하고, 그 지역에는 다양한 방사선 측정 시민 모임이 생겨났다. 본 연구에서 살펴볼 '인정NPO 이와키 방사능측정실 타라치네'도 그중 하나다.

4. 삶의 세계를 측정하고 확장하기

이와키 방사능측정실 '타라치네'는 원전사고가 있던 2011년 11월에 개소했다. '젖먹이를 키우는 부모', '어머니'를 뜻하는 옛말에서 온 '타라치네'는 원전사고 이후 아이를 키우는 엄마들이 '안전한 식재료'를 찾기 위해 시작한 방사능 측정 활동이 계기였다. 타라치네가 특별한 것은 아니다. 동일본 대지진 직후 일본 각지에서 수백 개에 이르는 방사선량 측정 단체가 생겨났다. 하지만 시간이 흐르면서 많은 단체가 활동을 종료했다. 그와 대조적으로 타라치네는 현재 의사를 포함해 12명의 유급 직원이 일하고 있으며, 정기적으로나 비정기적으로 활동하는 자원봉사자 수도 적지 않다. 회비를 내는 정회원은 70명 정도지만 정부 보조금을 받지 않고 운영되고 있으며, 전체 재정의 90% 이상을 해외를 비롯해 여러 개인과 단체의 기부금으로 충당한다. 이들의 방사선량 측정 데이터는 도쿄전력이나 후쿠시마 지방 정부에서도 공인하고 있으며, 지역 주민들도 방사선량 측정에서 신뢰할 수 있는 단체로 여긴다.

타라치네는 설립 당시 "원자력 발전소 사고로 인한 광범위한 방사선 피해 속에서 불안하게 생활하는 사람들이 더 나은 환경에서 더 건강하게 살아가기" 위해, "지역 주민과 함께 피폭 사실을 확인하고, 유사 이래 경험해 본 적 없는 자연의 파괴를 치유"한다는 목표를 내세웠다. 흥미롭게도 타라치네가 이 두 가지 목표를 이루기 위해 벌인 활동은 피폭으로 손상된 신체에 대한 의료적 조치나 오염된 흙과 건물의 제염 등이 아닌 방사선량 '측정' 작업이었다.

지역 주민의 요청에 기반해 식자재의 방사능을 검사하고 측정 데이터를 제공하는 것, 식생활이나 노동 및 그 외 생활에 수반되는 인체의 내부 피폭을 지역 주민의 요구에 따라 측정·검사하고 데이터를 제공하는 것, 일련의 측정 데이터가 지역 주민의 안전에 중대한 의미가 있는 경우 관련 자료를 공표하고 사회적·행정적 조치를 요구하는 것, 지역 주민이 가장 쉽게 피폭 상황을 알 수 있도록 타라치네 측정실의 측정 데이터를 공표하는 것, 계측기를 적절하게 관리해 개인이 쉽게 측정할 수 있도록 계측 기술 보급에 힘쓰고 교육하는 것, 과학·의학 등 전문가와 제휴해 피폭 관련 사실 규명, 측정 기술 연구, 훈련, 의학적 견해와 지식 집적에 노력하는 것, 민간의 측정 기관과 제휴해 광범위한 피폭 상황을 정보화하는 것 등 단체의 모든 활동은 방사선량 측정과 정보 공유를 중심으로 한다.

또한 타라치네의 방사선량 측정 활동은 시간이 지나면서 점차 정교해지고 다양해졌다. 2011년 설립 당시에는 주로 인체와 식료품, 흙 등에 포함된 방사성 핵종 세슘137과 세슘134, 칼륨40 등 비교적 간단한 측정 장치를 통해 수행될 수 있는 표본들이 측정 대상이었다. 하지만 단체의 활동이 국내외로 알려지고 기부금이 늘어남에 따라 방사선량 측정 활동도 단순한 시료 검사 수준에서 확장되어 더욱 전문적이고 복잡한 수준의 장치와 기술이 필요한 선량 측정 활동으로 발전해 나갔다. 식재료나 동식물뿐만 아니라 인체의 방사선량 측정도 가능해졌다. 2013년부터는 어린이 갑상샘 검진 프로젝트가 시작되었다. 2015년부터는 해양조사 프로젝트가 시작되었다. 현재 한국에서도 큰 이슈가 되고 있는 후쿠시마 원전 오염수 방류에 따라 삼중수소 등 방사성 물질이 바다에 얼마나 오랫동안 영향을 주는지 등을 모니터링한다. 해양조사 프로젝트는 단체 직원들로만 할 수 있는 간단한 작업이 아니기 때문에, 도쿄대학 농학생명과학과 수산실험실 스즈키 유즈루(鈴木譲) 명예 교수와 협업해 2개월에 한 번씩 진행된다.

방사선량 측정 활동에는 단체가 자율적으로 수집한 표본뿐만 아니라 시민들이 의뢰하는 각종 사물도 포함된다. 2018년 기준, 한 달에 약 100건의 시료 측정 의뢰가 들어오는데, 각종 농수산물 식자재뿐만 아니라, 어린이 놀이터나 유치원 마당의 흙, 공원의 풀과 나무 등 아이들이 일상에서 접할 수 있는 다양한 사물이 포함되어 있다. 그리고 가족의 죽음이 혹시 피폭과 연관되어 있는지를 알고 싶다며 유골을 들고 찾아오는 이들도 있다.

이처럼 타라치네의 주요 활동은 모두 방사선량 측정이라는 '스케일(scale)' 작업이다. 그렇다면 재난 지역에서 방사선량 측정이라는 '스케일' 작업은 어떤 의미를 지니는가? 인류학자 매릴린 스트래선(Marilyn

Strathern)은 스케일을 "지식과 (탐구) 대상에 대한 퍼스펙티브(관점)의 조직화"(2019: 33)라고 하면서 스케일을 변화시킨다는 것은 현상에 대한 하나의 관점을 또 다른 관점으로 전환하는 것을 의미한다고 말한다. 즉, 사람들은 스케일을 통해 세계를 감각하고, 구축하며, 확장해 간다.

사람들은 특정한 사물이나 현상을 이야기할 때 비교 가능한 실체들을 서로 연결하고, 그 속성(무게, 높이, 길이, 빈도, 속도, 원주, 그리고 구조적 무결성 등)을 과감하게 편집함으로써 주변 세계를 확장하거나 축소하면서 세상의 다양성과 복잡성을 감각한다(Carr and Lempert, 2016). 사람들은 측정과 분석을 통해 사람과 사물, 그리고 여러 속성의 상대적 위치를 분류하고 구분하며, 이들 사이의 계층적 구조를 만들어 낸다. 이 과정에서 단순히 미리 설정된 척도의 영향을 일방적으로 수용하는 것이 아니라, 새로운 방향으로 측정 관점과 시각을 만들고 개발하며 구성해 나간다. 그런 점에서 스케일링(scaling), 즉 측정과 규모화라는 스케일 작업은 본질적으로 관계적이고 비교적인 노력이자 세계를 구축하고 확장/축소하는 일이다(Carr and Lempert, 2016: 3-4). 다시 말하자면 스케일은 단지 크기(size)에 국한된 것이 아니라 범주에 관한 것이며, 특정한 지향(orientation)에 관한 것이다(Hecht, 2018). 우리가 우리 자신과 사물을 어떻게 위치 짓는지, 어떤 것과의 비교를 허용하고 어떤 것과는 허용하지 않는지와 관련되는 매우 정치적인 문제다. 요컨대 어떤 물질적 혹은 비물질적 현상의 척도를 측정하는 작업은 단순히 이미 주어진 형식 안에서 크고 작음을 가름하는 수동적 행위가 아니라, 사회적 행위자들이 자기 세계를 조직하고, 해석하고, 방향을 잡고, 행동해 나가는 데 필수적인 행위이자 구성적이며 역동적이고 본질적으로 화용론적인(pragmatics) 행위다(Carr and Lempert, 2016: 3).

후쿠시마 원전사고 이후 이곳에서 이루어진 방사선량에 관한 여러 가지 스케일 작업은 사고와 관련된 다양한 원인과 책임 귀속에 대한 이야기, 그리고 정치적 주장과 쉽게 결합했다. 방사선량은 단지 객관적 수치 이상의 의미를 가진다. 사람들의 삶의 공간을 구획하고, 이동을 비롯한 여러 활동의 근거가 되었으며, 사고의 영향과 책임을 두고 벌이는 다양한 논쟁에서 핵심적 역할을 했다. 실제로 원전사고 이후 이 지역 여성들 사이에서 조직된 일련의 방사선량 측정 행위는 자신들이 살아가는 삶의 세계와 관계하고 연결하는 방법이자, 그 세계에 대한 공통 감각을 구축하고 삶의 가능성을 확장하는 작업이었다.

실제로 타라치네의 모든 활동은 일상과 사람들의 삶을 이루는 사물과 사람들의 방사선량을 검사하고, 측정하며, 그 데이터를 정리하고 공표하는 데 초점이 맞추어져 있다. 측정과 검사 자료에는 단체가 직접 표본으로 지정해 채취한 각종 시료와 주민들이 단체에 의뢰한 시료의 방사선량 데이터가 포함되는데, 이 결과들은 단체의 해석을 곁들인 상세한 설명과 함께 홈페이지에 정기적으로 게재된다.

단체의 다양한 측정 활동에 대해 이야기를 듣던 연구자가 타라치네를 방문해 단체의 측정 결과가 정부의 것과 차이가 큰지 물었을 때, 방사선량 측정실과 건강 클리닉, 테라피 시설을 소개하던 스즈키 가오리(鈴木薫) 이사 겸 사무국장은 "그렇지는 않다."라고 웃으며 답했다. 측정 장소가 같거나 비슷한 시료라면 정부가 측정한 것과 단체가 측정한 것이 다르면 오히려 이상한 것 아니겠냐고, 다만 자신들은 정부가 정한 장소와 다른 곳이나 정부나 도쿄전력이 일상적으로 수행하지 않는 여러 사물을 측정한다고 말했다.

타라치네는 정부나 도쿄전력이 방사선량 측정을 위해 세워 놓은 측정 포스트나 기준이 되는 표본 외에 여성들이 삶의 세계에서 마주하는 다양한 사물에 대해 언제든 측정치를 제공하고, 이를 통해 이들이 그 사물들과 거리 및 관계를 조정할 수 있도록 한다. 시료의 선량 측정치들은 여성들이 자기 가족에게 특정한 사물을 먹이거나 마시게 하는 것, 만지고 접촉하는 것 등의 가능성 여부를 가늠하고, 더 나아가 이와 관련된 정부와 도쿄전력의 권고나 정책적 지시 사항을 받아들일지 여부 등에 대해서도 판단하게 한다.

또한 흥미롭게도 스즈키 사무국장은 방사선량 측정 수치가 정부와 크게 다르지 않은데도 단체가 선량 측정을 계속하는 이유에 대해, 타라치네는 방사선량 측정 장비나 의료기술 장치를 갖춘 곳일 뿐만 아니라, 방사선에 대해 "어떤 이야기라도 할 수 있는 곳"이라는 점을 강조했다.

> 우리 단체는 방사선에 대해 어떤 이야기든 할 수 있는 곳이에요. 측정도 하고, 검사도 하고, 진단도 하고, 상담도 하고, 설명도 하죠. 그리고 네트워크를 만들어요. (…) 방사선 등에 대해 편하게 이야기할 수 있는 곳, 어떤 이야기도 물어볼 수 있는 곳, 어떤 이야기도 할 수 있는 곳, 필요한 곳을 연결시켜 주는 곳, 설명해 줄 수 있는 곳이에요. 사람들이 와서 편하게 이야기할 수 있는 것이 중요해요. (지역) 사람들이 방사선에 대해 잘 이야기를 못 해요. 이야기한다 하더라도 달라지는 것이 없고, 이야기한다 해도 뭘 어떻게 해야 한다는 방법을 알지 못하기 때문에 서로 말하기를 꺼리거든요. 하지만 이런 것들로 인해 아이를 키우는 방법으로 부부간에 의견 차이 등이 생기고 스트레스 지수가 높아져요. 서로 인식의 차이가 있고, 극복하는 방법에도 차이가 있으니까요. 방사선은 눈에 보이지 않고, 만질 수도 없고, 냄새도 없어요. 측정하지 않으면 알 수 없는 것이죠. 알 수 없고 보이지 않는 것이기 때문에 그냥 두면 아무것도 변하지 않아요. 아무도 모르는 거죠. 그냥 두면(아무도 모르는 거죠). 마음과 비슷해요. 하지만 보이지 않더라도 마음에는 여러 문제가 생겨나잖아요. 그리고 그 문제라는 것은 미묘하고 복잡해요.
>
> -2018년 2월 19일, 타라치네 이사 겸 사무국장 스즈키 가오리와의 인터뷰

스즈키 사무국장은 타라치네의 방사선 측정 활동의 의미를 설명하면서 의외로 방사능 측정치보다는 '마음'과 '이야기'의 중요성을 강조했다. 그의 설명에서 마음은 보이지 않고, 만질 수도 없고, 냄새도 없어 "측정하지 않으면 알 수 없는 방사선"과 같은 것이라서 그대로 둔다면, 아무도 모르지만 사실은 어떠한 문제든 일으킬 수 있다. 그렇기 때문에 보이지 않는 방사능을 측정하는 것만큼이나, 보이지 않는 마음을 '이야기'를 통해 드러나게 해야 한다.

여기에서 스케일링을 현상에 대한 관점의 조직이자, 그것이 세계를 감각하고 확장하는 일이라고 본 카와 렘퍼트의 논의로 다시 돌아가 보자(Carr and Lempert, 2016). 원전사고 이후 후쿠시마 제1원전 인근에서 살아가는 사람과 그렇지 않은 사람들 사이, 혹은 그곳에서 같이 살아가는 사람들 사이에는 거대한 세계 감각의 차이가 있다. 타라치네의 방사선량 측정 활동은 이를 통해 이 세계 감각의 차이를 연결하고 중첩하려는 작업이다. 또한 타라치네의 방사능 측정 작업은 최소한 재난 이후 이 지역에서 살아가는 사람들이 바깥으로 드러내 이야기하지 못하는 마음을 말할 수 있게 하고, 주변에서 접할 수 있는 사물과 사람들 사이의 관계를 어떻게 지속할 것인지 고민하는 과정을 함께했다. 그런 점에서 이곳에서 수행되는 스케일 작업은 "친밀성과 상호 관계성의 윤리를 만들어 가는"(Carr and Fisher, 2016: 136) 작업이기도 했다.

2011년 3월 후쿠시마 원전사고 이후 지역 주민들의 '마음'은 바깥으로 드러나거나 보이지 않았지만 복잡하고 미묘한 긴장과 갈등을 일으켰다. 후쿠시마 원전사고 이후 이 지역의 가족 문제에 대한 연구는 자녀의 외출이나 바깥 놀이 제한, 거주지 변경이나 식자재 선택에 이르기까지 방사능 위험에 대한 인식의 차이나 가족 내 온도 차로 인해 부부 혹은 고부 관계에 갈등이 생기거나 심지어 파탄 나는 경우까지, 그 양상이 다양하다고 보고되었다(成元哲, 2018: 241). 그러나 이러한 갈등이나 긴장에도, 연간 방사선량 허용치라고 정해진 20밀리시버트(mSv), 혹은 시간당 허용 기준치인 0.23마이크로시버트(μSv)는 후쿠시마의 안전을 판단할 수 있는 공식적인 유일한 숫자처럼 제시되었다. 그리고 후쿠시마 지역 어디에서나 쉽게 접할 수 있는 실시간 공간선량 측정치들은 0.23마이크로시버트라는 제도화된 척도보다 적었으며, 그런 숫자들은 많은 사람에게 안심하라고 말하는 듯했다.

방사능 오염이 심각하다고 해도 생계 문제나 경제 사정상 지역을 떠나기 어려운 사람도 다수였다. 제염 작업이나 폐로 작업은 위험하지만 급여가 높은 노동에 속했고, 후쿠시마 원전사고 이후 지역 남성들은 이 작업에 많이 고용되었다. 피폭 위험을 무릅쓰고 생계를 위해 일하는 남편이나 아버지를 남겨 두고 지역을 떠나거나 이 지역의 나쁜 점을 말하는 것은 '도리가 아닌 일'이 되었다. 후쿠시마산 농수산물에 대해 방사선량 측정을 명확히 해야 한다는 요구는 지역의 선량한 농민과 어민에게 피해를 주는 행위라거나 피폭 위험을 무릅쓰고 원전 해체 작업에 고용된 '남편의 고생을 모르는 철없는 아내의 불평'으로 치부되었다.

"후쿠시마 출신 며느리는 필요 없다"거나 "방사선 피해를 우려하는 것은 여자들의 히스테리"라는 말이 인터넷에서 공공연하게 떠돌았다. 어린이가 피폭에 더욱 위험하다는 것은 의학적 상식임에도, 아이를 데리고 피난을 감행한 여성은 "피해망상에 걸린 이기주의자"라며 손가락질받았다. 정부가 피난 명령을 내리지 않은 후쿠시마 지역에서 방사능 위험에 대한 우려로 다른 지역에 대피한 이들은 "자주적 피난자"라고 불렸는데, 이들은 오랫동안 '제대로 된 피재자(被災者)'가 아니라는 비난에 시달리기도 했다(辰巳賴子, 2016). 피난을 가지 않았거나 갈 수 없었던 여성들도 편안했던 것은 아니다. 남아 있는 이들에게 방사능 오염에 대한 불안은 일상의 도처에서 불쑥불쑥 나타났다.

이와키에서 어린이들의 초기 피폭과 내부 피폭에 관련해 지방 정부의 공식적인 대응을 공개적으로 질의하고 추구했던 여성 단체 '마마베크(いわきの初期被曝を追及するママの会, TEAMママベク)'는 활동 중에 많은 공격을 받았다. 2013년 2월 결성된 이 단체는 NHK 등 일본 국내 방송뿐만 아니라 프랑스, 영국, 미국 등 해외 여러 나라 방송에도 후쿠시마의 방사능 오염과 관련해 자녀를 둔 어머니의 어려움과 우려를 전달하곤 했다. 그러나 이러한 방송이 나갈 때마다 이들이 후쿠시마 농업에 피해를 준다는 비난을 받았다. 심하면 집 앞에 찾아와 위협하는 이들도 있었다. 그러다 보니 자녀들이 다니는 보육원이나 유치원 운동장의 흙이 방사능에 얼마나 오염되었는지 궁금하더라도 그러한 시료 측정 결과를 보육원이나 유치원 측에 알리지 않는 엄마가 많았다. 만약 그곳에서 채취한 모래나 흙의 방사선량이 공식적인 측정치보다 높다고 알려지면 보육원은 문을 닫거나, 비싼 비용을 들여 제염을 해야 하는데, 그렇게 하는 것 자체가 보육원 측에 폐가 된다고 보는 분위기 때문이었다. 이처럼 지역에서 방사선 오염에 대해 걱정하거나 우려를 표하는 것은 지역 공동체나 지역사회를 배반하는 이기주의적 행위처럼 간주되어, 아이를 키우는 엄마들이 불안하거나 의심이 들어도 밖으로 꺼내어 말하기 어려운 분위기였다. 가정이나 사회에서 대부분의 돌봄 노동을 수행하는 많은 여성은 내부 피폭 문제에 민감할 수밖에 없지만, 의심과 불안을 입 밖으로 표현하는 것 자체로 '소문'을 만들어 내는 이기적인 여자, 심지어 '비(非)국민'이라고 낙인찍히기 쉬웠다. 마을 수준에서는 지역 오염에 대한 우려를 전달하는 것이 중년 남성 관리자 다수에게 자신이 통치하는 세계에 대한 '모욕'으로 받아들여지기도 했다(이윤숙, 2021).

사정이 이렇다 보니 방사능 오염이 걱정되더라도 묻어 두는 것이 낫겠다는 분위기가 생길 수밖에 없었다. 체념이든 이기주의자라는 비난에 대한 우려 때문이든 지역에서 방사능에 대해 이야기하지 않거나 서로 말하기를 꺼리는 것은 점차 자연스러운 일이 되었다. 이렇게 사적인 자리에서나 공적인 자리에서 방사능 오염과 관련된 이야기를 잘 하지 않으려는 지역의 분위기로 가족과 여성들의 '마음' 속에서 긴장과 갈등은 더욱 커질 수밖에 없었다.

요컨대, 재난 이후 공동체를 복구하자는 긴급한 지상명령 속에서 여성들은 목소리를 내는 데 어려움을 겪었다. 방사능 위험에 대한 불안을 이야기하는 것은 지역과 국가의 '부흥' 의지에 방해가 되는 것이자 공동체를 배반하는 행위로 여겨졌다. 지진과 원전사고 자체로도 큰 피해를 입은 여성들에게 사회적 비난과 혐오는 2차 재난이라고 부를 정도로 심각하게 이중의 억압과 차별로 경험되었다. "후쿠시마 출신 며느리는 필요 없다"는 문구에서 보듯이 후쿠시마 여성은 한편으로는 '잘못된 자손을 번식할 수 있는 잠재적 방사능 오염물'로 취급받는가 하면, 다른 한편으로는 '불평'을 늘어놓으며 공동체의 부흥 의지를 '배신'하는 비이성적 이기주의자나 '히스테리 환자'로 흔히 매도되었다. 원전사고로 인해 장기적으로 지속할 것이 분명한 피폭 위험에 대해 여성이 느끼는 감정은 사회적으로 지지받지 못했다. 공적 공간에서 자신들의 행동과 발언들이 공공연한 비난 대상이 되면서, 여성들은 공적 의사결정 과정에서 자기 의견이 체계적으로 배제당하는 경험을 내면화했다. 그럴수록 여성들은 더 고립되고, 이들의 목소리는 위축되었다.

방사능 오염 가능성이나 건강상 위험에 대한 여성들의 발언을 편집증적 망상이나 이기적인 행위로 치부하고, 억압하는 것은 이중 배제 효과를 낳았다. 자신들이 느끼는 감정 자체를 스스로 부정하게 하고, 그것이 공적 논의에서 가치 없는 일이라고 여기게 하는 이러한 이중 배제는 이들의 목소리를 심리적 차원이자 감정적 차원의 문제로 만들어 버린다. 또한 그러한 우려는 이성적이지 않고 합리적이지 않은 것으로 만들어 버린다. 이는 감정과 심리 자체를 이성과 합리성 영역보다 하위에 두는 것이자, 여성의 목소리를 사소화하면서 그것을 '사적인 것(private)'과 '개인적인 것(personal)'으로 만들어 버리고, '공공적인 것' 및 '정치적인 것'에서 떼어 내는 효과를 낳는다.

이러한 맥락에서 타라치네의 방사선량 측정 행위는 여성들의 목소리를 사사로운 것이나 개인적인 것으로 배제하려는 일련의 억압적 분위기에서 벗어나 삶을 엮어 나가는 다양한 사물과 사람, 장소, 공간을 자기 관점에서 재구축하고자 하는 시도이기도 하다. 스트래선의 말처럼, 방사능 측정을 통해 여성들이 자신의 생활 세계 안에서 접하는 여러 사물을 새롭게 감각하고, 그것을 통해 자신의 삶의 세계를 재조직화하는 관점을 구축했다. 타라치네는 정부나 도쿄전력의 표준적인 측정 활동에서 '기준점'이나 '비교군'이 되는 사물이나 땅이 아니어도 사람들이 의뢰하는 다양한 시료와 사물에 대한 측정과 분석 행위를 통해 사람들에게 그것의 속성과 의미들을 설명했다. 이들은 이러한 방사능 측정 행위를 통해 자신들의 세계를 조직하고, 해석하고, 방향을 잡고, 행동해 나가는 데 지표로 활용했다. 그런 점에서 이들의 행위는 사람들과 서로 삶의 세계에 대해 이야기하는 역동적이고 본질적으로 화용론적인 행위다(Carr and Lempert, 2016: 3).

방사능 오염에 대해 자유롭게 이야기하거나 우려하는 마음을 표현하지 못하는 분위기에서, 타라치네는 후쿠시마 원전과 관련해 어떤 이야기든 할 수 있는 곳으로 자리 잡았다. 무엇보다 여기에서는 방사선량을 측정하는 다양한 방법에 따라, 일상에서 쉽게 접하는 식재료나 놀이터의 흙, 바닷물 등 사람들이 궁금해할 만한 사물들의 방사선량을 측정해 주고, 의뢰하기도 했다. 더욱이 그러한 측정치를 가지고 이야기하더라도 '이기주의자'라고 비난받을 걱정 없고, 소문을 만들어 내는 편집증적 걱정쟁이라는 조롱을 받지 않았다. 타라치네는 지역의 분위기

속에서 여성들이 편안하게 이야기할 수 있고, 그런 우려와 불안에 대해 공감하는 이들이 연결되는 곳이 되었다.

물론 타라치네가 단지 방사선량 측정치를 객관적으로 전달하는 유일한 곳은 아니다. 도쿄전력과 환경성에서도 정기적으로 방사선량 측정 자료를 공표하고 있다. 하지만 정부의 수치는 단지 숫자들의 모음으로 공개될 뿐 그것이 삶의 세계에서 어떤 의미인지, 아이를 키우고 이사를 하고 식재료를 고르고 놀잇감을 고르는 데 어떤 의미인지 이야기하지 않는다. 그런 점에서 타라치네는 그런 보이지도 않고 만질 수도 없고 냄새도 없는 방사선량을 '측정'하고, 보이지 않고 만질 수도 없고 냄새도 없는 사람들의 '마음'을 이야기할 수 있는 곳이 된 것이다. 후쿠시마현 내외 의학·과학 분야 전문가를 초청해 피폭이 건강에 미치는 영향과 관련된 강연을 진행하는 것이 타라치네의 대표적 활동 중 하나다. 한번은 벨라루스의 피폭자를 초청해 모임을 하기도 했다.

> 사람은 자기가 직접 당하지 않으면 그 심정을 잘 모르잖아요. 방사선이라는 것도 보이지 않고 만져지지 않고 냄새가 나는 것이 아니기 때문에 사람들은 잘 몰라요. 마음을 잘 모르는 것과 마찬가지죠. 그런데 벨라루스 사람들이 왔을 때 그 사람들과 이야기를 나누면서 입장이 비슷하다는 것이 얼마나 서로 간의 공통 감각을 만들어 내는지 느낄 수 있었어요. 비슷한 경험을 한 동료들을 만나는 것이 그래서 중요하죠.
>
> -2018년 2월 19일, 타라치네 이사 겸 사무국장 스즈키 가오리와의 인터뷰

스즈키 사무국장의 말처럼, 타라치네는 방사능을 "측정하고, 검사하고, 진단하고, 상담하고, 설명도 하는" 곳이자 네트워크를 만드는 곳이다. 타라치네가 측정한 방사선량 수치는 지역 사람들이 자신들의 경험과 그들이 느끼는 세상을 해석하고, 삶의 방향을 정하고, 행동을 조

직하고 실천하는 데 참조되고, 인용되고, 활용된다. 그리고 이러한 수치들은 벨라루스를 포함해 서로 다른 곳의 사람들과 이전에 일어난 다양한 사건 사이의 연결에서 '이야기'를 교환하게 하고, 그 속에서 서로의 "공통 감각"을 만들어 낸다. 이처럼 후쿠시마 원전사고 이후 이 지역 여성들 사이에서 조직된 일련의 방사선량 측정 행위는 자신들이 살아가는 삶의 세계와 관계하고 연결하는 방법이자 그 세계에 대한 공통 감각을 구축하고 삶의 가능성을 확장하는 스케일 작업이다. 사람들의 마음에서 일어나는 여러 가지 불안과 의심, 무심함과 무지, 삶의 가능성에 대한 희망이나 의지 또한 그 지역에 살고 있는 사람들에게 그저 주어진 어떤 것이 아니라, 이와 같은 스케일 작업을 통해 얻은 다양하고 복잡한 수치들과 비교, 구분하며 그 차이들 속에서 정교하게 엮여 나간다. 중요한 것은 이 목소리들이 울려 퍼질 수 있도록 수신하고, 공명하며, 확대하는 일일 것이다.

5. 삶의 가능성을 확장하는 연대의 윤리

후쿠시마 제1원전 폭발 사고 이후 방사선량 측정 활동은 이곳에서 살아가는 사람들과 사물들 사이 적절한 관계와 거리를 가늠하게 한다. 타라치네에서 측정한 방사선량 수치들은 그 자체로 어떤 본질이기보다 그것과 연결된 관계 속에서 배치되거나 이용되면서, 위험과 안전, 만져도 되는 것과 제염해서 덮어 두어야 할 것 등, 사람과 사물 사이 거리와 관계를 정교하게 조정하고 직조해 나가는 데 필요한 조각으로서 자리매김하고 있다. 또 때로는 정치적 주장으로 나아가거나 사회적 관계를 변화시키는 매듭이 되기도 한다. 요컨대 이들 조각과 매듭은 후쿠시마 원전사고 이후, 이곳에서 살아가려는 사람들이 삶을 지속하는 데 기반이 되는 다양한 존재에 대한 응답과 연결 그리고 연대를 만들어 낸다. 그렇기 때문에 이들의 활동은 단지 방사선 위험에 관한 지식 경합과 과학기술적 합리성 판단 영역으로만 환원될 수 없다. 오히려 장기 지속하는 불확실한 재난 상황에서도 그 지역에서 살아가야 하는 여성들이 삶의 세계와 관계하고 연결하는 방법이자, 그 세계에 대한 공통 감각을 구축하고 삶의 가능성을 확장하는 스케일 작업이며, 생활정치와 연대의 윤리이자 새로운 인간-사물-제도의 관계 변화를 도모하는 노력이라고 할 수 있다.

영국의 생태인류학자 팀 잉골드(Tim Ingold)는 '생명'의 '선'에 대한 철학적 고찰에서 바람과 공기, 하늘과 땅, 강과 바다, 숲에서 서로 얽히고 이어지며 만들어진 삶의 세계가 인간의 지식과 기술로 인해 더욱 정교하고 복잡해진다고 해도, 그곳에서 살아가는 모든 존재는 끊임없이 다른 존재에게 응답함으로써 "근본적으로 사회적 성격을 지니는 상호 응답의 원칙"을 몸소 실행한다고 말한다. 인간을 포함한 모든 생명 존재가 상호 간에, 그리고 물질세계와 이어져 상호 응답하며 생을 이어간다는 이 사실은, 삶의 세계가 끊어진 것처럼 보였던 후쿠시마에서도 여전히 이어진다. 후쿠시마 원전사고 직후 도쿄에서 열린 반원전 집회에서 무토 루이코(武藤類子)가 했던 말은 사고가 나고 10년이 지난 지금도 너무나 절실하게 들린다.

> 저희는 지금 조용히 분노를 불태우는 동북(東北)의 혼(鬼)입니다. (…) 우리는 아무 생각 없이 꽂는 콘센트 그 너머 세계를 상상해야 합니다. 편리함과 발전이 차별과 희생 위에 성립되는 사실을 생각해 봐야 합니다. 원전은 그 너머에 있는 것입니다. 인류는 지구촌에 사는 단 한 가지 생물에 불과합니다. 자기 종족의 미래를 빼앗는 생물이 따로 있겠습니까? 저는 이 지구라는 아름다운 별과 조화된 마땅한 생물로서 살고 싶습니다. 에

너지를 아끼며 알뜰하고도 풍요로운 창조적인 삶을 꾸며 가고 싶습니다. (…) 바로 지금 옆에 있는 사람과 살며시 손 잡아 보십시오. 마주 보며 서로의 아픔을 들어 봅시다. 분노와 눈물을 서로 허용해 봅시다. 지금 잡고 있는 그 손의 따스함을 전국으로, 전 세계로 전합시다. 우리 한 사람 한 사람이 짊어지고 가야 하는 짐이 엄청나게 무겁고 갈 길이 아무리 가혹하더라도 외면하지 말고 서로 도우며 가뿐하고 명랑하게 살아갑시다.

-武藤類子(2021a)

참고문헌

강병철·하경희. 2007.「청소년 동성애자의 성정체성 드러내기가 자살위험성에 영향을 미치는 과정에 관한 연구」.『사회복지연구』 35: 167-189.

구기연. 2018.「다시 울려 퍼지는 이란 여성의 노래: 다큐멘터리 〈해방의 노래〉」. 아시아문화원 아시아문화연구소 엮음.『ASIA CULTURE LAB 2: 삶과 문화』. 광주: 국립아시아문화전당.

국미애. 2018.『유연근무제와 페미니즘: 노동시간과 일터의 정치』. 파주: 푸른사상.

권김현영. 2018.「미투, 반성폭력 운동의 윤리-정치적 전환」.『문학동네』 25(2): 329-347.

김민정. 2011.「필리핀 노동 이주 여성의 일과 한국생활: 미등록 장기체류의 역설」.『한국문화인류학』 44(2): 313-358.

______. 2020.『이주 시대의 젠더: '다문화' 한국사회와 필리핀 출신 여성들』. 서울: 집문당.

김수아. 2012.「디지털 테크놀로지의 발전과 새로운 여성 정치 주체의 가능성」.『페미니즘연구』 12(1): 193-217.

김승섭 외. 2018.『오롯한 당신: 트랜스젠더, 차별과 건강』. 서울: 숨쉬는책공장.

김원경·전제아. 2010.「국내 학술지에 나타난 조손 관련 연구 동향: 1991년부터 2010년까지를 중심으로」.『한국심리학회지』 15(4): 563-671.

김인아. 2015.「생(生)과 공생(共生)의 식탁: 동일본대진재 이후 일본 한 생협의 먹거리 안전에 대한 문화적 구성과 실천」. 서울대학교 석사학위논문.

김지혜. 2019.「청소년 성소수자의 안전지대를 찾아서」. 성소수자연구회 엮음.『무지개는 더 많은 빛깔을 원한다: 성소수자 혐오를 넘어 인권의 확장으로』. 서울: 창비.

김진이. 2017.「가족의 거부로 인한 성소수자의 정신건강에 관한 연구: 합의적 질적 연구(CQR)」.『한국심리학회지: 문화 및 사회문제』 23(4): 605-634.

김현경. 2016.『사람, 장소, 환대』. 서울: 문학과지성사.

김현미. 2019.「퀴어운동과 민주주의: 퀴어 죽음정치의 종언」. 성소수자연구회 엮음.『무지개는 더 많은 빛깔을 원한다: 성소수자 혐오를 넘어 인권의 확장으로』. 서울: 창비.

______. 2021.『페미니스트 라이프스타일: 내 삶과 세상을 바꾸는 페미니즘』. 서울: 반비.

김희경. 2019.「할마쇼크: 한국 가족주의의 그림자와 할머니-모성의 사회문화적 구성」.『한국문화인류학』 52(2): 101-143.

모들스키, 타니아(Modleski, Tania). 2008.『여성 없는 페미니즘』. 노영숙 옮김. 서울: 여이연.

모한티, 찬드라 탈파드(Mohanty, Chandra Talpade). 2005.『경계 없는 페미니즘』. 문현아 옮김. 서울: 여이연.

미즈, 마리아(Mies, Maria). 2014.「단절: 여성의 노동」.『가부장제와 자본주의: 여성, 자연,

식민지와 세계적 규모의 자본축적』. 최재인 옮김. 서울: 갈무리.
미즈, 마리아·시바, 반다나(Mies, Maria·Shiva, Vandana). 2000. 『에코페미니즘』. 손덕수·이난아 옮김. 서울: 창비.
박소진. 2007. 「공간적 위계수사와 구별짓기: 강북 어머니들의 자녀교육 내러티브」. 『한국문화인류학』 40(1): 43-81.
박지영. 2020. 「성소수자 청소년 A는 왜 자살했는가?: 질적 심리부검을 통한 학급 내 집단 괴롭힘과 A의 행동결정과정 분석」. 『청소년복지연구』 22(4): 1-36.
박형준. 2021. 「후쿠시마 원전서 '1시간 내 사망' 방사선량 측정: 격납용기 뚜껑 내 추정치 예상 넘어」. 『동아일보』. 2021. 9. 16. https://www.donga.com/news/Inter/article/all/20210915/109281067/1 (접속일: 2022. 7. 5).
버틀러, 주디스(Butler, Judith). 2008. 『젠더 트러블: 페미니즘과 정체성의 전복』. 조현준 옮김. 파주: 문학동네.
벡, 울리히·벡 게른스하임, 엘리자베트(Beck, Ulrich·Beck-Gernsheim, Elisabeth). 2012. 『장거리 사랑』. 이재원·홍찬숙 옮김. 서울: 새물결.
서동진. 2013. 「자기계발하는 주체의 해부학 혹은 그로부터 무엇을 배울 것인가」. 『속물과 잉여』. 서울: 지식공작소.
손택, 수전(Sontag, Susan). 2010. 『은유로서의 질병』. 이재원 옮김. 고양: 이후.
송제숙. 2016. 『혼자 살아가기: 비혼여성, 임대주택, 민주화 이후의 정동』. 파주: 동녘.
스콧, 조앤 왈라치(Scott, Joan Wallach). 2017. 『페미니즘 위대한 역사』. 공임순·이화진·최영석 옮김. 서울: 앨피.
스트래선, 매릴린(Strathern, Marilyn). 2019. 『부분적인 연결들: 문명 너머의 사고를 찾아서』. 차은정 옮김. 파주: 오월의봄.
안경주. 2013. 「한국 가족주의와 트랜스 국가주의적 홈(home): 트랜스 국가주의적 사회적 장에서의 교육 이주 여성의 삶을 중심으로」. 『한국문화인류학』 46(1): 235-279.
안숙영. 2020. 「젠더와 노동: 탈노동사회를 향한 상상」. 『사회과학연구』 59(1): 449-485.
오트너, 셰리 베스(Ortner, Sherry Beth). 2018. 「여성은 자연, 남성은 문화?」. 미셸 짐발리스트 로잘도 엮음. 『여성·문화·사회』. 권숙인·김현미 옮김. 파주: 한길사.
이승윤·백승호·김윤영. 2017. 『한국의 불안정 노동자』. 서울: 후마니타스.
이윤숙. 2021. 「기후위기와 여성: 여성의 눈으로 본 3·11 후쿠시마 핵재난 10주년」. 『한국YWCA 웹진』 2021년 3/4월호. https://ywca.or.kr/webzines/?id=128 (접속일: 2022. 7. 5).
이윤진·권미경·김승진. 2015. 『조부모 영유아 손자녀 양육실태와 지원 방안 연구』. 서울: 육아정책연구소.
이지하·김혜선. 2017. 「자녀가 성소수자임을 받아들이게 된 엄마들의 이야기: 그래도 엄마는 네 편이야」. 『한국사회복지질적연구』 11(3): 41-67.
임안나. 2019. 「이스라엘 유대인사회의 종족성과 정체성: '예멘 유대인'의 사례를 중심으로」. 『지중해지역연구』 21(4): 139-173.
장은하. 2015. 「자연재난과 젠더: 개도국 양성평등 제고 가능성과 한국의 성인지적 재난관리

정책을 위한 시사점」. 『한국여성정책연구연구』 88: 327-371.

정승화. 2015. 「한국 근대 가족의 경계와 그림자 모성: '식모-첩살이' 경험 여성의 구술생애사를 바탕으로」. 『한국여성학』 31(3): 65-102.

정희진. 2018. 「피해자 정체성의 정치와 페미니즘」. 권김현영 엮음. 『피해와 가해의 페미니즘』. 서울: 교양인.

조경희. 2019. 「일본의 #MeToo 운동과 포스트페미니즘: 무력화하는 힘, 접속하는 마음」. 『여성문학연구』 47: 87-118.

조수미. 2019. 「퀴어문화축제 공간의 상징과 의례」. 『한국문화인류학』 52(3): 209-272.

주승섭. 2019. 「축제 참가자들의 증오범죄 피해와 공중보건적 함의: 제 1회 인천퀴어문화축제 참가자 폭력 피해 조사를 바탕으로」. 『토론회 한국사회 증오범죄 진단과 대안: 2018년 인천퀴어문화축제 현장을 중심으로』 자료집. (2019.1.24. 국회의원회관 제3간담회실).

통, 로즈마리 퍼트넘·보츠, 티나 페르난디스(Tong, Rosemarie Putnam·Botts, Tina Fernandes). 2019. 『페미니즘: 교차하는 관점들』. 김동진 옮김. 서울: 학이시습.

틸리, 루이스 오디노·스콧, 조앤 왈라치(Tilly, Louise Audino·Scott, Joan Wallach). 2008. 『여성 노동 가족』. 김영 옮김. 서울: 앨피.

팔루디, 수전(Faludi, Susan). 2017. 『백래시: 누가 페미니즘을 두려워하는가?』. 황성원 옮김. 파주: 북이십일.

페이트만, 캐럴(Pateman, Carole). 2001. 『남과 여 은폐된 성적 계약』. 이충훈·유영근 옮김. 고양: 이후.

高橋幸. 2020. 「「女を使う」から「女子力」へ: 女として見られる/見せることをめぐるポリティクスの現在」. 『早稲田文学』 10(22): 128-137.

菊地夏野. 2019. 『日本のポストフェミニズム: 「女子力」とネオリベラリズム』. 東京: 大月書店.

近藤優衣. 2014. 「「女子力」の社会学―雑誌の質的分析から―」. 『女子学研究』 4: 24-34.

吉田秀雄記念事業財団. 2014. 「消費者標本調査結果 2014年度」. https://www.yhmf.jp/aid/data/omnibus_2014.html (접속일: 2022. 7. 6).

大倉瑶子. 2019. 「女性が死者の8割を占めたケースも。災害の死者に女性が多い背景とは」. 『Business Insider』. 2019. 9. 1. https://www.businessinsider.jp/post-197813 (접속일: 2022. 7. 5).

馬場伸彦·池田太臣. 2011. 『「女子」の時代!』. 東京: 青弓社.

牧野宏美. 2021. 「声をつないで: 「被害主張は女のヒステリー」 原発事故被災者が受けた女性差別」. 『毎日新聞』. 2021. 3. 9. https://mainichi.jp/articles/20210308/k00/00m/040/121000c?utm_source=headtopics&utm_medium=news&utm_campaign=2021-03-09 (접속일: 2022. 7. 5).

武藤類子. 2021a. 『福島からあなたへ』. 東京: 大月書店.

______. 2021b. 『10年後の福島からあなたへ』. 東京: 大月書店.

米澤泉. 2014.『「女子」の誕生』. 京都: 勁草書房.
福島子ども健康プロジェクト. 2015.「福島原発事故後の親子の生活と健康に関する調査報告書」.
本田由紀. 2005.『多元化する「能力」と日本社会 —ハイパー・メリトクラシー化のなかで』. 東京: NTT出版.
上野千鶴子. 2009.「リブとフェミニズム」. 天野正子 外 編.『新編日本のフェミニズム— nv.1』. 東京: 岩波書店.
______. 2012.「現代のことば」.『京都新聞』. 2012. 8. 25.
成元哲. 2018.「予防的回避によるケイパビリティの制約と共同性の喪失」.『中京大学現代社会学紀要』12(1): 225-288.
小熊英二·赤坂憲雄. 2015.『ゴーストタウンから死者は出ない: 東北復興の経路依存』. 京都: 人文書院.
安野モヨコ. 2006.『美人画報ハイパー』. 東京: 講談社文庫.
原田曜平. 2014.『女子力男子 — 女子力を身につけた男子が新しい市場を創り出す』. 東京: 宝島社.
日本復興庁. 2017.『東日本大震災からの復興に向けた道のりと見通し』. 東京: 日本復興庁.
______. 2019.『東日本大震災からの復興の状況と取組』. 東京: 日本復興庁.
赤瀬川原平. 2001.『老人力』. 東京: ちくま文庫.
辰巳頼子. 2016.「ひきつづく課題: '支援'の困難と可能性—福島第一原発事故から東京への母子避難者の三年間」.『災害後の人々の移動とアソシエーションの人類学·社会学的研究』: 35-58.
浅野富美枝·天童睦子. 2021.『災害女性学をつくる』. 東京: 生活思想社.

Abu-Lughod, L. 2000. *Veiled Sentiments: Honor and Poetry in a Bedouin Society*. Berkeley, CA: University of California Press.
Adamson, M. 2017. "Postfeminism, Neoliberalism and A 'Successfully' Balanced Femininity in Celebrity CEO Autobiographies." *Gender, Work and Organization* 24(3): 314-327.
Afary, J. 2009. *Sexual Politics in Mod.* Cambridge: Cambridge University Press.
Bates, Benjamin R. 2020. "The (In)Appropriateness of the WAR Metaphor in Response to SARS-CoV-2: A Rapid Analysis of Donald J. Trump's Rhetoric." *Frontiers in Communication* 5: 1-12.
Batmanghelichi, K. S. and L. Mouri. 2017. "Cyberfeminism, Iranian Style: Online Feminism in Post-2009 Iran." *Feminist Media Histories* 3(1): 50-80.
Bear, L. 2016. "Time as Technique." *Annual Review of Anthropology* 45: 487-502.
Berger, E. and D. Naaman. 2011. "Combat Cuties: Photographs of Israeli Women Soldiers in the Press since the 2006 Lebanon War." *Media, War & Conflict* 4(3): 269-286.
Buddhari, A. and P. Rugpenthum. 2019. "A Better Understanding of Thailand's Informal

Sector." *Focus and Quick Issue* 156. Pra Nakhon: Bank of Thailand.

Burghoorn, W. et al. (eds.). 2008. *Gender Politics in Asia: Women Manoeuvring within Dominant Gender Orders*. Copenhagen: NIAS Press.

Carr, E. S. and B. Fisher. 2016. "Interscaling Awe, De-escalating Disaster." In Carr, E. S. and M. Lempert (eds.). *Scale: Discourse and Dimensions of Social Life*. Berkeley, CA: University of California Press.

Carr, E. S. and M. Lempert. 2016. *Scale: Discourse and Dimensions of Social Life*. Berkeley, CA: University of California Press.

Chacham, R. 2003. *Breaking Ranks: Refusing to Serve in the West Bank and Gaza Strip*. New York: Other Press.

Cheng, Catherine Man Chuen and Hae Yeon Choo. 2015. "Women's Migration for Domestic Work and Cross-Border Marriage in East and Southeast Asia: Reproducing Domesticity, Contesting Citizenship." *Sociology Compass* 9(8): 654-667.

Connell, R. W. 1995. *Masculinities*. Cambridge: Polity Press.

Cromwell, C. 2017. "What You Should Know About Israel's Mandatory Military Service for Men and Women." *ENTITY*. 2017. 3. 24. https://www.entitymag.com/what-know-israel-mandatory-military-service-men-and-women/ (접속일: 2022. 3. 23).

Dewanto, Pamungkas A. 2020. "The Domestication of Protection: The State and Civil Society in Indonesia's Overseas Labour Migration." *Bijdragen Tot De Taal-, Land-, en Volkenkunde* 176: 504-531.

Elias, J. and J. Louth. 2016. "Producing Migrant Domestic Work: Exploring the Everyday Political Economy of Malaysia's 'Maid Shortage'." *Globalizations* 13(6): 830-845.

Emmett, A. 1996. *Our Sisters' Promised Land: Women, Politics and Israeli-Palestinian Coexistence*. Ann Arbor: University of Michigan Press.

Enarson, E. and P. G. Dhar Chakrabarti. 2009. *Women, Gender and Disaster: Global Issues and Initiatives*. New Delhi: Sage.

Encinas-Franco, J. 2015. "Overseas Filipino Workers (OFWs) as Heroes: Discursive Origins of the "Bagong Bayani" in the Era of Labor Export." *Humanities Diliman* 12(2): 56-78.

Enloe, C. 2000. *Maneuvers: The International Politics of Militarizaing Women's Lives*. Berkeley, CA: University of California Press.

Ettlinger, N. 2007. "Precarity Unbound." *Alternatives* 32: 319-340.

Farmer, P. 1992. *Aids and Accusation: Haiti and the Geography of Blame*. Berkeley: University of California Press.

Fogiel-Bijaoui, S. 2007. "Women in the Kibbutz: The "Mixed Blessing" of Neo-Liberalism." *Nashim: A Journal of Jewish Women's Studies & Gender Issues* No. 13: 102-122.

Geertz, C. 1973. *The Interpretation of Cultures: Selected Essays by Clifford Geertz*. New York: Basic Books.

Gonzales, J. 1998. *Philippine Labour Migration: Critical Dimensions of Public Policy*. Singapore: Institute of Southeast Asian Studies.

Griffin, S. 1978. *Woman and Nature: The Roaring inside Her*. New York: Harper & Row.

Hays, S. 1996. *The Cultural Contradictions of Motherhood*. New Haven: Yale University Press.

Hecht, G. 2018. "Interscalar Vehicles for an African Anthropocene: On Waste, Temporality, and Violence." *Cultural Anthropology* 33(1): 109-141.

Herzog, H. 2004. "Family-military Relations in Israel as a Genderizing Social Mechanism." *Armed Forces & Society* 31(1): 5-30.

Ho, Swee-Lin. 2018. *Friendship and Work Culture of Women Managers in Japan: Tokyo After Ten*. London: Routledge.

Hochschild, Arlie R. 1995. "The Culture of Politics: Traditional, Postmodern, Cold-modern, and Warm-modern Ideals of Care." *Social Politics* 2(3): 331-346.

______. 2000. "Global Care Chains and Emotional Surplus Value." In Hutton, W. and A. Giddens (eds.). *On the Edge: Living with Global Capitalism*. London: Jonathan Cape.

Ileto, R. 1998. *Filipinos and Their Revolution: Event, Discourse, and Historiography*. Quezon City: Ateneo de Manila University Press.

Ingold, T. 2015. *The Life of Lines*. London: Routledge.

International Labor Organization(ILO). 2018. *Towards Achieving Decent Work for Domestic Workers in ASEAN*.

International Labor Organization(ILO). 2019. *Public Attitudes towards Migrant Workers in Japan, Malaysia, Singapore, and Thailand*.

Israeli, Z. and E. Rosman-Stollman. 2015. "Men and Boys: Representations of Israeli Combat Soldiers in the Media." *Israel Studies Review* 30(1): 66-85.

Iwanaga, K. (ed.). 2008. *Women's Political Participation and Representation in Asia: Obstacles and Challenges*. Copenhagen: NIAS Press.

Jocano, F. L. 1989. "Elements of Filipino Social Organization." In Kikuchi Y. (ed.). *Philippine Kinship and Society*. Quezon City: New Day.

Karimi, S. 2015. "Iranian Women's Identity and Cyberspace: Case study of Stealthy Freedom." *Journal of Social Science Studies* 2(1): 221-233.

Keyes, Charles F. 1984. "Mother or Mistress but Never a Monk: Buddhist Notions of Female Gender in Rural Thailand." *American Ethnologist* 11(2): 223-241.

Kimmerling, B. 1993. "Patterns of Militarism in Israel." *European Journal of Sociology/Archives Européennes de Sociologie* 34(2): 196-223.

Lee, J. Y. and J. W. Bauer. 2010. "Profiles of Grandmothers Providing Child Care to their Grandchildren in South Korea." *Journal of Comparative Family Studies* 41: 455-475.

Levin, D. S. 2011. "You're Always First a Girl: Emerging Adult Woman, Gender, and Sexuality in the Israeli Army." *Journal of Adolescent Research* 26(1): 3-29.

Levy, Y. 2010. "The Clash between Feminism and Religion in the Israeli Military: A Multilayered Analysis." *Social Politics* 17(2): 185-209.

______. 2013. "The Military as a Split Labor Market: The Case of Women and Religious Soldiers in the Israel Defense Forces." *International Journal of Politics, Culture, and Society* 26(4): 393-414.

Lomsky-Feder, E. and O. Sasson-Levy. 2018. *Women Soldiers and Citizenship in Israel: Gendered Encounters with the State*. London: Routledge.

MacCormack, Carol P. 1980. "Nature, Culture, and Gender: A Critique." In MacCormack, Carol P. and M. Strathern (eds.). *Nature, Culture, and Gender.* Cambridge: Cambridge University Press.

McRobbie, A. 2009. *The Aftermath of Feminism: Gender, Culture and Social Change*. Los Angeles and London: SAGE.

Oishi, N. 2005. *Women in Motion: Globalization, State Policies, and Labor Migration in Asia*. Stanford: Stanford University Press.

Palmer, Wayne. 2016. *Indonesia's Overseas Labour Migration Programme, 1969-2010*. Leiden and Boston: Brill.

Parker, L. (ed.). 2005. *The Agency of Women in Asia*. Singapore: Marshall Cavendish.

Parker, L. and L. Dales. 2014. "Introduction: The Everyday Agency of Women in Asia." *Asian Studies Review* 38(2): 164-167.

Parreñas, Rhacel S. 2001. *Servants of Globalization: Women, Migration, and Domestic Work*. Stanford: Stanford University Press.

Platt, M. 2018. "Migration, Moralities and Moratoriums: Female Labour Migrants and the Tensions of Protectionism in Indonesia." *Asian Studies Review* 42(1): 89-106.

Plumwood, V. 2003. *Feminism and the Mastery of Nature*. London: Routledge.

Roces, M. and L. Edwards (eds.). 2010. *Women's Movements in Asia: Feminisms and Transnational Activism*. London: Routledge.

Rodriguez, R. 2010. *Migrants for Export: How the Philippine State Brokers to the World*. Minneapolis: University of Minnesota Press.

Rosman-Stollman, E. 2018. "Military service as bargaining: The case of religious women soldiers in Israel." *Politics, Religion & Ideology* 19(2): 158-175.

Ryan, Michelle K., S. Alexander Haslam and T. Postmes. 2007. "Reactions to the Glass Cliff: Gender Differences in the Explanations for the Precariousness of Women's Leadership Positions." *Journal of Organizational Change Management* 20(2): 182-197.

Said, Edward W. 2003. *Orientalism*. London: Penguin Books.

Sasson-Levy, O. 2003. "Feminism and Military Gender Practices: Israeli Women Soldiers in "Masculine" Roles." *Sociological Inquiry* 73(3): 440-465.

Seo, Bo Kyeong. 2020. *Eliciting Care: Health and Power in Northern Thailand*. Wisconsin:

University of Wisconsin Press.

Spivak, G. 1989. "Three Women's Texts and a Critique of Imperialism." In Belsey, C. and J. Moore (eds.). 1989. *The Feminist Reader: Essays in Gender and the Politics of Literary Criticism*. New York: Basil Blackwell.

Sreberny, A. 2015. "Women's Digital Activism in a Changing Middle East." *International Journal of Middle East Studies* 47(2): 357-361.

Stein, R. 2012. "StateTube: Anthropological Reflections on Social Media and the Israeli State." *Anthropological quarterly* 85(3): 893-916.

Tahmasebi-Birgani, V. 2017. "Social Media as a Site of Transformative Politics: Iranian Women's Contestations." *Iran's Struggles for Social Justice*. Cham: Palgrave Macmillan.

UNISDR·UNDP·IUCN. 2009. *Making Disaster Risk Reduction Gender-Sensitive Policy and Practical Guidelines*. Geneva: Switzerland.

Vakil, S. 2011. *Women and Politics in the Islamic republic of Iran: Action and Reaction*. London: Bloomsbury Publishing.

Washington, Booker T. 2015[1901]. *Up From Slavery*. Cambridge: Cambridge University Press.

Wickramasekara, P. 2014. "Circular Migration in Asia: A Review of Apporoaches and Practice." *Global and Asian Perspectives on International Migration*. Cham: Springer.

Williams, C. L. 1992. "The Glass Escalator: Hidden Advantages for Men in the 'Female' Professions." *Social Problems* 39(3): 253-267.

Wong, Sau-ling. 1994. "Diverted Mothering: Representations of Caregivers of Color in the Age of 'Multiculturalism'." In Glenn et al. (eds.). *Mothering: Ideology, Experience and Agency*. London: Routledge.

World Bank. 2017. *Indonesia's Global Workers: Juggling Opportunities and Risks*.

World Economic Forum. 2022. "Global Gender Gap Report 2022."

Yuval-Davis, N. and F. Anthias (eds.). 1989. *Woman, Nation, State*. London: Macmillan.

더 읽을거리

국제엠네스티 한국지부. 2013. 「홍콩: 홍콩에 간 수천 명의 인도네시아 여성들, 착취당하고 가사 '노예'로 전락하다」. 『국제엠네스티 한국지부』. 2013. 11. 25. https://amnesty.or.kr/7858/ (접속일: 2021. 9. 9)

권숙인·지은숙·김효진. 2016. 『젠더와 일본 사회』. 서울: 한울.

김양지영. 2015. 「돌봄의 세대 전가: 전일제 취업 부부의 조(부)모 양육 지원을 중심으로」. 『한국여성학』 31(4): 87-145.

김엘리. 2021. 『여자도 군대 가라는 말』. 파주: 동녘.

김현미. 2014. 「한국적인, 너무나 한국적인: 고용허가제 이주노동자」. 『우리는 모두 집을 떠난다: 한국에서 이주자로 살아가기』. 파주: 돌베게.

노블, 사피야 우모자(Noble, Safiya Umoja). 2019. 『구글은 어떻게 여성을 차별하는가』. 노윤기 옮김. 서울: 한스미디어.

리타 홍 핀처. 2020. 『빅브라더에 맞서는 중국 여성들』. 윤승리 옮김. 부산: 산지니.

무토 루이코(武藤類子). 2011. 「〈9.19 안녕 원전 5만명 집회〉 연설문」. 『国鉄千葉動力車労働組合』. https://doro-chiba.org/korean/dc_ko_11/ko_9_30.htm (접속일: 2022. 7. 6).

미즈, 마리아(Mies, Maria). 2014. 「가정주부화의 국제화: 여성과 새로운 국제노동분업」. 『가부장제와 자본주의: 여성, 자연, 식민지와 세계적 규모의 자본축적』. 최재인 옮김. 서울: 갈무리.

박소림. 2020. 『좀비 마더』. 파주: 보리출판사.

박소진. 2017. 『신자유주의시대 교육 풍경』. 서울: 올림.

사카이 준코(酒井順子). 2020. 『가족 종료』. 남혜림 옮김. 파주: 사계절.

서동진. 2009. 『자유의 의지 자기계발의 의지: 신자유주의 한국사회에서 자기계발하는 주체의 탄생』. 파주: 돌베개.

성소수자부모모임. 2018. 『커밍아웃 스토리: 성소수자와 그 부모들의 이야기』. 대구: 한티재.

성소수자연구회. 2019. 『무지개는 더 많은 빛깔을 원한다: 성소수자 혐오를 넘어 인권의 확장으로』. 서울: 창비.

솔닛, 레베카(Solnit, Rebecca). 2012. 『이 폐허를 응시하라: 대재난 속에서 피어나는 혁명적 공동체에 대한 정치사회적 탐사』. 정해영 옮김. 서울: 펜타그램.

신경아. 2019. 「노동의 불안정성과 젠더: 시론적 접근」. 『페미니즘연구』 19(1): 173-206.

심선희. 2017. 「여성 노동의 새로운 분석 도구로서 심미노동의 개념과 유용성 탐색」. 『한국여성학』 33(4): 119-146.

오이시, 나나(Oishi, Nana). 2018. 『여성들 이주하다: 지구화, 국제정책, 아시아 노동이주』.

이안지영 외 역. 서울: 박영스토리.
우미성. 2014. 『노란 꽃: 서양이 바라본 동양 여자』. 서울: 쌤앤파커스.
우에노 지즈코(上野千鶴子). 2018. 『여성은 어떻게 살아남을까』. 박미옥 옮김. 서울: 챕터하우스.
윤택림. 2001. 『한국의 모성』. 서울: 미래인력연구원.
이소진. 2021. 『시간을 빼앗긴 여자들』. 서울: 갈라파고스.
이희은 외. 2018. 『디지털 미디어와 페미니즘』. 서울: 이화여자대학교 출판문화원.
인로, 신시아(Enloe, Cynthia). 2015. 『군사주의는 어떻게 패션이 되었을까: 지구화, 군사주의, 젠더』. 김엘리·오미영 옮김. 서울: 바다출판사.
일리치, 이반(Illich, Ivan). 2015. 『그림자 노동』. 노승영 옮김. 서울: 사월의책.
장류진. 2019. 『일의 기쁨과 슬픔』. 서울: 창비.
조흥국. 2006. 「태국 여성의 지위와 역할의 변화」. 『국제지역연구』 9(4): 335-362.
차학경. 2004. 『딕테(Dictee)』, 김경년 옮김. 파주: 어문각.
최, 샐리(Choi, Sally). 2011. 「아시아의 가사노동자 현황」. 『국제노동브리프』 9(4): 29-38.
캐시 박 홍. 2021. 『마이너 필링스(Minor Feelings)』. 노시내 옮김. 서울: 마티.
파드빅, 아이린·레스킨, 바버라(Padavic, Irene·Reskin, Barbara). 2021. 『유리천장 아래 여자들: 여성의 노동은 왜 차별받는가』. 황성원 옮김. 서울: 글담출판사.
파레냐스, 라셀 살라자르(Parrenas, Rhacel Salazar). 2009. 『세계화의 하인들: 여성, 이주, 가사노동』. 문현아 옮김. 서울: 도서출판여이연.
페데리치, 실비아(Federici, Silvia). 2013. 「6장: 신국제노동분업에서 재생산과 여성주의 투쟁」. 『혁명의 영점: 가사노동, 재생산, 여성주의 투쟁』. 황성원 옮김. 서울: 갈무리.
황규희. 2007. 「태국의 여성단체와 정치참여」. 『한국태국학회논총』 14: 74-104.

Abu-Lughod, L. 2015. *Do Muslim Women Need Saving?*. Cambridge: Harvard University Press.
Houston, J. W. and J. D. Houston. 2017. *Farewell to Manzanar*. Boston MA: Clarion Books.
Kim, C. 2015. *Dangerous Crossings: Race, Species, and Nature in a Multicultural Age*. Berkeley, CA: University of California Press.
Lomsky-Feder, E. and O. Sasson-Levy. 2018. *Women Soldiers and Citizenship in Israel: Gendered Encounters with the State*. London: Routledge.
Mills, M. B. 2017. "Gendered Morality Tales: Gender, Labor, and Value in Globalizing Asia." *Journal of Development Studies* 53(3): 316-330.

더 볼거리

NHK. 2020.「証言記録 東日本大震災（90）「埋もれた声 25年の真実～災害時の性暴力～」」.『明日へつなげよう』.
Pixar Animation Studios. 2019.『윈드(Wind)』.
TBS. 2016.『도망치는 건 부끄럽지만 도움이 된다』.
넷플릭스 오리지널. 2019.『길위의 셰프들』.
로치, 제이(Roach, Jay). 2019.『밤쉘: 세상을 바꾼 폭탄선언』.
론지노, 다니엘 그레이(Daniel Gray Longino). 2021.『The Chair』.
변규리. 2021.『너에게 가는 길』.
이스마일 파미 루비스(Ismail Fahmi Lubish). 2020.『무엇을 도와드릴까요?(Help is on the Way)』.
이정향. 2002.『집으로』.
정이삭. 2021.『미나리』.
천, 안소니(Chen, Anthony). 2013.『일로 일로(Ilo ilo)』.
파나히, 자파르(Panahi, Jafar). 2006.『오프사이드(OffSide)』.
______. 2015.『택시(Taxi)』.
페레이라, 치노(Pereira, Chino). 2021.『라멘따시온(Lamentasyon)』.
허지은·이경호. 2019.『해미를 찾아서』.

찾아보기

발간사

아시아의 시대가 열렸고, 동시에 아시아연구의 전성시대가 도래했습니다. 서울대학교 아시아연구소는 2009년 9월 출범한 이래 '지역과 주제를 결합한 아시아 연구의 글로벌 허브'를 목표로 아시아 연구 기반 구축 및 기초연구 활성화를 위해 노력해 왔습니다. 아시아연구소는 지난 10년의 활동을 겸허히 돌아보며 '아시아의 미래, 교류와 협력, 그리고 지역 정보 공유'를 키워드로 '아시아와 세계를 잇고, 새로운 미래를 빛는 세계적 아시아 연구 플랫폼'이 되고자 합니다.

물론 아시아의 시대가 온다고 해서 아시아 사람들이 잘살고 평화롭게 협력하는 공동체가 이루어진다는 것은 아닙니다. 아시아 지역 혹은 국가 사람들이 어떤 공동체를 만들어 가고 싶은가, 아시아 공동체가 인류에게 어떤 도움이 되는 것인가를 꾸준히 질문하고 이에 대한 답을 찾아야 합니다. 서구 식민지 경험 이후 아시아 각국은 지속적인 내부 갈등과 적대, 민족주의와 인종차별, 혐오가 심해지고 있는 상황입니다. 아시아를 중심으로 교역, 이동, 그리고 협력이 꾸준히 증가하고 있음에도 불구하고 갈등 요인은 오히려 확대되고 있습니다. 이런 견지에서 서울대학교 아시아연구소는 아시아를 둘러싼 다양한 이슈와 도전 과제에 대한 이론적 연구는 물론 실천 및 정책적 대안을 제시하여 아시아 공동체를 형성하는 데 기여하고자 합니다.

서울대학교 아시아연구소는 이미 시작된 4차 산업혁명에 부응하는 지식의 생산과 공유, 그리고 후속세대 양성에도 책임을 다하고자 합니다. 이를 위해 이론적으로는 학문 간 융합, 교류, 미래 창발적 지식 창출에 힘을 다하며, 실천적으로는 아시아의 교류와 상호작용에 주목하고, 정책적으로는 아시아 지역 정보의 수집과 공유를 통해 적합한 정책 대안을 발굴하는 데 초점을 맞추고자 합니다.

이러한 연구 및 학술 활동 과정의 결실이 서울대학교 아시아연구소총서입니다. 지난 10년의 연구 축적을 토대로 서울대학교 아시아연구소는 국내외 연구자 간 연구 협력을 적극적으로 지원하여, 여기서 양산된 우수한 연구 성과 및 결과물을 지속적으로 발간해 나갈 것입니다. 아시아연구소총서가 아시아의 새로운 미래와 아시아 공동체를 이루어 가는 데 중요한 밑거름이 되기를 기대합니다.

서울대학교 아시아연구소

지은숙

고려대학교 철학과 학사와 서울대학교 인류학과 석사를 마치고, 2016년에 비혼의 관점에서 본 일본의 가족 관계와 젠더 질서의 변화를 주제로 서울대학교 인류학과에서 박사학위를 받았다. 현재 서울대학교 비교문화연구소 학술교수로 재직 중이다. 한국과 일본을 중심으로 동아시아의 비혼화와 돌봄 문제, 1인 가구의 증가와 친밀성의 재구성, 여성들의 초국적 이주 등을 주제로 연구를 진행하고 있다.

대표 연구

2022. 「도시 거주 비혼여성의 주거 실천과 대안적 거주 생애사의 구축」. 『민주주의와 인권』 22(1).

2020. 『여성 연구자, 선을 넘다: 지구를 누빈 현장연구 전문가 12인의 열정과 공감의 연구 기록』. 서울: 눌민. (공저)

2020. 「한·일 비교의 관점에서 본 한국 비혼담론의 특징과 생애서사 구축에서 나타나는 정치성」. 『한국문화인류학』 53(1).

2018. 「개발국가의 재일교포 표상과 젠더: 1960-70년대 대중미디어에 나타난 재일교포 남성과 한국 여성의 만남의 서사를 중심으로」. 『아시아여성연구』 57(2).

2017. 「비혼여성의 딸노릇과 비혼됨의 변화: 일본의 부모를 돌보는 딸들의 사례를 중심으로」. 『한국문화인류학』 50(2).

2016. 「비혼을 통해 본 현대 일본의 가족 관계와 젠더 질서」. 사회집단으로서 비혼의 형성과 변화를 중심으로」. 『한국문화인류학』 49(3).

2016. 『남성의 관점에서 본 노인 돌봄 경험과 역할 전환에 관한 연구』. 서울: 한국여성정책연구원. (공저)

2016. 『젠더와 일본 사회』. 파주: 한울. (공저)

노고운

전남대학교 인류학과에서 학사를, 서울대학교 인류학과에서 석사 학위를 받은 후 미국 캘리포니아대학교 데이비스캠퍼스(University of California, Davis)의 인류학과에서 박사학위를 받았다. 현재 전남대학교 문화인류고고학과 조교수로 재직 중이다. 중국 연변조선족자치주의 조선족 사회가 사회주의에서 후기사회주의로의 전환기에 글로벌 자본주의 및 초국가주의를 경험하면서 재구성하는 젠더 및 섹슈얼리티의 정치학과 그에 수반되는 도덕성 담론 및 인구 담론에 대해 연구했다. 아시아 이주 여성과 관련된 다문화주의, 인종주의, 섹스, 젠더, 섹슈얼리티 연구에 관심이 있고, 현재 생태 및 환경 문제, 근대 국가의 비인간 생물 관리 정책, 다종의 얽힘(multispecies assemblages)과 관계맺음, 에코페미니즘에 대한 관심으로 연구의 영역을 확장하고 있다.

대표 연구

2023.『세상 끝의 버섯』. 애나 로웬홉트 칭. 서울: 현실문화연구. (번역서)

2022.「팬데믹 감염병의 타자화: 코로나19 시대 한국 내 중국동포의 경험을 중심으로」.『한국문화인류학』 55(3).

2020. "Getihu Owners and the Fuwuyuan: Korean-Chinese Experimentation with the Market Economy in the Yanbian Autonomous Prefecture." *Diaspora Studies* 14(1).

2019. "Ecological Nationalism and the Demonization of 'Invasive' Animal Species in Contemporary South Korea." *Cross-Cultural Studies* 25(1).

2018. "Mass Media and Transnational Community: The Sense of Belonging Beyond State Borders among Korean-Chinese in the Yanbian Korean-Chinese Autonomous Prefecture." *Diaspora Studies* 12(1).

임안나

숭실대학교 영어영문학과와 서울대학교 인류학과 대학원을 거쳐 이스라엘 텔아비브대학교에서 이스라엘 내 필리핀 이주 돌봄 노동자와 이주 공간에 관한 연구로 인류학 박사학위를 받았다. 현재 강원대학교 사회과학연구원 선임연구원, 서울대학교 비교문화연구소 객원 연구원으로 재직 중이다. 초국가적 이주와 공간, 다문화정책과 시민권, 미등록 이주, 이스라엘 지역에 관심 가지고 있으며, 현재 필리핀 이주노동자의 귀환, 한국과 필리핀 사이의 노동 이주 시스템과 연결망에 관한 연구를 수행하고 있다.

대표 연구

2021.「미등록 이주 아동 합법화 논쟁을 통해 본 이스라엘 시민권의 재구성과 전망」.『지중해지역연구』 23(3).

2021.「경계 위의 삶: 이스라엘 내 필리핀 이주노동자의 체류 지위 변화와 경험」.『다문화사회연구』 14(1).

2020.『여성 연구자, 선을 넘다: 지구를 누빈 현장연구 전문가 12인의 열정과 공감의 연구 기록』. 서울: 눌민. (공저)

2019.「이스라엘 유대인사회의 종족성과 정체성: '예멘 유대인'의 사례를 중심으로」.『지중해지역연구』 21(4).

2018.「초국적 노동 이주와 이주 인프라의 형성」.『다문화사회연구』 11(1).

2016.「헤테로토피아로서의 이주 공간: 텔아비브 필리핀 노인돌봄노동자들의 '주말아파트'를 중심으로」.『대한지리학회』 51(6).

2016.「'주말아파트'와 공동체: 이스라엘 내 필리핀 노인 돌봄 노동자의 이주 공간 형성에 관한 연구」.『비교문화연구』 22(1).

2015. "Networked Mobility in the 'Migration Industry': Focusing on the case of Filipino elderly caregivers' move to Israel." *Asian Woman* 31(2).

2015.「이스라엘의 이주노동자 유입과 도시공간의 변화: 텔아비브 네베셰아난의 이주민 엔클레이브 형성」.『지중해지역연구』 17(1).

김현미

연세대학교 문화인류학과 교수로 주요 연구 분야는 젠더의 정치경제학과 노동, 글로벌 이주와 난민, 그리고 에코 페미니즘과 생태주의 운동이다. 저서로는『글로벌 시대의 문화번역』(2005),『우리는 모두 집을 떠난다: 한국에서 이주자로 살아가기』(2014),『페미니스트 라이프스타일』(2021)이 있고, 공저로는『친밀한 적』(2010),『우리 모두 조금 낯선 사람들』(2013),『젠더와 사회』(2014),『무지개는 더 많은 빛깔을 원한다』(2019),『코로나 시대의 페미니즘』(2020)『난민, 난민화되는 삶』(2020)『아직 끝나지 않은 이야기: 이주여성의 귀환 이후』(2021) 등이 있다.

대표 연구

2020.「코로나 시대의 '젠더 위기'와 생태주의 사회적 재생산의 미래」.『젠더와 문화』 13(2): 41-77.

2020.「이주노동자가 만든 한국 배: 조선 블록업체에 고용된 숙련 이주노동자의 노동 경험」.『한국문화인류학』 53(3). (공저)

2018.「난민포비아와 한국정치적 정동의 시간성」.『황해문화』 101.

2017. Kim, Park and Shukhertei. "Returning home: marriage migrants' legal precarity and the experience of divorce." *Critical Asian Studies* 49(1).

채현정

서울대학교 인류학과에서 학부를 졸업하고 동 대학원에서 석사 학위를 받은 후 태국의 국경정책과 국경 상인의 적응전략이 만들어내는 국경의 다중성에 대한 연구로 박사학위를 받았다. 현재 덕성여자대학교 문화인류학 전공 조교수로 재직 중이다. 태국에서 만난 소상공인의 아세안 시장 적응에 대해 지속적인 관심을 가지고, 소상공인 지원 정책, 아세안 시장의 제도적 구성 과정, 온라인 기술에 기반한 교환 활동의 변화에 대한 주제로 연구를 확장하고 있다. 한국 기업의 마케팅 분야에 인류학의 연구 방법을 적용하는 응용 인류학을 가르치며 기업과 산업 영역에서의 인류학의 활용을 고민하고 있다.

대표 연구

2020.「'시장의 전장'이 된 태국 치앙라이 국경: 불법적 시장에서 생산과 소비의 신자유주의의 공간으로」.『한국태국학회논총』27(2).

2020.「개발, 일상적 이동, 비즈니스 연대를 통해 본 국경도시 치앙라이의 관계적 도시화」.『한국문화인류학』53(2).

2020.「태국 철도 건설 역사를 통해 본 인프라 건설의 정치적 동학: 제국주의 시대부터 아세안공동체 시대에 이르기까지」.『동남아시아연구』30(2).

2019.「국경의 다중성 개념을 통해 본 아세안지역경제협력의 국경자유화 정책: 태국 북부 치앙라이(Chiang Rai) 국경교역 사례를 중심으로」.『한국문화인류학』52(1).

2019.「기업 환경에 적용 가능한 에스노그라피 연구방법에 대한 고찰: 오디션 프로세스 방식의 샘플 추출을 활용한 가전제품 디자인 개발 사례를 중심으로」.『비교문화연구』25(2).

김희경

이화여자대학교에서 보건교육학과 사회복지학을 공부하고 서울대학교 인류학 석사를 거쳐 인구 고령화 시대에 생명정치의 진전 양상 및 죽음 윤리의 변화를 주제로 한 논문으로 서울대학교에서 인류학 박사학위를 받았다. 현재 경북대학교 고고인류학과 조교수로 재직 중이다. 한국과 일본을 중심으로 신자유주의 시대 노년기의 의료화·제도화를 통해 노년의 의미 및 노후의 삶의 경험, 죽음에 대한 윤리와 실천이 어떻게 변화하고 있는지 연구해 왔다. 최근에는 인구 고령화의 진전 및 코로나19의 확산이 한일 지역사회의 공동체성을 어떻게 변화시키고 있는지 연구하고 있다.

대표 연구

2020.『여성 연구자, 선을 넘다: 지구를 누빈 현장연구 전문가 12인의 열정과 공감의 연구 기록』. 서울: 눌민. (공저)

2020. *Beyond Filial Piety: Rethinking Aging and Caregiving in Contemporary East*. New York: Berghahn. (공저)

2020.「나가노 동계올림픽과 지역의 다층적 국제화」.『일본비평』12(2).

2020. "Place and Placelessness of Old Age: The Politics of Aging in Place in Rural Japan." *Korea Anthropology Review* 4.

2019.「현대 일본사회에서 노년의 이미지 변화와 재현의 정치」.『비교일본학』45.

2018.「내가 죽으면: 초고령화 일본사회에서 생명정치와 죽음윤리」.『한국문화인류학』51(2).

2017.『의료, 아시아의 근대를 읽는 창』. 서울: 서울대학교출판문화원. (공저)

2017. "Underground Strongman: "Silver Seats," Fare-Exempt Status, and the Struggles for Recognition on the Seoul Subway." *Korea Journal* 57(4).

2017. 「우바스테야마에서 건강장수도시로: 초고령화 시대의 지역활성화와 인구정치」. 『일어일문연구』 102.

2017. 「욕구 해석의 정치: 한국 직장인 노후준비교육 기획 및 시행과정에 대한 인류학적 고찰」. 『한국문화인류학』 50(1).

2017. 「중앙-지방의 관계동학과 지역성의 사회적 생산과 구성: 나가노 지역의 사례를 중심으로」. 『일본비평』 16.

2014. 「노년에 대한 인류학 연구의 이론적 정향 검토」. 『한국문화인류학』 47(3).

최서연

서울대학교 영어교육과 학사와 서울대학교 인류학과 석사를 마치고 버지니아대학교 인류학과에서 박사학위를 받았다. 박사논문으로는 식민주의와 민족주의의 영향을 받은 말레이시아의 교육제도가 계급, 종족, 성별에 따른 구분을 만들어내는 방식을 연구했다. 서울대학교 아시아언어문명학부에서 동남아시아의 역사 및 현대사회에 대해 가르쳤으며, 최근에는 동남아시아의 여성, 노동, 환경, 대중문화에 관련된 연구를 진행하고 있다.

대표 연구

2021. 「말레이시아의 청년세대, 현실의 문제와 새로운 희망 사이에서」. 『메가아시아 시대, 청년을 말하다』. 서울: 씨아이알.

2014. 「한국 기업 주재원 자녀 교육의 꿈과 현실: 말레이시아 국제학교를 중심으로」. 『말레이세계로 간 한국기업들』. 서울: 눌민.

2012. 「영어 중시 교육정책의 계층적 권력효과: 말레이시아 도시 저소득층 학생들의 사례를 중심으로」. 『동아연구』 31(2).

김민정

서강대학교 사회학과에서 학부와 석사과정을 공부하고 서울대 인류학과에서 필리핀 농촌마을의 모성에 대한 연구로 박사학위를 받은 후 세계화와 여성 이주, 가족과 친족, 필리핀 지역에 대해 연구하고 있다. 17년간 강원대학교 문화인류학과 교수로 재직했고 현재는 명예교수의 위치에서 국제이주로 인해 젠더와 가족, 국가의 경계가 유지되면서도 교란되고 재규정되고 변화해나가는 현상에 대해 관심을 가지고 글을 쓰고 있다.

대표 연구

2022. *Redefining Multicultural Families in South Korea: Reflections and Future Directions*. New Jersey: Rutgers University Press. (공저)

2021. 『경계를 넘는 한인들: 이주, 젠더, 세대와 귀속의 정치』. 파주: 한울. (편저)
2020. 『이주시대의 젠더: '다문화' 한국사회와 필리핀 출신 여성들』. 서울: 집문당.
2020. 「아이슬란드의 이름체계와 사회변화」. 『유럽연구』 38(3).
2019. *Transnational Mobility and Identity in and out of Korea*. Washington: Lexington Books. (공저)
2015. 「세 번의 꿈: 한국 전쟁기에 필리핀 한국 남성과 결혼한 한국 여성의 생애이야기」. 『한국여성학』 31(3).
2014. 『젠더와 사회: 15개의 시선으로 읽는 여성과 남성』. 파주: 동녘. (공저)
2014. *Multicultural Challenges and Redefining Identity in East Asia*. London: Routledge. (공저)

구기연

서울대학교 아시아연구소 HK연구교수다. 한국외국어대학교 이란어과와 서울대학교 인류학 석사를 거쳐 동 대학원에서 이란 청년 세대에 대한 심리인류학 연구로 박사학위를 받았다. 이란의 정동, 청년 세대와 무슬림 여성 문제, 중동 내 한류 그리고 미디어를 통한 시민사회 운동 등에 대해 연구해왔다. 현재 서아시아의 모빌리티 이슈, 이란 위성 미디어의 사회문화적 역할, 한국 서아시아 무슬림 이주와 난민 문제 그리고 이슬람과 관련된 정동에 대한 연구를 수행하고 있다.

대표 연구
2021. 「국내 신문 기사로 살펴본 한국의 난민 이슈의 변동」. 『대한지리학회지』 56(2). (공저)
2020. "Riding the Korean Wave in Iran: Cyber-Feminism and Pop Culture among Young Iranian Women." *Journal of Middle East Women's Studies* 16(20).
2020. 「이란 히잡 관행의 역사적 의미 변화와 수행성 연구」. 『중동문제연구』 19(3).
2020. 『여성 연구자, 선을 넘다: 지구를 누빈 현장연구 전문가 12인의 열정과 공감의 연구 기록』. 서울: 눌민. (공저)
2019. 「"혁명 거리의 소녀들(#GirlsofRevolutionStreet)": 해시태그 정치를 통한 이란 여성의 사회 운동」. 『비교문화연구』 25(1).
2018. "Islamophobia and the Politics of Representation of Islam in Korea." *Journal of Korean Religions* 9(1).
2018. "To veil or not to veil: Turkish and Iranian hijab policies and the struggle for recognition." *Asian Journal of Women's Studies* 24(1).
2018. 「"할 수만 있다면 누구든지 떠난다!": 이란의 고학력 이주 현상에 대한 인류학적 분석」. 『한국문화인류학』 51(1).
2017. 『이란 도시 젊은이, 그들만의 세상 만들기』. 서울: 서울대학교출판문화원.

조수미

서울대학교 인류학과와 인류학 석사, 예일대학교 동아시아학과 석사를 거쳐 오사카의 오키나와 이민자들의 민속예능과 정체성 정치에 대한 연구로 미시간대학교 인류학박사 학위를 받았다. 현재 명지대학교 방목기초교육대학 부교수로 재직 중이다. 일본과 한국 사회에서 문화적 수단을 통한 소수자 정치, 사회운동에서 소수자 집단 간의 갈등과 협력에 대한 연구를 해왔다. 한국에서는 퀴어문화축제를 중심으로 연행예술과 축제에서 나타나는 유희와 예술의 정치적 함의, 소수자 운동에서 젠더, 섹슈얼리티, 계급, 청년, 장애, 종교 등 상이한 정체성 간의 교차성과 연대에 대한 연구를 진행 중이다.

대표 연구

2021. 「성소수자 엄마들의 인권활동과 성과 가족, 모성의 인식 변화」. 『한국문화인류학』 54(3).

2020. "'Okinawan Play': A Search for Authenticity and the Power Asymmetry in Japanese Appropriation of Okinawan Folk Music." *Journal of Intercultural Studies* 41(3).

2019. 「퀴어문화축제 공간의 상징과 의례」. 『한국문화인류학』 52(3).

2018. 「오사카의 소수자 거주지역 - 차이와 낙인의 지리적 구성」. 『동아시아 문화연구』 74.

2016. 「소수자 내셔널리즘과 성찰성: 오사카의 오키나와 디아스포라를 중심으로」. 『동아연구』 35(2).

2016. 「유희를 통한 정치적 실천과 성소수자 집단정체성의 변화: 오사카(大阪)의 한 오키나와(沖縄) 전통무용 동호회의 사례를 중심으로」. 『아태연구』 23(1).

2015. "'Being Okinawan' within and beyond the Ethnic Line: the Process of Identity Formation in an Okinawan Cultural Activist Group in Osaka." *Senri Ethnological Studies* 91.

오은정

서울대학교 화학과와 환경대학원 석사를 거쳐 한국 원폭피해자에 대한 연구로 인류학박사 학위를 받았다. 현재 강원대학교 문화인류학과 조교수로 재직 중이다. 원자력의 사회사, 과학기술과 환경정책 등 자연·지식·권력의 상호작용, 한국 원폭피해자와 한·일 간 시민연대 등의 역사인류학적 주제에 관심이 있으며, 현재 히로시마와 후쿠시마의 유산, 방사능 측정에 관한 크라우드소싱 시민과학과 위험 거버넌스에 대한 연구를 수행하고 있다.

대표 연구

2020. 「재후(災後)의 시공간에 울려 퍼지는 '부흥'이라는 주문: 후쿠시마 원전 사고 이후 부흥의 사회 드라마와 느린 폭력」. 『한국문화인류학』 53(3).

2020. 「파괴의 보존: 유네스코 문화유산 히로시마 원폭 돔의 보존과 '평화'의 문제」. 『한국문화인류학』 53(1).

2018. 「완전 왜년이지, 왜년으로 살았제: 히로시마 재일조선인 1.5세와 2세의 귀환 서사와 해방공간」. 『한국문화인류학』 51(2).
2018. 「'제국의 신민'에서 '재한피폭자'로: 한국 원폭피해자 운동에서 한·일시민연대의 사회 무화적 토대와 그 변화」. 『기억과 전망』 39.
2018. 「'전재민'(戰災民)에서 '피폭자'(被爆者)로: 일본 원폭피폭자원호의 제도화와 새로운 자격의 범주로서 '피폭자'의 의미 구성」. 『일본비평』 19.
2017. "Nationalism and Reflexive Cosmopolitanism in Korean A-bomb Victims' War Memory and Transnational Solidarity." *Asian Journal of Sociology* 46(2).
2012. 『과학, 기술, 민주주의』. 서울: 갈무리. (공역)